Gerhard Bronner

Spiegel vorm Gesicht

Gerhard Bronner

Spiegel vorm Gesicht

ERINNERUNGEN

Deutsche Verlags-Anstalt
München

In einem langen Leben gibt es viel zu erinnern.
Und mindestens ebenso viel zu vergessen.

Im Folgenden will ich versuchen, sowohl das Erstere wie auch das Letztere zu praktizieren. Beides wird mir nicht leicht fallen.

ES WAR KEIN VERGNÜGEN, das Licht der Welt in Favoriten, dem zehnten Wiener Gemeindebezirk, zu erblicken. Noch dazu im Jahre 1922, also vier Jahre nach Ende des Ersten Weltkriegs. Es herrschte eine unkontrollierbare Inflation, die Menschen gingen in zerlumpter Kleidung durch ungepflegte Gassen, Arbeit suchend, die es nicht gab. Man hatte Hunger. Ein Zustand, an den man sich nicht gewöhnen kann, selbst wenn dieser Zustand jahrelang anhält.

Mein Vater hatte nicht nur den allgemein üblichen Hunger nach Nahrung, er hungerte außerdem auch nach Kultur. Und als ihm einmal eine Theaterkarte geschenkt wurde, sah er eine Aufführung von Gerhart Hauptmanns »Die Weber.« Er war von diesem Stück so beeindruckt, dass er beschloss, seinen nächsten Sohn, der gerade im Entstehen war, nach Hauptmann zu benennen. Beim Ausstellen der Geburtsurkunde ist dann irgendwem ein Fehler unterlaufen, deshalb heiße ich Gerhard mit »d«, was mich eigentlich nie gestört hat. Ich war vermutlich der erste Sohn jüdischer Eltern in einer böhmischen Nachbarschaft, der mit diesem Vornamen behaftet wurde. Aber zum Zeitpunkt meiner Namensgebung ist mir das nicht weiter aufgefallen.

Die Wohnung, in der ich geboren wurde, befand sich im Erdgeschoss einer hässlichen Zinskaserne. Sie bestand aus einer Werkstatt, in der sowohl mein Vater Tapeziererarbeiten verrichtete, als auch meine Mutter ihre Näherei betrieb. Es gab ferner eine Küche, in der sich das Familienleben abspielte, sowie ein Schlafzimmer, in welchem außer meinen Eltern auch meine beiden älteren Brüder schliefen. Ich wurde in der Küche einquartiert, weil meine Familie nicht von meinem lauten Schreien gestört werden wollte.

Es gab in dieser Wohnung kein fließendes Wasser. Alle drei Familien, die im Erdgeschoss wohnten, teilten sich auf dem Gang einen Wasseranschluss und ein Klosett, das liebevoll »Klo« genannt wurde. Menschen mit Verdauungsstörungen hatten kein leichtes Leben in dieser Umgebung.

Im ganzen Haus gab es keine Elektrizität. Nach Einbruch der Dunkelheit wurden Gaslampen angezündet – aber naturgemäß nur, wenn es sich überhaupt nicht mehr vermeiden ließ. Das Gas war teuer und die Glühstrümpfe, die oft ersetzt werden wollten, noch mehr.

Das alles konnte ich freilich erst ab meinem dritten Lebensjahr zur Kenntnis nehmen, denn bis dahin war ich ein Baby, das sich um nichts zu kümmern brauchte.

Ich lernte verhältnismäßig spät sprechen. Die Sprache, die ich lernte, war der Favoritner Slang. Ein derbes Vorstadt-Wienerisch, durchsetzt mit allen möglichen böhmischen Vokabeln, denn ein großer Teil der Favoritner Bevölkerung war böhmischer Herkunft. Daher sagte man in Favoriten nicht Kartoffeln oder Erdäpfel, sondern »Bramburi«. Und wenn man spazieren ging, dann ging man »na lepschi«. Die Nase war »der Frnjak«, ein Küsschen war ein »Hubitschku«, und der Durchfall hieß »Sratschka«. Es gab in meinem Heimatbezirk die Komensky-Schule, in der nur Tschechisch unterrichtet wurde, es gab einen tschechischen Fußballclub namens »Slovan«. Es gab böhmische Gesangs-, Geselligkeits-, Turn- und Trachtenvereine. Zweisprachige Geschäftsschilder waren keine Seltenheit.

Nun wird der unbefangene Leser, der nicht in Favoriten aufgewachsen ist, und in Favoriten sind nur wenige Leser aufgewachsen, wissen wollen, woher diese vielen Böhmen kamen und warum ausgerechnet nach Favoriten.

IN DER MITTE des neunzehnten Jahrhunderts begann die Stadt Wien aus allen Nähten zu platzen. Aus den »Kronländern« der Monarchie (heute würde man »Kolonien«

sagen) kamen etliche Fürsten, Grafen und andere Raubritter auf die Idee, dass man sich »standesgemäß« in Wien anzusiedeln hätte. Natürlich war die Innenstadt Wiens, und nur dort hatte man zu wohnen, viel zu klein für alle Paläste, die da gebaut werden sollten.

Also beschloss man, die uralten Stadtmauern zu schleifen, um Wien erweitern zu können. Dort wo die Mauern, die Basteien und das Glacis stand, sollte die prächtige Ringstraße gebaut werden, und das in möglichst kurzer Zeit, weil die Geldmagnaten aus den Kronländern ungeduldig waren.

Für ein Bauprojekt dieser Größe waren in Wien allerdings nicht genug Arbeitskräfte vorhanden. Also holte man sie in Massen aus den nächstgelegenen Kronländern, das waren Böhmen und Mähren.

Heute würde man zu diesen Menschen vielleicht »Gastarbeiter« sagen, aber damals war dieser Begriff noch nicht erfunden. Man nannte sie schlicht »die böhmischen Maurer«.

Es stellte sich heraus, dass für das gewaltige Bauvorhaben auch Megatonnen von Ziegeln gebraucht wurden. Ein findiger Kopf wusste, dass sich im Süden Wiens, genau genommen am Laaerberg, lehmhaltiges Erdreich befand, aus dem man jene Ziegel formen könnte, die für die Ringstraßen-Palais so dringend benötigt wurden. Also wurden weitere Scharen von arbeitslosen Böhmen und Mährern importiert, die man der Einfachheit halber gleich in Favoriten, am Laaerberg, ansiedelte. Und zwar in ehemaligen Pferdeställen. Ein Stall, der für acht Pferdepaare gedacht war, beherbergte nun sieben bis acht Familien. Dazu wurden noch schnell Holz- und Blechbaracken errichtet, in die weitere »Ziegelböhmen« hineingepfercht wurden. Über die hygienischen Verhältnisse in diesen Behausungen gibt es keine Aufzeichnungen, da wird unserer Phantasie freier Lauf gelassen.

Wohl aber gibt es Aufzeichnungen über die Arbeitsverhältnisse dieser Ziegelböhmen. Der Arbeitstag begann um fünf Uhr früh. Nicht nur für die Männer, auch die Frauen und Kinder mussten schwer arbeiten. Die Männer hatten den Lehm aus dem Boden zu graben, die Kinder füllten ihn in die Ziegelformen, die Frauen führten die geformten Lehmziegel zur Brennerei, von dort wurden die fertigen Ziegel zur Verladestelle gebracht. Arbeitsende war um sieben Uhr abends.

Als Bezahlung gab es nicht Geld, sondern gestanzte Blechstücke, mit denen man beim Kantinenwirt Lebensmittel und Schnaps erstehen konnte. Wenn dann noch Blechmarken übrig waren, konnte man auch Leinwand, bunt bedruckte Schürzenstoffe, Schuhe, Seife und Kinderspielzeug kaufen. Aber das geschah nur ganz selten, denn man war dem Wirt immer etwas schuldig. Und wenn er etwas falsch aufgeschrieben hatte, dann war's eben Pech. Der Wirt war eine Respektsperson, und sicherheitshalber hatte er hinter seiner Theke einen Ochsenziemer zur Hand, mit dem er aufbegehrende Ziegelböhmen zur Raison brachte.

Die Unterkünfte waren mit Läusen und Wanzen übersät, Ratten verbreiteten Seuchen. Die Kranken lagen auf verfaulendem Stroh und starben still vor sich hin. Das Wort »Krankenversicherung« konnte man damals noch nicht einmal buchstabieren. Da erschien eines Tages in diesem Arbeitslager ein schwarz gekleideter Herr mit Brille und Arzttasche, um zu sehen, was er für die erkrankten Kinder tun könnte. Er tat, was er konnte, aber es war nicht genug. Es starben zu viele Kinder. Da beschloss der Arzt, auf politischem Wege den Ziegelböhmen zu helfen. Er gründete eine Partei mit der Absicht, der Ausbeutung von Menschen ein Ende zu setzen.

Der Arzt hieß Viktor Adler, und er war ein Jude aus Prag. Die politische Bewegung, die er begründete, nannte er Sozialdemokratische Partei Österreichs. Er wollte mit Hilfe seiner Partei den Menschen unter anderem erklären, dass böhmische Ziegelarbeiter auch Menschen sind. Es wurde eine große Demonstration veranstaltet, man schrie nach Gleichberechtigung, nach menschenwürdiger Behandlung – und plötzlich dröhnte die Straße vom Galopp der Dragoner. Mit gezogenen Säbeln ritten sie die Demonstranten nieder. Die Straße war blutig, die Überlebenden duckten sich und flohen.

Doch das war nicht das Ende. Ein paar Wochen später erhielten die Ziegelarbeiter wirkliches Geld statt der Blechstücke. Und da wussten sie, dass sie auf dem Weg waren, wirkliche Menschen zu werden. Der Mann aber, dem sie das alles zu verdanken hatten, der saß im Kerker. Die Protestbewegung wuchs unaufhörlich. Tausende von Arbeitern schlossen sich ihnen an. Es kam der erste Mai, und die Arbeiter marschierten zum ersten Mal in die Stadt. Sie wurden wie Helden gefeiert, und sie hatten zum ersten Mal ihren Sieg vor Augen.

Doktor Adler erzählte später, dass der Gefängniswärter ihm im Kerker gesagt habe: »Ein Wunder ist geschehen! Die Arbeiter von Wien sind auf die Straße gegangen, und kein Soldat hat dreingeschlagen oder gar geschossen. Vielleicht wird man einmal in dieser Stadt leben können, auch wenn man kein Fürst oder Graf ist.«

Der Mann hat Recht gehabt. Die Emanzipation der Ziegelarbeiter ging mit der Zeit so weit, dass einige Jahrzehnte später drei Nachfahren dieser Böhmen, nämlich die Herrn Jonas, Marek und Slavik, zu Bürgermeistern der Stadt Wien gekürt wurden. Einer von ihnen, Franz Jonas, wurde sogar österreichisches Staatsoberhaupt. Und niemand stieß sich daran, wenn wir von der Minorität der bürgerlich-konservativen Wähler von Wien absehen wollen. Allerdings konnten einige Jahre später auch diese ihren Triumph feiern: Sie machten aus einem Nachkommen der Ziegelböhmen einen Bundespräsidenten. Sein Name war ursprünglich Vaculik, doch er nannte sich Waldheim. Sein Nachfolger schämt sich seines böhmischen Namens nicht: Er heißt Klestil.

Doktor Viktor Adler aber, der Begründer und langjährige Vorsitzende der Sozialdemokratischen Partei, hat ein Denkmal auf jener Ringstraße, die von den Ziegelböhmen gebaut wurde.

Warum ich das so ausführlich erzähle? Weil das alles in meinem Heimatbezirk Favoriten begonnen hat. Und außerdem wollte ich erklären, warum in meiner Kindheit dort noch so viele Leute Böhmisch sprachen.

ZU EINEM MEINER GEBURTSTAGE schenkte mir ein Freund eine Zeitung, die tatsächlich am Tag meiner Geburt in Wien erschienen ist. Ich ließ sie einrahmen, und sie hängt seit Jahren an der Wand meines Wohnzimmers. Der fett gedruckte »Aufmacher« dieser Zeitung lautet: »Die Mordpläne der Hakenkreuzler!« Darin wird beschrieben, was diese Banditen alles vorhaben, welche Politiker sie umbringen wollen, auch was sie mit den Juden zu tun beabsichtigen. Es konnte also niemand überrascht sein, wenn elf Jahre später diese Pläne und noch viel mehr zunächst in Deutschland in die Tat umgesetzt wurden. Und kurz danach auch in Österreich.

Wenn ich an dieser Zeitung vorbeigehe, denke ich mir, wie unsere Welt aussähe, hätten die Verantwortlichen dieser Jahre die »Mordpläne der Hakenkreuzler« ernst genommen. Mit einem winzigen Teil der Gewalt, die sich im Zweiten Weltkrieg entlud, hätte man diesen Teufelsspuk spielend aus der Welt schaffen können. Aber offenbar war es den damaligen Entscheidungsträgern wichtiger, in Mitteleuropa ein reaktionäres Bollwerk gegen die Sowjetunion zu errichten, als das Krebsgeschwür namens Hitler auszumerzen.

Aber ich wollte eigentlich von etwas anderem berichten, das auf der Titelseite dieser alten Zeitung zu lesen ist: Da steht rechts oben in der Ecke »Preis 1 000 Kronen«. Ich kam demnach in der bitteren Inflationszeit zur Welt. In meiner Eigenschaft als Säugling merkte ich natürlich nichts davon. Mir fiel die Inflation erst auf, als sie schon zu Ende war. Ich muss etwa drei oder vier Jahre alt gewesen sein, da zeigte mir mein Vater eine silberne Münze, etwas, das es zur Inflationszeit überhaupt nicht gegeben hatte. Da gab es nur

Papier, auf dem stand »100 000 Kronen« oder noch Absurderes. Diese neue silberne Münze sollte den Wert von tausend Kronen haben. Später wurde diese Münze mit einem anderen Wert geprägt – sie wurde das Zehngroschenstück. Mit anderen Worten: Man kam von der Inflation schnurstracks in die fast ebenso scheußliche Deflation.

Dass etwas nicht so war, wie es sein sollte, das merkte ich als Fünfjähriger vor allem daran, dass ich fast ständig Hunger hatte. Und nicht nur ich. Mein älterer Bruder Emil zog aus und nahm in der Innenstadt einen Posten als technischer Zeichner an. Er war fast fünfzehn Jahre älter als ich, und er konnte mit mir nicht viel anfangen. Ich mit ihm übrigens auch nicht. Meine Eltern rackerten sich ab, um wenigstens so etwas Ähnliches wie ein funktionierendes Heim zu gestalten, aber es ist ihnen nie wirklich gelungen. Erzogen wurde ich eigentlich nicht von den Eltern, sondern von meinem Bruder Oskar, der nur zehn Jahre älter war als ich.

Er gab mir Lehren auf den Weg, die im Favoritner Alltag von imperativer Wichtigkeit waren: »Wenn du mit einem Buben raufst, versuch nicht mit ihm zu ringen oder ihn in den Schwitzkasten zu nehmen. Das kostet zu viel Kraft. Schlag ihn einfach fest auf die Nase, dann fängt er zu bluten an, und er läuft davon.« Ein Ratschlag, den ich öfter befolgen musste, als mir lieb war. Oder er sagte: »Zu lügen zahlt sich nicht aus. Dazu braucht man ein sehr gutes Gedächtnis. Merk dir, die beste Lüge ist die Wahrheit, die merkt man sich leichter.« Diese Maxime, die viel für sich hat, war der Grund, warum ich Jahre später aus dem Gymnasium geflogen bin.

Mein Bruder Oskar war Mitglied bei der SAJ. Das war das Kürzel für die Sozialistische Arbeiterjugend. Dort fand er einen Freund namens Bruno. Der Vater dieses Bruno war ein Großindustrieller, dem die linkspolitischen Umtriebe seines Sohnes höchst zuwider waren. Daher geschah es, dass er in regelmäßigen Abständen seinen unbotmäßigen Sohn hinauswarf. Und dann wohnte der Bruno einige Tage bei uns, bis sich sein Vater wieder beruhigt hatte.

Ich war vielleicht vier oder fünf Jahre alt und saß am Topf, weil das Klo wieder einmal besetzt war. Dem Bruno war fad, und da brachte er mir ein Gedicht bei, das ich heute noch weiß:

> Ich bin kein Jud, ich bin kein Christ,
> Ich bin ein kleiner Sozialist.

Ich hatte natürlich keine Ahnung, was ein kleiner Sozialist sein könnte. Dass es Juden und Christen gab, wusste ich zwar, aber warum die einen dieses und die anderen jenes waren, interessierte mich überhaupt nicht. Was mir gefiel, war nur das »Gedicht«. Als ich es meiner Mutter aufsagte, war sie entsetzt. Sie glaubte zwar, religiös zu sein, aber in Wahrheit war sie nur abergläubisch. »Versündig dich nicht!«, schrie sie empört. Zwar hatte ich keine Ahnung, was sie unter »Versündigen« verstand, aber ich begriff, dass ich diesen Zweizeiler in ihrer Gegenwart nicht mehr aufsagen durfte. Mein Vater hingegen war begeistert, als er den Spruch von mir hörte: Er lachte schallend und fragte, von wem ich das hätte.

»Vom Bruno«, sagte ich stolz.

»Das sieht ihm ähnlich«, sinnierte mein Vater nachdenklich. »Das hat er sich sicher ausgedacht, um seinen Alten zu ärgern.«

Bruno, der Freund meines Bruders Oskar, hieß mit dem Familiennamen Kreisky. Ich, auf dem Topf sitzend, habe es noch nicht gewusst.

Und der Bruno hat damals, als knapp Sechzehnjähriger, sicher auch nicht gewusst, dass er einmal Bundeskanzler von Österreich sein würde. Apropos Kreisky: der Name stammt auch aus dem Böhmischen.

IN DIESEN TAGEN, als die SPÖ noch eine funktionierende Massenpartei in Österreich war, da gab es nicht nur für die Teenager die Sozialistische Arbeiterjugend, es gab auch eine sozialistische Version der Pfadfinder, die Roten Falken. Und als ich etwa fünf Jahre alt wurde, schleppte mich mein Bruder Oskar dorthin, denn einen Kindergarten konnten sich meine Eltern nicht leisten.

Im »Hort« dieser Roten Falken wurden Spiele gespielt, Geschichten vorgelesen, Geschichten, in denen immer irgendwelche armen Schlucker von widerlichen Reichen ausgebeutet wurden, wobei natürlich am Ende der Geschichte der arme Schlucker obsiegte, ja, und dann wurden Lieder gesungen.

Und dort bin ich zum ersten Mal aufgefallen. Nicht, weil ich so eine schöne Stimme hatte, sondern weil ich mir die Lieder als Erster merken und richtig nachsingen konnte. Daheim wäre das niemandem aufgefallen, denn da hatte man andere Sorgen. Als meinem Bruder erzählt wurde, dass ich ein musikalisches Wunderkind wäre, war seine Reaktion: »Dann muss ich den Gertl sofort zu den Pfeiferlbuben bringen!«

Die mit Recht so genannten Pfeiferlbuben war eine Spezialeinheit der Roten Falken, die bei Wanderungen oder Aufmärschen mit Blockflöten, Gitarren und Trommeln mehr oder weniger flotte Marschmusik zu spielen hatte. Der Leiter dieses Ensembles beäugte mich misstrauisch, denn ich war mit Abstand der jüngste Aspirant, der ihm je untergeschoben wurde.

»Was für ein Instrument kannst du spielen?«, fragte er mich missmutig.

Ich glaube, dass jedes Kind an meiner Stelle wahrheitsgemäß gesagt hätte: »Keines.« Ich aber sagte: »Ich kann trommeln.«

»Hast du eine Trommel?«, wollte er wissen.

»Nein.«

»Woher weißt du dann, dass du trommeln kannst?«

»Weil ich zugeschaut habe, wie man das macht, und das kann ich auch.«

»Also gut«, sagte der Chef der Pfeiferlbuben – er hieß übrigens Toni Vlach (noch ein böhmischer Name) –, »da häng dir diese Trommel um, und spiel mir was vor!«

Ich hängte mir folgsam die Trommel um und fragte: »Was soll ich spielen?«

»Egal, sing irgendein Lied und schlag dazu die Trommel.«

Und flugs begann ich zu singen und zu trommeln:

> Es weht ein Flammenmeer von roten Fahnen
> voran den Wegen, die wir zieh'n.
> Wir sind der Zukunft getreue Helfer,
> wir sind die Arbeiter von Wien …

Toni Vlach war beeindruckt: »Du kannst ja richtig singen. Und den Takt hast du auch richtig geschlagen. Also von mir aus, probieren wir's.«

Und so hatte ich meinen ersten Job als Musiker. Natürlich unbezahlt, aber das ist mir damals noch nicht aufgefallen.

Ich war fast ein ganzes Jahr bei den Pfeiferlbuben. Mit der Zeit wurde mir das Trommeln fad, daher versuchte ich mich auf einer der im Hort vorrätigen Wandergitarren. Ich suchte mir die Akkorde irgendwie zusammen und war nach einigen Wochen tatsächlich in der Lage, zu den einfachen Liedern, die da gesungen wurden, die richtigen Begleitharmonien zu zupfen.

Als mein Bruder das sah und hörte, stand sein Entschluss fest: »Der Gertl muss ein Instrument lernen!« Gertl war übrigens mein Rufname, denn in unserer Gegend genierte man sich, »Gerhard« zu sagen. Es wurde ein Familienrat zusammengerufen, bei dem als seltener Gast auch mein ältester Bruder, Emil, erschien. Die Frage lautete: Was für ein Instrument soll der Bub lernen? Mein Vater, der gewohnt war, praktisch zu denken, meinte: »Eins, das nicht viel kostet. Ich schlage vor: Mundharmonika.«

»Mundharmonika kann ich schon«, warf ich ein. »Das ist kein Instrument.«

»Wie wäre es mit Geige?«, fragte Oskar.

»Eine gute Geige ist sehr teuer«, gab Emil zu bedenken.

Meine Mutter mischte sich ein: »Ich hab einmal von einem Zigeuner gehört, der sich aus lauter Zündhölzern eine Geige zusammengeleimt hat.«

»Ich mag keine Geige und Zündhölzer schon gar nicht«, protestierte ich.

»Was denn möchtest du lernen?«, fragte mein Vater.

»Klavier!«

Der Familienrat legte eine erschreckte Generalpause ein.

»Weißt du, was so ein Klavier kostet?«, wollte Vater wissen.

»Moment«, sagte Emil, »in der Wohnung meines Chefs steht ein Flügel, den kein Mensch anrührt, seit seine Frau gestorben ist. Den könnte ich vielleicht fragen.«

Ich bekam also den Flügel der verstorbenen Chefgattin. Wer dafür was bezahlt hat, weiß ich nicht. Aber nach einigen Tagen gab es ein echtes Klavier in unserer Wohnung. Es war zwar völlig verstimmt, aber es war ein wirkliches Klavier.

Toni Vlach, der Dirigent der Pfeiferlbuben, trieb einen blinden Klavierstimmer auf, der für ein warmes Nachtmahl bereit war, den Flügel auf 440 Schwingungen einzustimmen, und ich war ganz sicher das glücklichste Kind in Favoriten.

Ich begann mir Töne zusammenzusuchen, und nach einigen Tagen konnte ich mit beiden Händen den Donauwalzer spielen. Zwar nur in C-Dur, weil es da kaum schwarze Tasten zu bedienen gab, es war auch nicht der ganze Donauwalzer, sondern nur ein Fragment, aber die Familie war begeistert. Dann brachte ich mir etliche Lieder bei, die ich bei den Roten Falken zu singen gelernt hatte, und dann sagte mein Bruder Oskar: »So geht das nicht weiter, der Gertl braucht einen Klavierlehrer!«

»Wozu?«, fragt meine Mutter, »er spielt doch auch so ganz schön!«

Oskar überhörte diesen Einwand, wie so vieles, was meine weltfremde Mutter von sich zu geben pflegte.

Kurz bevor ich sechs Jahre alt wurde, brachte er mich zu einer Klavierlehrerin, die er in Favoriten aufgetrieben hatte. Sie nannte sich Eloise Dessén, weil das ihr Künstlername war. In Wahrheit hieß sie Elsa Nesbeda. (Schon wieder ein böhmischer Name.) Und weil ich so ein »Wunderkind« war, erklärte sie sich bereit, mich zur halben Taxe zu unterrichten. Das war zwar für meinen Vater immer noch viel Geld, aber er biss in den sauren Apfel und zahlte, wenn auch widerwillig.

»Was soll er werden, der Bub? Vielleicht ein Konzertpianist?«

»Warum nicht?«, fragte Oskar.

»Von was soll er dann leben? Wer hat bei diesen Zeiten Geld für Konzertkarten?«

Etwa ein halbes Jahr nach Beginn meines Klavierstudiums veranstaltete meine Lehrerin ein Schülerkonzert, dem meine ganze Familie beiwohnte. Ich hatte eine leichte, aber sehr wirkungsvolle Etüde von Friedrich Burgmüller zu spielen. Ich tat dies mit solch überzeugendem Überschwang, dass das Publikum begeistert zu applaudieren begann. Die Frau Professor streichelte meinen Kopf, und mein Vater sagte nachher: »Na vielleicht ist es doch nicht sinnlos herausgeschmissenes Geld gewesen.«

So ungefähr sahen auch später meine guten Kritiken aus.

LANGSAM, sehr langsam begann sich Österreichs Wirtschaft zu erholen. An den Weltkrieg erinnerten nur noch die bettelnden Invaliden. Es machte sich die Andeutung dessen bemerkbar, was man nach dem Zweiten Weltkrieg zumindest in der deutschen Bundesrepublik »Wirtschaftswunder« nannte. Es gab in den Geschäften wieder Lebensmittel zu erschwinglichen Preisen, die Zahl der Arbeitslosen sank merkbar, die Züge verkehrten pünktlich, und das

Leben erschien wieder lebenswert. Doch die politischen Zustände des Landes waren chaotisch. Es gab Privatarmeen, sowohl auf der rechten wie auf der linken Seite. Furchtbare Straßenkämpfe fanden statt. Auf der rechten Seite die so genannten Fünfschillingmanndeln der Heimwehr (so benannt, weil jeder Heimwehrmann für die Mitwirkung bei einem uniformierten Aufmarsch fünf Schilling bekam – von wem, das ließ sich nie eruieren), auf der linken war es der sozialistische Schutzbund, dem auch meine beiden Brüder angehörten.

In Schattendorf, einem obskuren Dorf des Burgenlandes, fand 1927 ein Aufmarsch des Schutzbundes statt, und zwei Heimwehrmänner schossen aus einem Gasthaus auf die Marschkolonne. Zwei Menschen, ein Kriegsinvalide und ein Kind, fielen tot zu Boden. Die Schützen wurden festgenommen, vor Gericht gestellt – und freigesprochen.

Darauf gab es vor dem Wiener Justizpalast eine wilde Massendemonstration, der Justizpalast wurde angezündet, Polizei griff ein, es gab etliche Tote, und das Menetekel eines kommenden Bürgerkrieges war nicht mehr zu übersehen.

Trotzdem versuchte man, so gut es ging, zur Tagesordnung überzugehen. Es gab weiterhin gute Konzerte in Wien, es wurden Filme gedreht, Theater gespielt, es wurden Operetten geschrieben, und es gab einige großartige Entertainer, die bekanntesten waren Karl Farkas, Fritz Grünbaum, Armin Berg, Franz Engel, Fritz Wiesenthal und Paul Morgan. Ja und dazu gab es noch den Hermann Leopoldi, der nicht nur ein glänzender Alleinunterhalter war, sondern auch ein ebenso guter Komponist.

Ich war vielleicht sieben oder acht Jahre alt, als ich den Leopoldi zum ersten Mal erleben durfte. Es war im »Favoritner Kolosseum«, einem längst niedergerissenen Holzbau, wo er nicht nur mich, sondern das ganze Publikum verzauberte. Der Mann kam auf die Bühne – und man war gut aufgelegt. Ich wusste gar nicht, dass es so etwas geben kann.

Dass ein kleiner, dicklicher Mann mit beginnender Glatze und einer fragwürdigen Gesangsstimme einige hundert Menschen, deren Alltag sicher kein Vergnügen war, einfach durch seine Singerei und sein Klavierspiel in gute Laune versetzen kann – das war für mich ein unglaubwürdiges Wunder.

Ich ging wie auf Wolken nach Hause und sagte meinem Vater: »Jetzt weiß ich, was ich einmal werden will!«

»Na was? Konzertpianist vielleicht?«

»Nein, ich möchte einmal so etwas werden wie der Hermann Leopoldi.«

»So was kann man nicht lernen, so was muss man sein!«, sagte mein Vater, und er hatte Recht.

Als ich viele Jahre später dem Hermann Leopoldi von diesem Gespräch erzählte, lächelte er nachdenklich. Dann sagte er: »Deinen Vater hätt ich gern kennen gelernt.«

MEIN VATER WAR – kurz gesagt – ein guter Mensch. Viel zu gut für die Zeit, in die er hineingeboren wurde. Seine Eltern sind irgendwann im neunzehnten Jahrhundert aus einem der verwahrlosten Kronländer nach Wien gezogen, in der vergeblichen Hoffnung, dort ein besseres Leben führen zu können. Ich weiß nicht, welchem Beruf mein Großvater nachging, er starb, ehe ich ihn wirklich kennen lernen konnte. Meine Großmutter habe ich nur als verschrumpeltes, altes Weiblein in Erinnerung. Sie wurde bis zu ihrem Tod von meinem Vater am Leben erhalten.

Als mein Vater die Schule verließ, kam er zu einem Tapezierer in die Lehre, aber noch ehe er selbst ein Tapeziermeister werden konnte, brach der Erste Weltkrieg aus, und er wurde zum Militär eingezogen. Er diente vier Jahre an der Ostfront und wurde zum Kriegsende mit einem Eisernen Kreuz entlassen. Über seine Erlebnisse im Krieg weigerte er sich zu sprechen. Nur einmal, als sich ein Mann gegenüber unserem Haus aus dem Fenster stürzte und sämtliche Nachbarn auf die Straße rannten, um den Toten zu betrachten, da blieb er in seiner Werkstatt und murmelte vor sich hin: »Ich will nie wieder einen Toten sehen.«

Er war nicht gebildet. Er wäre es gern gewesen, aber hatte nie die Gelegenheit, es zu werden. Seine einzige Lektüre war das Parteiorgan der Sozialisten, die »Arbeiter Zeitung«, die er jeden Sonntag von der ersten bis zur letzten Seite las. Er besaß ein Fremdwörterlexikon, das er während des Lesens immer wieder zu Rate zog. Diese Zeitung war sein Evangelium. Die sozialen Ungerechtigkeiten, die im Österreich der Zwischenkriegszeit nahezu systemimmanent waren, prangerte er an, wo immer er konnte. Nicht, weil er ein Sozialdemokrat, sondern weil er ein guter Mensch war. Ich habe nie erlebt, dass er einem Bettler nichts gegeben hätte, und wenn es nur ein paar Groschen waren.

»Warum gibst du diesen Schmarotzern Geld?«, pflegte ihn meine Mutter bei solchen Gelegenheiten anzufauchen.

»Wenn ein Mensch es nicht nötig hätte, zu betteln, würde er es sicher nicht tun«

»Aber der versäuft doch nur das Geld!«

»Vielleicht schläft er dann besser. Und wenn nicht, dann weiß ich wenigstens, dass ich besser schlafen werde.«

Zeit seines Lebens hatte er Geldsorgen. Er war niemals in der Lage, so viel zu erwirtschaften, wie er für den Unterhalt seiner Familie gebraucht hätte. Aber er hatte viele Freunde. Das war ihm wichtiger als Geld. Ich habe ihn sehr geliebt, meinen Vater.

MEINE MUTTER war ein anderes Kapitel. Sie stammte aus Ungarn, sprach aber akzentfrei Deutsch. Wie, wann und wo meine Eltern sich kennen gelernt haben, weiß ich nicht. Darüber wurde nie gesprochen. Abgesehen von der Tatsache, dass meine Eltern drei Söhne gezeugt haben, hatten sie wenige Berührungspunkte. Ich kann mich nicht erinnern, dass die beiden jemals bei irgendeinem Anlass einer Meinung waren. Ich glaube, dass mein Vater gern eine gute Ehe geführt hätte, aber mit meiner Mutter ging das nicht. Sie war eine geborene Egozentrikerin.

Eins von vielen Beispielen: Im Februar 1934 brach ein blutiger Bürgerkrieg aus. Die spontane Reaktion meiner Mutter war: »Warum, um Gottes willen, tut man mir das an?!«

Zu Gott und zu allem, was die Religion anbelangt, hatte sie ein besonderes Verhältnis. Wenn ihr irgendein Missgeschick widerfuhr, war sie imstande zu sagen: »Was will Gott von mir? Ich hab ihm doch nichts getan!«

Als ob das alles nicht genug wäre, war sie auch noch entsetzlich abergläubisch: Sie wollte mir einen Knopf annähen, doch bevor sie das tat, riss sie von einer Spule ein Stück Zwirn ab und machte ein Knäuel daraus. Das steckte sie mir in den Mund und befahl mir, diesen Zwirn zu kauen, während sie mir den Knopf annähte.

»Warum?«, wollte ich wissen.

»Das muss sein, damit dein Verstand nicht eingenäht wird«, erklärte sie ernsthaft.

»Woher weißt du das?«

»Von meiner gottseligen Mutter.«

Ich fand das lächerlich und spuckte den Zwirn aus, worauf sie mir eine schallende Ohrfeige gab. »Willst du dein Leben lang als Trottel herumlaufen?«

»Aber das ist doch ein Blödsinn!«

Und schon hatte ich die zweite Ohrfeige. Dazu schrie sie mich an: »Willst du damit sagen, du Rotzbub, dass meine Mutter, Gott hab sie selig, blöd war?«

»Das nicht, aber …«

»Wenn du willst, dass ich dir den Knopf annähe, dann friss den Zwirn!«

Ich kaute also auf dem Zwirn und dachte mir mein Teil. Von dem Moment an waren mir abergläubische Menschen mein ganzes Leben lang zuwider. Womit wir fast nahtlos beim Thema Religion angelangt sind.

WENN MIR eingeredet wird, dass die Israeliten beim Aus-
zug aus Ägypten trockenen Fußes durch das Rote Meer
gewandert sind, weigere ich mich, das zu glauben. Ebenso
finde ich die Mär von der Jungfrauengeburt Marias eher
lächerlich. Schon in der Volksschule habe ich mir Gedanken
darüber gemacht, wie sich die Menschheit nach Adam und
Eva vermehrt hat. Wen hat Kain zur Frau genommen, um
weitere Nachkommen zu zeugen? Und überhaupt: Wozu
haben sich die Menschen vermehrt, wenn sie nicht mehr im
Paradies leben durften?

Als ich meinen Vater einmal mit solchen und ähnlichen
Fragen überhäufte, sagte er mir: »Man muss nicht alles wort-
wörtlich glauben, nur weil es irgendwo gedruckt ist.«

»Aber Papa, du liest doch jeden Sonntag die ›Arbeiter
Zeitung‹. Glaubst du alles, was dort gedruckt ist?«

Mein Vater dachte einen Moment nach, dann sagte er: »In
der ›Arbeiter Zeitung‹ habe ich noch nie ein Wort über
Religion gelesen.«

Religiöse Feiertage, egal welcher Religion, wurden in
meiner Familie prinzipiell ignoriert. Zwar wagte meine
Mutter hin und wieder einen bescheidenen Protest: »Man
kann doch nicht so gottlos leben, wie wir das tun!«

Darauf sagte Vater: »Wenn du vier Jahre im Krieg gewesen wärest so wie ich, dann kämest du gar nicht auf die Idee,
dass man auf Gott vertrauen könnte.«

So wurde ich ein orthodoxer Atheist und bin es bis heute
geblieben.

VON MEINEM vierten Lebensjahr an wurde ich immer in
die Sommerfrische geschickt. Und zwar zu einem Bruder
meiner Mutter, dem Onkel Max. Er lebte in einem kleinen
ungarischen Städtchen und war Wasserleitungsinstallateur.
Ein ganz und gar unjüdischer Beruf, in dem er sich aber
nicht nur sehr wohl fühlte, sondern in dem er es auch
zu einem ansehnlichen Wohlstand gebracht hatte. Dieser

Onkel Max hatte einen Narren an mir gefressen – und ich auch an ihm. Wir hatten einander nicht viel zu sagen, aber wenn er beim Spazierengehen seine Hand auf meine Schulter legte, war es für mich ein schöner Tag. Und wenn ich ihn dankbar anlächelte, streichelte er wortlos meinen Kopf.

Da er mir berufsbedingt nicht sehr viel Zeit widmen konnte, beschloss er, mich an den Vormittagen in einen Kindergarten zu stecken. Natürlich in einen ungarischen Kindergarten.

»Damit du eine zweite Sprache erlernst!«, erklärte er mir, »und zwar eine vernünftige Sprache!«

Ich verbrachte demnach zwei Sommer in einem ungarischen Kindergarten, und schon um dort überleben zu können, lernte ich Ungarisch. Diese Sprache kann ich heute noch, und zwar akzentfrei. Allerdings mit dem Wortschatz eines fünfjährigen Kindes.

Mein Onkel Max war ein Mensch, der in jeder Beziehung aus der Norm fiel. Er war ziemlich groß, trug einen bemerkenswerten Bauch mit sich herum und hatte einen seltsamen Humor.

Eines Abends, die ganze Familie saß um den festlich gedeckten Tisch und genoss das Nachtmahl, das seine Gattin, meine Tante Irma, zubereitet hatte, da entfuhr meinem Onkel ein gewaltiger Furz. Tante Irma blickte ihn strafend an und war im Begriff, etwas Zurechtweisendes zu sagen, doch sie kam nicht dazu. Onkel Max wandte sich mir zu und fragte: »Weißt du, Gertl, wie man einen Furz in fünf Teile teilt?«

Ich schüttelte verlegen den Kopf.

»Ganz einfach: Man furzt in einen Handschuh!«

Tante Irma war entsetzt: »Was soll aus dem Kind werden, wenn du ihm solche Sachen beibringst?!«

»Der Bub soll beizeiten lernen, was die wichtigen Dinge im Leben sind.«

Und damit war das Thema für ihn abgeschlossen.

Eine weitere Eigenheit meines Onkels war die, dass er

nicht in der Lage war, einer »Mezie« (einem Gelegenheitskauf) aus dem Weg zu gehen. So kam er einmal mit einem gebrauchten Autobus nach Hause, den er von einem bankrotten Reisebüro billig ersteigert hatte.

»Was, um Gottes willen, willst du mit einem Autobus anfangen?«, zeterte seine leidgeprüfte Gattin.

»Einen Autobus kann man immer brauchen«, sagte mein Onkel lakonisch.

Und er gebrauchte ihn folgendermaßen: Er ließ von seinen Arbeitern die Sitze entfernen und verwendete den Bus unter der Woche als Lastwagen. Am Sonntag wurden die Sitze wieder montiert, und mein Onkel fuhr mich und die Kinder der ganzen Nachbarschaft spazieren. Dabei gab es Eiskrem in rauen Mengen, Kuchen, Schokolade und sonstige Leckereien. Der Autobus meines Onkels wurde daher in der ganzen Nachbarschaft »Schlaraffenbus« genannt.

Wieder daheim, erzählte ich meiner Mutter diese Geschichte. Ihre Reaktion?

»Mit dem vielen Geld hätte er auch etwas Gescheiteres machen können.«

Als ich knapp sechs Jahre alt war, kam mein Bruder Oskar mit in die Sommerfrische. Onkel Max fuhr uns zur Abwechslung an den Plattensee, weil sich der Autobus schließlich amortisieren musste. Dort fasste Oskar den Entschluss, mir das Schwimmen beizubringen. Er zeigte mir an Land die Bewegungen, die ich im Wasser zu machen hätte. Dann band er ein Seil um meinen Knöchel und warf mich in den See. Als ich im Begriff war unterzugehen, rief er mir zu, ich solle die Bewegungen machen, die er mir gezeigt hatte. Ich versuchte es und ging trotzdem unter, deshalb zog er mich mit dem Seil aus dem Wasser, um mich gleich wieder hineinzulassen. Dieser Vorgang wiederholte sich innerhalb einer knappen Stunde so oft, bis ich tatsächlich schwimmen konnte.

Während des »Unterrichts« habe ich meinen Bruder verflucht – später war ich ihm dankbar.

NOCH VOR meinem sechsten Geburtstag kam ich in die Volksschule, und zu meinem größten Erstaunen war ich ein sehr guter Schüler. Mein Bruder Oskar kommentierte dies mit den Worten: »Gertl, wenn du so weitermachst, schlägst du ganz aus der Art.«

Mein Vater hingegen gab mir für jeden Einser im Zeugnis eine Tafel Schokolade. Überflüssig zu bemerken, dass ich diese viel zu schnell aufaß, was tagelange Verstopfung zur Folge hatte. Das Hausrezept in solchen Fällen ist natürlich Rizinusöl. Als Mutter es mir einzuflößen versuchte, spuckte ich es sofort aus und bekam eine Ohrfeige. Sie versuchte es noch einmal mit dem gleichen Ergebnis. Da mischte sich Oskar ein: »Lass ihn in Ruh, Mutter, ich mach das schon!«

Er nahm zwei Likörbonbons, entfernte aus der Schokoladenkruste den Likör und füllte stattdessen das Rizinusöl in das Bonbon. Dieses präparierte Bonbon schluckte ich gern, und so konnte das Rizinusöl die von ihm erwartete Wirkung erzielen.

Viele Jahre später, als ich Kabarett-Autor geworden war, nahm ich mir an dieser Methode ein Beispiel. Je ernster eine bittere Wahrheit war, die ich dem Publikum näher bringen wollte, desto überzeugender habe ich sie in Humor verpackt. So wurden auch manche ernst gemeinten Polemiken vom Publikum bereitwillig aufgenommen und begeistert beklatscht. Schließlich geht man ja nicht in ein Kabarett, um mit dem Ernst des Lebens konfrontiert zu werden. Und so wurde mein Publikum oft erfolgreich mit Bonbons gefüttert, in denen Rizinusöl enthalten war. Man verließ das Kabarett in guter Laune, aber die Wirkung stellte sich meist später ein.

IN DER SCHULE hatte ich einen Sitznachbarn namens Otto Tausig, mit dem mich auf den ersten Blick eine Freundschaft verband. Er war ein wirklicher Vorzugsschüler, ich hatte zwar auch Einser im Zeugnis, aber Otto hat sie wirklich verdient. Ich habe den Vorzugsschüler nur simuliert.

Dieser Otto hatte dichterische Ambitionen, und das schon mit sieben Jahren. Seine Aufsätze waren »beispielgebend«, wie die Lehrerin immer wieder hervorhob, und seine Schularbeiten waren »brillant«. Meine waren meist »Talmi«.

Eines Tages kam mich Otto besuchen und fand bei mir zu Hause ein Klavier.

»Wer spielt bei euch Klavier?«, wollte er wissen.

»Ich!«, sagte ich selbstbewusst.

»Spiel mir einmal etwas vor.«

Ich spielte ihm etwas vor.

Dann fragte er mich etwas völlig Unerwartetes: »Kannst du auch etwas komponieren?«

»Ob ich *was* kann?«

»Eine eigene Musik erfinden.«

Daran hatte ich noch nicht im Traum gedacht, aber ich sagte mit selbstbewusster Chuzpe: »Ja, natürlich.«

»Das ist gut. Ich habe nämlich ein Gedicht geschrieben, das geb ich dir jetzt zum Vertonen.«

Er nahm einen Zettel aus der Rocktasche, verlangte einen Bleistift und schrieb das »Gedicht« auf:

> »Fern im Osten herrlich wallt
> Eine edle Mannsgestalt
> Mit dem Adler auf der Brust
> Schreitet sie (?) einher voller Lust.
> Doch die Feinde hatten sein' Tod beschlossen
> Und haben ihn meuchlings erschossen
> Und während der Mond scheint matt und mild
> Trägt man ihn heimwärts auf seinem Schild.
> Und während der Mond scheint matt und mild
> Hat sich das Schicksal dieser Mannsgestalt erfüllt.«

Zu Ottos Entschuldigung muss hier zweierlei angemerkt werden: Erstens war er damals knappe sieben Jahre alt, und zweitens haben wir in der Schule gerade etwas über die Kreuzzüge gelernt.

Ich prüfte das Gedicht fachmännisch, setzte mich ans Klavier und »vertonte« es im Handumdrehen. Kurioserweise kann ich die Melodie heute noch spielen, obwohl sie nicht um ein Jota besser ist als der Text.

Als ich abends meinen Eltern dieses Kunstwerk vorspielte, waren sie beeindruckt. Sie wollten es gleich noch einmal hören. Tags darauf spielte ich es meinem Bruder Oskar vor. Sein Kommentar war ganz anders geartet: »Wenn dieser Otto Tausig noch einmal mit einem Gedicht daherkommt, schmeiß ich ihn hinaus!«

Mein Freund Otto hat das Dichten mit der Zeit aufgegeben. Stattdessen wurde er ein guter Schauspieler. Nicht auf irgendeiner Schmiere, sondern am Wiener Burgtheater.

(Ich weiß, es gibt Leute, die sagen, dass da kein großer Unterschied ist, aber das stimmt natürlich nicht! Das Burgtheater zahlt höhere Gagen.)

DAS JAHR 1929 brach an. Der Erste Weltkrieg war nahezu vergessen, die Wirtschaft schien sich langsam zu erholen, wir übersiedelten aus unserer hässlichen Zinskaserne in eine bessere Wohnung, man blickte zuversichtlich in die Zukunft – da brach aus heiterem Himmel der Schwarze Freitag über die New Yorker Börse herein. Zunächst einmal dachte man in Österreich, dass das nicht unser Problem wäre und die Amerikaner sich schon irgendwie zu helfen wissen werden, die haben schließlich Geld genug – aber die Amerikaner wussten sich leider nicht zu helfen. Es kam die berüchtigte *depression*, die mit Polypenarmen um sich griff, bis auch ganz Europa von einer beispiellosen Wirtschaftskrise erfasst war. Es wurde wieder gehungert in Wien.

In der Werkstatt meines Vaters gab es immer wieder irgendwelche nicht näher definierbaren Freunde, die meinem Vater bei seiner Arbeit Gesellschaft leisteten. Es wurde politisiert, genörgelt und geschimpft, und bei einer solchen Gelegenheit hörte ich einen Mann sagen: »Die einzigen Leute, die heutzutage noch genug zu fressen haben, sind die Delikatessenhändler. Die können wenigstens das aufessen, was sie nicht verkauft haben.«

Wann immer ich fortan gefragt wurde, was ich einmal werden möchte, sagte ich nicht, wie es kleine Buben üblicherweise tun, Lokomotivführer, Feuerwehrhauptmann oder Indianerhäuptling. Nein, ich sagte: Delikatessenhändler.

Die Auftragslage für meinen Vater, den Tapezierer, sowie für meine Mutter, die Näherin, wurde immer schlechter. Die wenigen Kunden, die es noch gab, zahlten bestenfalls auf Raten, denen mein Vater wochenlang nachlaufen musste. Auf dem winzigen Bürotisch der Werkstatt häuften sich die unbezahlten Rechnungen. Meine Eltern verbrachten schlaflose Nächte, die Stimmung in unserer Familie wurde gereizt, und das Einzige, was wir noch teilen konnten, war der Hunger.

Mit der Zeit erschienen Vollzugsbeamte, die überall in der Wohnung den »Kuckuck« anklebten. Und dann eines Tages, ich war gerade neun Jahre alt geworden, da brach mein kleines bisschen Welt zusammen: Mein Klavier, auf dem schon längst der »Kuckuck« klebte, wurde weggetragen, und ich habe es nie wieder gesehen.

Ich habe auch nie mehr Klavierunterricht bekommen. Abgesehen davon, dass kein Klavier mehr da war, hätte mein Vater auch den Unterricht nicht mehr bezahlen können.

In unserem Haus lebte eine alte Dame, von der ich wusste, dass sie ein Klavier in der Wohnung stehen hatte. Ich klopfte bei ihr an und fragte sie, ob ich vielleicht manchmal auf ihrem Pianino spielen dürfte. Zu meiner Freude sagte sie ja. Ich rannte zurück in unsere Wohnung, um meine Noten zu holen, und begann zu üben.

»Bitte keine Fingerübungen«, rief die Dame aus dem Nebenzimmer, »das halte ich nicht aus. Spiel etwas Anständiges oder geh wieder weg!«

Ich wollte nicht weggehen, daher fragte ich:»Was möchten Sie denn hören?«

»Irgendwelche netten Schlager zum Beispiel. Kannst du so was?«

Gott sei Dank habe ich schon früh gelernt, nach dem Gehör zu spielen, weil Noten zu teuer gewesen wären. Ich begann einen damals populären Schlager zu spielen.

»Wenn der weiße Flieder wieder blüht…«

»Na, ist das nicht viel schöner?« Die Alte wurde freundlicher. »Kannst du auch ›Im Prater blüh'n wieder die Bäume‹?«

Also spielte ich zum ersten Mal »Im Prater blüh'n wieder die Bäume«. Ich spielte ihr das ganze Repertoire vor, das ich im Laufe der Zeit bei den vielen Straßenmusikanten aufgeschnappt hatte. Und wo immer ich nicht genau wusste, wie es wirklich weitergeht, improvisierte ich irgendwas, das nicht wie eine Fingerübung klang. Nach einer Stunde schickte sie mich fort und erlaubte mir großzügig, in einer Woche wiederzukommen.

Ich kam und spielte ihr neue Lieder vor, die ich mittlerweile teils aus dem Radio, teils von Straßensängern gelernt hatte. So durfte ich jede Woche eine Stunde lang für meine »Gönnerin« Wunschkonzert spielen.

Dann aber kam Weihnachten. Ich klopfte wieder bei der Alten an, sie ließ mich eintreten und führte mich ins Wohnzimmer. Dort stand ein wunderschön aufgeputzter Christbaum, der mich sehr interessierte, weil unzählige Süßigkeiten daran hingen. Ich schritt um den Baum herum und sagte irgendwas Bewunderndes. Da fragte sie mich: »Wieso bist du so verwundert? Habt ihr denn in eurer Wohnung keinen Christbaum?«

»Nein«, antwortete ich wahrheitsgemäß.

»Warum denn nicht?«

»Weil wir Juden sind.«

Mein Bruder hatte mich ja gelehrt, dass die Wahrheit die beste Lüge ist.

Die alte Dame sah mich an, so wie man einen Aussätzigen ansehen würde. Dann sagte sie: »Dann verschwinde von hier, aber schnell! Ich will nicht, dass mein Weihnachtsfest entweiht wird.«

DAS WAR NATÜRLICH nicht meine erste Konfrontation mit dem Antisemitismus. Aber es war die erste, die mir wehtat. Im finstersten Favoriten, wo ich aufgewachsen bin, gehörte es zur Tagesordnung, dass mir irgendwelche blöden Buben geistvolle Gedichte nachriefen, wie etwa: »Jud, Jud, spuck in Hut / sag der Mutter, das schmeckt gut.« Oder »Jiddelach, Jiddelach hepp hepp hepp / Steck den Kopf in Schweinefett.« An diesem idiotischen Zweizeiler störte mich am meisten nicht seine Aussage, sondern der falsche Reim. Ansonsten hatte man sich eben mit der Tagesordnung abzufinden.

Doch dazu kamen noch seltsame Rowdys, die mit braunen Hemden und weißen Stutzen durch die Straßen marschierten und »Juda, verrecke!« brüllten. Vor denen hatte ich wirklich Angst. Ich fühlte als kleiner Bub, dass die nicht zur Tagesordnung gehörten. Wie sich einige Jahre später erweisen sollte, war diese Angst begründet.

Der moderne Antisemitismus begann in Österreich mit Georg von Schönerer, der im Jahre 1885 den bemerkenswerten Satz prägte: »Die Beseitigung des jüdischen Lebens ist auf allen Gebieten des öffentlichen Lebens unerlässlich.«

Zu seinen Jüngern gesellte sich einige Jahre später ein junger Arbeitsloser namens Adolf Hitler, über den ich hier kein weiteres Wort verlieren möchte. Die Tradition ging weiter mit dem beliebten Wiener Bürgermeister Karl Lueger, der ein bekennender Antisemit war. Als ihm einmal vorgeworfen wurde, dass er trotz seiner bekannten Abneigung stets bereit war, von reichen Juden Geld für seine Wahlkampagnen anzunehmen, verteidigte er sich mit dem berühmten Ausspruch: »Wer ein Jud ist, das bestimme ich!«

Dieser praktizierende Vorbote der Nürnberger Gesetzgebung hat seit vielen Jahren bis zum heutigen Tag ein sehr imposantes Denkmal in der Wiener Innenstadt.

Nicht zu übergehen wäre ferner noch der christlichsoziale Reichstagsabgeordnete Bielohlawek, der anlässlich einer parlamentarischen Kulturdebatte im derbsten Wiener Dialekt ausrief:

»Wann i a Büchl siech, dann hab i schon gfressen! Weil Literatur ist, was a Jud vom andern abschreibt.«

Um dieses leidige Thema abzuschließen, möchte ich den großen Denker und Satiriker Mark Twain zitieren, der ganz sicher weder Jude noch »Judenknecht« war. Er schrieb gegen Ende des neunzehnten Jahrhunderts:

Wenn man der Statistik glauben darf, so stellen die Juden nicht einmal fünf Promille der Weltbevölkerung dar. Diese Zahl ist so klein, so nichts sagend, dass man eigentlich vom Judentum noch nie gehört haben sollte.

Aber dem ist nicht so. Man hört und liest von ihm – hat immer von ihm gehört und gelesen. Der Beitrag des Judentums zu den großen Errungenschaften der Menschheit auf den Gebieten der Literatur, der Musik, der Medizin, der Wissenschaften sowie auf allen Arten des abstrakten Denkens steht in keinem wie immer gearteten Verhältnis zu den oben erwähnten fünf Promille.

Der Jude führt von alters her einen bewundernswerten Überlebenskampf in dieser Welt, und meist kämpft er mit mindestens einer Hand am Rücken festgebunden. Wäre er hoffärtig – man müsste ihm verzeihen.

Andere Völker traten aus dem Dunkel der Geschichte hervor, hielten ihre Fackel hoch, doch immer nur für begrenzte Zeit. Ihre Fackel ist erloschen, und sie stehen wieder im Dunkel – oder sie sind verschwunden.

Der Jude sah sie alle kommen und gehen. Und er ist immer noch das, was er immer war. Er zeigt keine Altersschwäche, keine Verfallserscheinung, kein Erschlaffen seiner Energie und keine Trübung seines stets wachen und angriffslustigen Geistes.

Wer vermag das Geheimnis seiner Unsterblichkeit zu ergründen?

DAS JAHR 1932 war angebrochen. Ich bestand die Aufnahmeprüfung für das Gymnasium. Als besonders begabter Schüler erhielt ich sogar ein Stipendium. Das bedeutete, dass mein Vater nur das halbe Schulgeld bezahlen musste, was bei ihm helle Freude auslöste. Der Wermutstropfen allerdings war, dass den Schülern keine Schulbücher beigestellt wurden, die musste man kaufen. Ich bekam also aus einem einschlägigen Antiquariat die nötigen Bücher, und zwar aus der billigsten Preiskategorie. Völlig zerfetzt, mit fehlenden Seiten und von meinen Vorbesitzern mit allen denkbaren Blödheiten beschmiert.

Das verursachte mir klarerweise ein Minderwertigkeitsgefühl, denn mein Sitznachbar, Sohn eines wohlbestallten Zahnarztes, besaß eine völlig neue Garnitur von Schulbüchern. So gehörte ich vom ersten Schultag an zu den Parias der Schulklasse.

Trotzdem gelang es mir, am Ende des Schuljahres zwar kein gutes, aber ein akzeptables Zeugnis nach Hause zu bringen.

»Wieso hast du so viele Zweier in deinem Zeugnis?«, wollte meine Mutter wissen, »in der Volksschule hast du immer lauter Einser gehabt!«

»Die Volksschule war sicher leichter«, gab mein Vater zu bedenken.

»Für das viele Schulgeld, was wir zahlen müssen, hätten sie ihm schon bessere Noten geben können.«

Das nächste Zeugnis enthielt zwei Dreier. Einser hatte ich nur mehr in Deutsch und in Gesang. Das hatte zur Folge, dass mein Stipendium nicht erneuert wurde. Mein Vater musste das volle Schulgeld bezahlen. Also war für Schulbücher überhaupt kein Geld mehr da. Vater meinte, dass ich mir die Bücher von meinen Mitschülern borgen sollte. Er könne sie mir nicht mehr kaufen.

Ich bekam regelmäßig Mahnbriefe, die ich meinem Vater geben sollte. Ich gab sie ihm, wissend, dass er kein Geld dafür hatte. Die Schule und alles, was damit zusammenhing, wurde mir so verleidet, dass ich am liebsten nie wieder hin gegangen wäre. Doch Vater bestand darauf, dass ich eine »anständige Bildung« erwerben müsse. Er borgte sich Geld aus, verkaufte seine Arbeit weit unter ihrem Wert, um mir das Weiterbleiben am Gymnasium zu ermöglichen. Doch er hätte sich das ersparen können.

Eines Tages, kurz vor Semesterschluss, wurde ich in darstellender Geometrie geprüft. Der Mathematikprofessor, der gleichzeitig mein Klassenvorstand war, stellte mir die erste Aufgabe. Ich hatte keine Ahnung. Ich sagte also: »Das weiß ich nicht.«

»Aha«, sagte der Professor, »wieder einmal nicht aufgepasst, was?«

Und er gab mir die zweite Aufgabe. Mit dem gleichen Ergebnis: »Das weiß ich nicht.«

Der letzte Rettungsanker wäre die dritte Aufgabe gewesen, aber noch ehe er die Frage fertig formuliert hatte, sagte ich wieder: »Das weiß ich nicht.«

Da schrie mich der Professor an: »Wieso weißt du das nicht? Hast du denn das nicht gelernt?«

»Nein«, sagte ich wahrheitsgemäß.

»Warum nicht?«, brüllte er.

»Bitte, weil es mich nicht interessiert hat.«

Das war vermutlich das erste Mal, dass er von einem Schüler eine ehrliche Antwort bekommen hat. Ich bekam im Semesterzeugnis fünfmal die Note »Nicht genügend« und wurde aus dem Gymnasium relegiert. Mein Vater war traurig, meine Mutter klagte um das viele herausgeschmissene Geld, mein Bruder Oskar sagte, dass ein Akademiker ohnehin nicht in die Familie gepasst hätte – und ich war erleichtert, dass sich mein Vater nicht mehr um das Schulgeld abstrampeln musste.

Ich kam noch für ein halbes Jahr in die Pflichtschule, für die man kein Schulgeld zahlen und keine Schulbücher kaufen musste. Dort wurde ich, ohne es beabsichtigt zu haben, Klassenprimus und ging mit einem glänzenden Abgangszeugnis in die Lehre zu einem Schaufensterdekorateur.

ICH HABE das Jahr 1934 übersprungen. In diesem Jahr brach nicht nur über meine Familie, sondern über ganz Österreich eine Katastrophe herein.

Am 12. Februar 1934 flammte ein Bürgerkrieg auf. Die Polarisierung der politischen Strömungen des Landes war nach dem Brand des Justizpalastes so weit fortgeschritten, dass an ein friedliches Nebeneinander nicht mehr zu denken war. Bundeskanzler Dollfuß, wegen seines kleinen Wuchses auch »Millimetternich« genannt, löste mit einem fadenscheinigen Vorwand das Parlament auf, führte die Todesstrafe wieder ein und begann das Land so zu regieren, wie es im Nachbarland Italien sein faschistisches Vorbild Mussolini praktizierte. Die Waffenlager des sozialistischen Schutzbundes sollten beschlagnahmt werden, die Schutzbündler setzten sich zur Wehr, ein Generalstreik wurde ausgerufen, und das Schießen begann.

Meine beiden Brüder waren Mitglieder des Schutzbundes, verschanzten sich mit ihren Gesinnungsgenossen in einem der vielen Gemeindebauten, die mit Kanonen des Bundesheeres beschossen wurden, und mussten nach einigen Tagen der Belagerung aufgeben. Meine Brüder versuchten zu fliehen, gelangten auch noch ins Freie, doch meinem Bruder Emil wurde in den Rücken geschossen. Oskar schleppte ihn irgendwie in Sicherheit. An die Einlieferung in ein Spital war nicht zu denken, und so kam es, dass Emils Schusswunde nicht richtig behandelt wurde. Nach einigen Wochen stellte es sich heraus, dass er mit Tuberkeln infiziert war, und etwa ein halbes Jahr später starb er unter entsetzlichen Schmerzen an tuberkulöser Gehirnhautentzündung.

Viele Schutzbündler starben in diesen Tagen, etliche wurden standrechtlich hingerichtet, und das Leben in Österreich wurde zum Albtraum.

Die sozialistische Partei wurde verboten, ihre Führer flohen ins Ausland, und sämtliche »roten« Publikationen wurden verboten. Dollfuß, der von sich behauptete, christlich-sozial zu sein, triumphierte. Allerdings nur wenige

Monate lang. Im Juli desselben Jahres gab es einen Nazi-Putsch, das Bundeskanzleramt wurde besetzt und Dollfuß ermordet. Und das alles in der Mitte Europas, sechzehn Jahre nach Kriegsende, also im »tiefsten Frieden«.

Dollfuß' Nachfolger, Kurt Schuschnigg, versuchte zwar freundlichere Töne ins Spiel zu bringen, aber man traute ihm nicht, schließlich war er im Kabinett Dollfuß Unterrichtsminister gewesen.

Ich erlebte das alles als zwölfjähriger Gymnasiast. Die Folgen des Bürgerkrieges waren auch in der Schule nicht zu übersehen. Zunächst kam ein neuer Direktor, weil der bisherige im Verdacht stand, Sozialdemokrat zu sein. Dann tauchten plötzlich andere Lehrer auf, die uns Schüler mit ganz neuem Gedankengut zu beglücken versuchten. Aber was mir am stärksten in Erinnerung geblieben ist, das sind die politischen Diskussionen, die unter zwölfjährigen Schülern geführt wurden. In den Pausen wurde heftig politisiert, oft arteten diese Debatten in Prügeleien aus. Seltsam war, dass von den Lehrern immer nur die Schüler bestraft wurden, die für die Sozialisten Stellung bezogen hatten.

Natürlich herrschte in meinem Elternhaus Grabesstimmung. Der älteste Sohn war tot, der Zweitälteste musste sich verstecken. Er wurde trotzdem einige Wochen nach dem Zusammenbruch des Aufstandes gefasst und verbrachte eine Zeit im Konzentrationslager Wöllersdorf. Das war zwar sicher kein Vergnügen, aber im Vergleich zu dem, was ihn vier Jahre später bei den Nazis erwarten sollte, war es fast ein Urlaub.

Es gab in Österreich keine politischen Parteien mehr. Es gab nur die von Dollfuß erfundene »Vaterländische Front«. Wer immer in Österreich etwas werden wollte, wurde genötigt, ihr beizutreten. Daraus resultierte unter anderem ein böser Witz:

Ein ausländischer Journalist bereist Österreich, kommt in irgendeine Provinzstadt und fragt den Bürgermeister nach der politischen Gesinnung seiner Bevölkerung. Der Bürgermeister denkt kurz nach, dann sagt er: »Na ja... die eine

Hälfte sind Sozi, und die andere Hälfte sind Nazi...« »Und was ist mit der Vaterländischen Front?«, will der Journalist wissen. »A blöde Frag«, sagt der Bürgermeister, »bei der Vaterländischen Front sind wir klarerweis alle!«

WIE SCHON ERWÄHNT, trat ich nach meinem Abgang von der Pflichtschule eine Lehre an. Ich sollte auf Wunsch meiner Eltern Schaufensterdekorateur werden. In Favoriten gab es ein Warenhaus mit 14 Schaufenstern. Daher hielt sich der Besitzer dieses Warenhauses einen eigenen Auslagen-arrangeur, einen gewissen Herrn Schneider, der mich in sein Handwerk einweisen sollte. Um es gleich vorwegzu-nehmen: Viel habe ich nicht gelernt beim Herrn Schneider. Vor allem deshalb, weil er selbst nicht allzu viel von seinem Handwerk verstand. Außerdem hat mich dieses Gewerbe überhaupt nicht interessiert. Was mich an dieser »Position« festhielt, war etwas völlig Überraschendes: In der Wohnung des Warenhausbesitzers stand ein Klavier, auf dem ich hin und wieder spielen durfte. Und dazu kam noch, dass die Chefin mich mochte. Sie steckte mir immer wieder irgend-welche Leckerbissen zu, denn sie ahnte, dass ich daheim nicht verwöhnt wurde.

Mit dem bisschen Geld, das ich verdiente, leistete ich mir den Luxus von Stehplatzbesuchen in der Wiener Staatsoper. Ich ging, wann immer ich konnte, in Konzerte und ver-suchte mir irgendwie die Bildung, die ich nie erhalten habe, selbst anzueignen. Mein Bruder versorgte mich mit Lese-stoff aus seiner bescheidenen Bibliothek. Er gab mir Tuchols-ky und die Gedichte von Erich Kästner. Ich entdeckte Karl Kraus, Franz Werfel, Stefan Zweig und Arthur Schnitzler. Und so eröffneten sich mir Perspektiven, von denen ich gar nicht gewusst hatte, dass es sie gab. Bis dahin war ich so sehr im Proletenmilieu von Favoriten verhaftet, dass ich glaubte, so und nicht anders sei die Welt. Dass es in Wien auch Menschen wie Alfred Polgar, Egon Friedell und Anton Kuh gab, Menschen, die durch ihr bloßes Dasein Geist versprühen konnten, ließ mich die Stadt plötzlich mit anderen Augen sehen.

Über meine Zukunft machte ich mir überhaupt keine Gedanken. Das Einzige, was für mich feststand, war: Schaufensterdekorateur werde ich ganz sicher nicht! So vergingen fast zwei Jahre mit Arbeit, Literatur und gelegentlichem Klavierspiel, und dann kam das Jahr 1938.

HITLER, der seit fünf Jahren in Deutschland unumschränkt regierte, befahl am 12. Februar den österreichischen Bundeskanzler Schuschnigg zu sich auf den Obersalzberg und forderte unter anderem die sofortige Amnestie der bis dahin inhaftierten Dollfußmörder. Schuschnigg erklärte sich widerstrebend dazu bereit. Ferner forderte Hitler, einen »deutsch denkenden« Vertrauensmann in Österreichs Regierung aufzunehmen, um die Lage zu »entspannen«. Schuschnigg erklärte sich auch dazu bereit und ernannte den Großdeutschen Arthur Seyß-Inquart zum Innenminister. Er hoffte damit, Hitlers Ansprüchen zu genügen.

Der Druck der Nazis wurde jedoch immer stärker. Daher entschied Schuschnigg am 9. März, eine Volksbefragung abzuhalten. Der diesbezügliche Aufruf lautete so:

Volk von Österreich!

Zum ersten Mal in der Geschichte unseres Heimatlandes verlangt die Führung des Staates ein offenes Bekenntnis zur Heimat. Sonntag, der 13. März 1938, ist der Tag der Volksbefragung. Ihr alle, welchem Berufsstand, welcher Volksschicht Ihr angehört, Männer und Frauen im freien Österreich, Ihr seid aufgerufen, Euch vor der ganzen Welt zu bekennen; Ihr sollt sagen, ob Ihr den Weg, den wir gehen, der sich die soziale Eintracht und Gleichberechtigung, die endgültige Überwindung der Parteienzerklüftung, den deutschen Frieden nach innen und außen, die Politik der Arbeit zum Ziele setzt – ob Ihr diesen Weg mitzugehen gewillt seid. Die Parole lautet: Für ein freies und deutsches, unabhängiges und soziales, für ein christliches und einiges Österreich! Für Friede und Freiheit und die Gleichberechtigung aller, die sich zu Volk und Vaterland bekennen. Das ist das Ziel meiner Politik. Dieses Ziel zu erreichen, ist die Aufgabe, die uns gestellt ist, und das geschichtliche Gebot der Stunde. Kein Wort der Parole, die Euch als Frage gestellt ist, darf fehlen. Wer sie bejaht, dient dem Interesse aller und vor allem dem Frieden! Darum, Volksgenossen, zeigt, dass es Euch ernst ist mit dem Willen, eine neue Zeit der Eintracht im Interesse der Heimat zu beginnen. Die Welt soll unseren Lebenswillen sehen. Darum, Volk von Österreich, stehe auf wie ein Mann und stimme mit JA!

DIESER AUFRUF erzielte eine ungeheure Wirkung. Alles, was nicht unter der Hitlerdiktatur leben wollte, war bereit, mit »JA« zu stimmen. Es gab ständig Anti-Nazi-Demonstrationen, wo immer Nazis, erkennbar an ihren weißen Stutzen, sich sehen ließen, wurden sie inbrünstig verprügelt. Die Stimmung war so proösterreichisch, wie es ein Jahr davor noch kein Mensch für möglich gehalten hätte. In ganz Wien wurden Straßen und Häuserwände mit vaterländischen Parolen bemalt, es herrschte eine unkontrollierbare Euphorie, der sich keiner entziehen konnte oder wollte. Der Ausgang der Volksbefragung war gewiss.

Die Nazis zogen ihre Konsequenzen. Der frisch gebackene Innenminister Seyß-Inquart warnte seinen Gönner Hitler per Telegramm, dass die geplante Volksbefragung kein günstiges Ergebnis bringen würde. Und so forderte Hitler die österreichische Regierung ultimativ auf, die Volksbefragung abzusagen. Schuschnigg gab nach und dankte am 11. März ab. Seine Abschiedsrede, die vom Rundfunk übertragen wurde, schloss mit den Worten »Gott schütze Österreich!« Wie wir wissen, hatte Gott Wichtigeres zu tun. Das Land wurde von den Deutschen besetzt, dem Reich einverleibt und vegetierte sieben Jahre lang als Wurmfortsatz des »Großdeutschen Reiches«, genannt »Ostmark«.

Die Folgen ließen nicht lang auf sich warten. Die österreichischen Braunhemden wollten den Gesinnungsgenossen aus dem Altreich beweisen, dass sie die besseren Nazis sind. Und begannen sofort, die Wiener Juden zu terrorisieren. Juden wurden aus ihren Wohnungen auf die Straßen geschleppt, mussten die vielen Propagandaslogans wegputzen, die noch von der abgesagten Volksbefragung auf Straßen und Häuserwänden zu sehen waren. Und zwar mit ihren eigenen Reinigungsgeräten. Wenn sie keine hatten, mussten sie es mit ihren Zahnbürsten oder mit ihren Bärten tun. Wie nicht anders zu erwarten, stand der Pöbel dabei und unterhielt sich königlich.

Mein Vater ahnte, dass es ihm an den Kragen gehen würde. In den Jahren, da die ›Arbeiter Zeitung‹ verboten war, war jede Woche ein Mann zu ihm gekommen und hatte eine in Brünn gedruckte Dünndruckversion der AZ mit dem Auftrag geliefert, das Exemplar nach der Lektüre weiterzugeben. Bei einem Bekannten meines Vaters fand man eine solche Zeitung. Er wurde verhört, befragt, von wem er sie bekommen hatte. Etwa eine Woche nach dem Einmarsch der Nazis wurde mein Vater verhaftet. Meinen Bruder Oskar nahmen sie auch gleich mit, denn bei der Hausdurchsuchung fand man seine Schutzbund-Uniform.

Mutter und ich wussten zunächst nicht, was mit ihnen geschehen war. Nach etwa einer weiteren Woche erhielten wir ein Schreiben von der Lagerleitung des Konzentrationslagers Dachau. Darin stand, dass zwei Juden namens Bronner wohlbehalten im Lager angelangt seien und dass die Angehörigen der beiden Häftlinge verpflichtet seien, für den Unterhalt eines jeden wöchentlich zehn Reichsmark zu entrichten.

Die Katastrophe war da. Es gab so gut wie kein Geld im Haus. Mutter nähte wie besessen, verkaufte, was immer fertig, zum halben Preis, um jede Woche zwanzig Reichsmark zu erwirtschaften. Wenn es ihr nicht gelang, verkaufte sie von ihrem Hausrat alles, was einen Käufer fand, um das Geld nach Dachau schicken zu können.

Das Warenhaus, in dem ich arbeitete, wurde arisiert und von einem »kommissarischen Leiter« übernommen. Der Besitzer durfte sein Geschäft nicht mehr betreten. Es gab dort drei jüdische Angestellte, die fristlos entlassen wurden. Einer davon war ich.

Damit ich wenigstens ein kleines bisschen dazuverdiente, ging ich zum Südbahnhof, um gegen ein geringes Trinkgeld Koffer zu tragen. Hin und wieder gelang es mir, mit etwas Geld nach Hause zu kommen. Dann eines Tages wurde ich von den berufsmäßigen Kofferträgern wegen »Schmutzkonkurrenz« verprügelt. Ich traute mich nicht mehr, diesem bescheidenen »Erwerb« nachzugehen.

Ich saß tatenlos zu Hause und hatte Hunger. Ich wusste, dass ich irgendetwas unternehmen musste. So beschloss ich, das Land zu verlassen. Dazu allerdings brauchte ich nicht nur Geld, sondern auch einen neuen deutschen Reisepass. Einen Pass bekam ein Jude allerdings nur, wenn er einen Steuerunbedenklichkeitsnachweis vorlegen konnte. Den hatte ich natürlich nicht, denn ich war als Fünfzehnjähriger noch nicht steuerpflichtig. Also stellte ich mich bei der Finanzlandesdirektion an, um diesen Wisch zu bekommen. Dort war eine Schlange von hunderten von Juden, die alle das gleiche Anliegen hatten wie ich. Ich stand in dieser Menschenschlange zwei Tage und eine Nacht, bis ich endlich beim zuständigen Beamten vorsprechen durfte. Der Staatsdiener musterte mich und fragte unwirsch: »Alsdann, was willst?«

»Bitte, ich brauche einen Steuerunbedenklichkeitsnachweis, damit ich um einen Pass einreichen kann.«

»Ja, bist denn du schon steuerpflichtig?«, wollte der Beamte wissen.

»Nein, ich bin ja erst fünfzehn Jahre alt.«

»Dann«, entschied der Mann hinterm Schreibtisch, »muss halt dein Vater um den Nachweis ansuchen.«

»Bitte, das geht nicht.«

»Warum soll das nicht gehen?!«

»Weil mein Vater im KZ Dachau ist.«

»Ja, da musst du eben warten, bis er wieder herauskommt!«

Verzweifelt fragte ich: »Bitte, wovon soll ich bis dahin leben?«

Der Mann sah mich mit einer durchdringenden Freundlichkeit an: »Es hat dir ja kein Mensch geschafft, dass du leben sollst. – Der Nächste bitte!«

Wenn ich es bis dahin nicht gemerkt hätte – spätestens jetzt wusste ich es: eine neue Zeit war angebrochen.

ZU EINEM ZEITPUNKT, da viele von den 180 000 Juden Wiens noch glaubten, dass man sich mit den Nazis wird arrangieren können – »Es wird schon nicht so heiß gegessen, wie gekocht wird, schließlich sind doch die Deutschen ein Kulturvolk« –, wusste ich als Fünfzehnjähriger, dass mein Leben bedroht ist. Ich musste weg aus diesem Land. Ohne Geld, ohne Reisepass, ohne Ziel, ohne Zukunft, aber ich wusste, dass ich wegmuss.

Natürlich war mein erster Gedanke, zu meinem Onkel Max nach Ungarn zu flüchten. Dann aber fiel mir ein, dass Ungarn auch eine Diktatur war, in der die »Pfeilkreuzler«, das ungarische Gegenstück zu den Hakenkreuzlern, eine ernste Bedrohung für Juden darstellten. Von den Nachbarländern Österreichs schien mir die Tschechoslowakei die einzige Demokratie zu sein, wenn wir von der für mich unerreichbaren Schweiz absehen wollen, und daher war die ČSR mein Reiseziel.

Ich fand im Schrank meines Bruders – war es Zufall oder Vorsehung? – eine Wanderkarte des nördlichen Waldviertels. Ich fand darauf die Orte Retz und Unter-Retzbach. Dort gab es laut Karte ein privates Jagdrevier, das sich von Österreich bis in die Tschechoslowakei erstreckte. Ich rechnete mir aus, dass es möglich sein müsste, durch dieses Jagdrevier über die Grenze zu kommen. Natürlich war es ein Risiko, aber in Wien zu bleiben schien mir noch viel gefährlicher.

Ich packte Wäsche und Kleidung in einen Rucksack, verkaufte etliche Bücher meines Bruders und erstand eine Fahrkarte nach Unter-Retzbach. Dann verabschiedete ich mich von meiner Mutter, ging zum Franz-Josephs-Bahnhof und fuhr einer höchst ungewissen Zukunft entgegen.

Ich kam zum Jagdrevier, das von einem Maschenzaun umgeben war, ging daran entlang und fand plötzlich ein nur mühsam geflicktes Loch. Offensichtlich war ich nicht der Erste, der die Idee hatte, so aus der »Ostmark« zu entkommen. Ich stieg durch den Zaun, ging ein Stunde lang in Richtung Norden (den Kompass hatte ich auch dem Schrank meines Bruders entnommen) und kam wieder an einen Zaun. Diesmal fand ich kein Schlupfloch, musste darüber klettern und war in der Tschechoslowakei. Es war eigentlich ganz einfach, kein Mensch hat mich angehalten oder befragt, ich beging diese höchst illegale Handlung so, als wäre es die natürlichste Sache der Welt.

Allerdings wäre das einige Wochen später nicht mehr möglich gewesen. Doch zu diesem Zeitpunkt, Anfang Mai 1938, war die Grenzüberwachung noch nicht mit der gefürchteten deutschen Gründlichkeit organisiert.

Ich ging über eine Wiese, bis ich an eine Straße kam, und marschierte bis nach Znaim. Dort begann ich nachzudenken, wohin ich eigentlich wollte. Ich wusste, dass ich in einem kleinen Ort nicht bleiben konnte, weil man dort als Fremder zu leicht auffiel. Ich musste also in eine größere Stadt, und die nächste, die sich da anbot, war Brünn, die Hauptstadt von Mähren.

Ich hatte Glück, ein freundlicher Lastwagenfahrer nahm mich mit, und so stand ich in Brünn ratlos auf der Straße. Ich wusste, dass ich irgendwelche Juden finden musste, die ich um Hilfe bitten konnte. Ich suchte ein Geschäft, dessen

Inhaber einen jüdischen Namen hatte, der Name war Bloch, trat ein und erkundigte mich, ob es in Brünn so etwas Ähnliches wie eine jüdische Hilfsorganisation gab.

»Warum willst du das wissen?«, fragte Herr Bloch in fast einwandfreiem Deutsch.

»Weil ich eben schwarz über die Grenze gegangen bin und weil ich keinen Menschen in Brünn kenne.« Und dann erzählte ich ihm detailliert, wer ich war, was ich in Wien gesehen habe und warum ich geflüchtet war.

»Wie alt bist du eigentlich?«, wollte er wissen.

»Fünfzehn.«

Herr Bloch schüttelte den Kopf und sagte: »Zeiten sind das! Jetzt sind schon mehr als zehntausend Flüchtlinge in Brünn.«

Er erzählte mir, dass die Liga für Menschenrechte in Brünn ein Büro unterhält, und dort wird für Flüchtlinge gesorgt.

»Wo ist dieses Büro?«

Er gab mir die Adresse, dann gab er mir noch zehn Kronen, ein Butterbrot und einen Apfel. Ich dankte ihm und machte mich auf den Weg.

Ich glaube mit Sicherheit annehmen zu können, dass Herr Bloch den Holocaust nicht überlebt hat. Aber ich möchte ihm, quasi posthum, einen Orden für praktisch angewandte Menschlichkeit verleihen.

DAS BÜRO der Liga für Menschenrechte war in einem schäbigen Haus in der Brünner Altstadt untergebracht. Der größte Raum war das Wartezimmer. Dort saßen, standen und kauerten etwa vierzig bis fünfzig Flüchtlinge, die darauf warteten, mit einem Funktionär sprechen zu können. Die Umgangssprache in dem Raum war Deutsch. Ich schnappte einige Gesprächsfetzen auf:

»Jetzt warte ich schon über ein Jahr auf ein Durchreisevisum.«

»Ein Emigrant mit Zahnweh kann sich die Kugel geben.«

»Wissen Sie vielleicht jemanden, der eine goldene Uhr kaufen will?«

»Meine Frau hat jetzt einen Posten als Animierdame in einer Bar.«

»Ich hab mir eine teure Montblanc-Füllfeder aus Wien mitgenommen, und jetzt hab ich kein Geld für die Tinte.«

Das war meine erste Bekanntschaft mit Flüchtlingsgesprächen. Da trat eine ältere Dame aus dem Büro und fragte: »Sind irgendwelche Neuankömmlinge da?«

Ich hob die Hand. Zu meinem Erstaunen war ich der Einzige.

»Komm herein!«

Ich trat ein und sah mich einem freundlichen Herrn gegenüber, der meine Personalien aufnahm und mich fragte, ob ich irgendwelche Dokumente hätte. Ich reichte ihm meinen abgelaufenen österreichischen Reisepass.

»Ist das alles, was du vorzuweisen hast?

Ich nickte beschämt.

»Wie bist du über die Grenze gekommen?«

Ich erzählte es ihm.

»Hast du irgendwelche Pläne für die Zukunft?«

»Was für Pläne meinen Sie?«

»Hast du dir keine Gedanken gemacht, wie es von hier weitergehen soll?«

Ich schüttelte den Kopf. »Zunächst einmal bin ich froh, dass ich da bin.«

»Wir werden versuchen, dir eine Aufenthaltsgenehmigung zu besorgen.«

»Danke«, sagte ich.

»Hast du irgendeine Unterkunft?«

»Nein, ich bin ja erst heute angekommen.«

Er wandte sich an die ältere Dame: »Frau Wantoch, geben Sie dem Jungen eine Adresse, wo er wohnen kann.«

Frau Wantoch blätterte in einer Kartei, dann verkündigte sie: »Mlynska Ulica 28 bei Frau Ladenheim.«

»Bitte, wer ist die Frau Ladenheim?«, wollte ich wissen.

»Eine sehr nette Dame, die sich bereit erklärt hat, einen jungen Flüchtling unentgeltlich zu beherbergen.«

Ich dankte erleichtert und machte mich auf den Weg. Frau Ladenheim empfing mich freundlich, doch hatte ich den Eindruck, dass sie gerne einen etwas älteren jungen Flüchtling beherbergt hätte. Ich stellte mich artig vor, aber alles, was sie wirklich wissen wollte, war mein Alter. Als ich ihr mitteilte, dass ich fünfzehn Jahre alt war, sagte sie nur: »Na ja. – Wie lange gedenkst du hier zu wohnen?«

»Bitte, das weiß ich noch nicht.«

Sie führte mich in ein kleines Kabinett, in dem ein Bett stand, ein Waschtisch, ein Stuhl und eine Kommode. Dort legte ich meinen Rucksack ab, fiel ins Bett und schlief sofort ein.

ALS ICH am nächsten Morgen aufwachte, hatte ich keine Ahnung, wie es weitergehen sollte. Ich wusste nur, dass Vater und Bruder in Dachau waren, dass meine Mutter allein in Wien war, dass sie den ganzen Tag über ihre Nähmaschine gebeugt schuftete, um jede Woche zwanzig Reichsmark ins KZ schicken zu können. Wie sie daneben auch noch die Miete bezahlen konnte und sich irgendwie ernährte, das hat sie mir nicht erzählen können, denn ich sah sie nie mehr wieder. Auch meinen Vater und meinen Bruder Oskar habe ich nie wieder gesehen. Auch nicht meinen geliebten Onkel Max.

Langsam ergriff die Realität von mir Besitz. Ich erinnerte mich, dass ich in einer fremden Stadt war, in der ich erst vier Menschen kennen gelernt hatte: Herrn Bloch, Frau Wantoch, Frau Ladenheim und den Mann in der Liga, von dem ich später erfuhr, dass er ein Berliner Anwalt namens Dr. Schönfeld war. Ich zog mich an, klopfte an die Tür meiner Zimmerwirtin und fragte sie, ob ich vielleicht etwas zum Frühstück bekommen könnte.

»Heute ausnahmsweise«, sagte sie, »weil das dein erster

Tag in Brünn ist, aber ab morgen musst du dich selbst verköstigen.«

Sie gab mir einen Kaffee und ein Stück Brot. Ich bedankte mich höflich und ging. Während ich durch die Straßen von Brünn ging, überlegte ich mir, wie es mit mir weitergehen könnte. Ich suchte das Geschäft von Herrn Bloch. Es dauerte eine Weile, doch ich fand es. Ich trat ein, Herr Bloch erkannte mich wieder und fragte, wie es mir ergangen sei. Ich sagte ihm, dass mir eine Unterkunft zugewiesen worden war, aber sonst nichts, ich bräuchte irgendeinen Broterwerb.

»Was stellst du dir vor?«, fragte Herr Bloch.

»Nun ja«, sagte ich zögernd, »ich könnte zum Beispiel Fenster putzen, das kann ich sehr gut.«

»Wieso kannst du das sehr gut?«

»Weil ich in Wien in einem Warenhaus mit vierzehn Schaufenstern gearbeitet habe, die habe ich immer putzen müssen.«

Herr Bloch sah mich nachdenklich an, dann sagte er: »Gut, hier ist ein Eimer, ich gebe dir ein Tuch, füll den Eimer mit Wasser, und du kannst mein Schaufenster putzen.«

Sein Schaufenster war eigentlich ziemlich sauber, es hätte gar nicht geputzt werden müssen, aber er wollte mir den Weg zu einem Broterwerb ebnen. Ich putzte wie besessen und zeigte Herrn Bloch nach getaner Arbeit, wie schön nun sein Schaufenster war. Er nickte zufrieden und fragte, was er mir schuldig sei. Ich sagte: »Sind fünf Kronen zu viel?«

»Nein«, sagte Herr Bloch, »ein so spiegelblank geputztes Fenster ist mindestens zehn Kronen wert.«

Ich dankte ihm überschwänglich und wollte gehen, doch er hielt mich zurück.

»Ich habe, während du gearbeitet hast, mit einem Kollegen telefoniert. Der will auch sein Schaufenster geputzt haben. Siehst du das Wäschegeschäft da drüben? Verlang den Herrn Blau und sag ihm, dass ich dich geschickt habe. Den Eimer und das Tuch kannst du mir nachher zurückbringen.«

Und so begann meine Karriere als Fensterputzer in Brünn. Nach einigen Tagen konnte ich mir sogar schon einen eigenen Eimer leisten, ein Tuch, es war ein alter Damenpullover, schenkte mir Frau Ladenheim, und ich hatte plötzlich so etwas Ähnliches wie eine Zukunft. Das bedeutete, dass ich mir zwei, manchmal sogar drei Mahlzeiten am Tag leisten konnte. Ich war nicht mehr hungrig. Daheim in Wien hatte ich das schon lange nicht behaupten können.

Ich schrieb meiner Mutter, dass ich wohlbehalten in Brünn angekommen war, und sie schrieb mir etwa Folgendes zurück:

Mein liebes Kind,

es freut mich, dass es Dir gut geht. Von mir kann ich das leider nicht behaupten. Von Vater und Oskar habe ich leider keine Nachricht, aber ich hoffe, dass es ihnen besser geht als mir. Ich habe gehört, dass die Konzentrationslager schon so überfüllt sind, dass immer wieder Leute entlassen werden müssen. Hoffentlich werden Vater und Oskar auch bald herauskommen, weil ich weiß nicht mehr, woher ich jede Woche 20 Mark hernehmen soll. Lass es Dir gut gehen, und schreib mir bald wieder.

Deine Mutter.

PS: Vielleicht lernst Du jemanden kennen, der mir etwas Geld schicken kann.

BRÜNN begann mir zu gefallen. Der einzige, allerdings unübersehbare Haken war der, dass ich einsam war. Nicht, weil ich Sprachschwierigkeiten hatte, schließlich konnten die meisten Einwohner von Brünn auch Deutsch. Und jene, die Tschechisch sprachen, konnte ich dank der böhmischen Umgebung, in der ich aufgewachsen war, auch irgendwie verstehen. Als ich wieder einmal meinen Gönner, Herrn Bloch, besuchte, fragte er mich, ob ich schon irgendwelche Freunde in Brünn gefunden hätte. Als ich verneinte, sagte er:

»Meine Tochter geht regelmäßig in einen zionistischen Jugendclub, willst du nicht auch einmal dort hinschauen?«

»Warum nicht?«

Am nächsten Abend führte mich Ruth Bloch in den Club ein. Zunächst musste ich einen Vortrag über das Kibbuz-System in Palästina anhören, dann gab es eine Diskussion, von der ich fast nichts verstand. Aber nachdem der offizielle Teil des Abends zu Ende war, wurde gesungen und getanzt. Und da war ich plötzlich in meinem Element. In einer Ecke des Raumes stand ein altes Klavier, ich setzte mich hin und begann mitzuspielen. Die Runde war begeistert und forderte mich auf, etwas Wienerisches zu spielen. Ich spielte und sang einige komische Lieder aus Hermann Leopoldis Repertoire und wurde beklatscht. Der Leiter des Clubs lud mich ein, Mitglied zu werden, was ich sofort annahm, und eine halbe Stunde später hatte ich mehr Freunde in Brünn, als ich es mir je erträumt hätte. Brünn gefiel mir.

Allerdings ging es mir mit der Fensterputzerei nicht mehr so gut. Meine Kunden wollten ihre Fenster nicht so oft geputzt haben, wie ich es gebraucht hätte, ihnen genügte einmal im Monat, mir aber nicht. Neue Kunden konnte ich keine auftreiben, also musste ich mir etwas anderes ausdenken.

Ich borgte mir bei einem unserer Clubabende von einem Freund eine Gitarre und begann, wie einst bei den Roten Falken, darauf herumzuzupfen. Der Besitzer der Gitarre zeigte mir einige weitere Griffe, von denen ich bis dahin nichts gewusst hatte, und nach einer Woche war ich so weit, dass ich einfache Lieder begleiten konnte. Dann lernte ich einige tschechische Schlager, stellte mich auf eine belebte Straße Brünns und begann eine neue Karriere: Ich wurde Straßensänger mit eigener Gitarrenbegleitung.

Der Eimer, den ich eigentlich fürs Fensterputzen erworben hatte, stand vor mir, und zu meiner Freude warfen mehr Passanten Münzen hinein, als ich es erwartet hatte. Es war übrigens das erste Geld, das ich als Musiker verdienen konnte. Für meine damaligen Verhältnisse schwamm ich im Geld. Ich leistete mir sogar den Luxus einer eigenen Freundin, konnte sie ins Kino ausführen, sogar in ein Restaurant, allerdings ein billiges. Ich hatte das Gefühl, etwas erreicht zu haben in meinem Leben, und sah meiner Zukunft mutig entgegen.

Doch die Freude währte leider nicht lange. Eines Tages kam ein Polizist auf mich zu und fragte mich etwas auf Tschechisch. Ich verstand ihn nicht und sagte es ihm. Worauf er mich beim Arm fasste und mir deutete, dass ich mitzukommen habe. Er führte mich auf eine Polizeistation, wo mich ein Dienst habender Polizeioffizier, dessen Deutsch mich sehr an meinen Heimatbezirk Favoriten erinnerte, zu verhören begann. Zunächst wollte er einen Ausweis sehen. Ich gab ihm das einzige amtliche Papier, das ich hatte, nämlich meine Aufenthaltsgenehmigung. Er musterte sie misstrauisch und legte sie zur Seite. Dann wollte er wissen, wo ich wohne. Ich sagte es ihm.

»Was bist du von Beruf?«

»Musikant«, sagte ich stolz.

»Weißt du nicht, dass man als Straßenmusikant eine Genehmigung braucht?!«

Das hatte ich nicht gewusst und sagte es ihm.

»Du wirst es noch lernen müssen«, sagte er streng.

»Darf ich jetzt gehen?«, fragte ich ahnungslos.

»Nein, du kommst vor Gericht!«

»Bitte, warum?«

»Erstens, weil du ohne Lizenz auf der Straße musiziert hast, und zweitens, weil deine Aufenthaltsgenehmigung abgelaufen ist!«

In meiner Ahnungslosigkeit hatte ich geglaubt, dass mein Aufenthalt in Brünn für ewige Zeiten besiegelt war. Hätte ich tschechisch lesen können, dann hätte ich erkannt, dass mein Aufenthalt nur für einen Monat genehmigt war.

Ich wurde abgeführt und in eine Zelle des Polizeigefängnisses eingeliefert. Vorher wurde noch meine Gitarre beschlagnahmt. Es war eine so genannte Durchgangszelle. Es gab drei Pritschen, aber es befanden sich dreißig Personen in dem Raum. Die meisten von ihnen waren Emigranten. Doch ordnungshalber sperrte man auch einige echte Verbrecher dazu, um die Sache etwas bunter zu gestalten.

Es herrschte ein reges Kommen und Gehen in der Zelle. Alle paar Minuten wurden irgendwelche Häftlinge aufgerufen und zum Verhör gebracht. Dafür wurden kurz darauf neue Verdächtige in die Zelle gestoßen. Langeweile kam keine auf. Irgendwann ging wieder die Gittertür auf, und ein Mann wurde eingeliefert, der offensichtlich beim Friseur verhaftet worden war. Die eine Hälfte seines Gesichtes war rasiert, die andere hatte noch einen Stoppelbart. Er schimpfte und fluchte: »Hätten diese Trottel nicht noch eine Minute warten können, bis auch meine zweite Gesichtshälfte rasiert ist? So kann ich doch nicht unter die Menschen gehen!«

Ein anderer Insasse tröstete ihn: »Für die Leute, die Sie hier treffen, sind Sie schön genug!«

Ich verbrachte drei Tage und drei Nächte in dieser Zelle. Dann wurde ich endlich aufgerufen. Ich hoffte, dass damit mein »Delikt« gebührend bestraft war, doch ich sollte mich irren. Ich kam vor einen Richter, der aus irgendwelchen Akten den Tatbestand verlas, dann verkündete er das Urteil, und zwar auf Tschechisch. Der Polizist, der mich in den Gerichtssaal geführt hatte, nahm meinen Arm und führte mich hinaus. Ich glaubte, heimgehen zu können, doch er brüllte mich an: »Cekaj!« Das Wort kannte ich noch aus meiner Favoritner Vergangenheit: »Warte!«

Es dauerte nicht lange, und ein Polizeiauto kam, in das ich einsteigen musste. Ich fragte den Fahrer, wohin ich gebracht werden soll. Er sagte: »Zur Grenze.«

»Warum?«

»Weil du zurückgeschickt wirst, wo du hergekommen bist.«

Mir war zum Weinen zumute. »Aber ich hab doch nichts verbrochen!«

»Der Richter hat entschieden, dass du abgeschoben wirst, Punktum!«

An Flucht war nicht zu denken, denn ich war mit einer Handschelle an den Wagen gekettet. Ich malte mir meine Zukunft in den finstersten Farben aus. Das Beste, was ich mir ausmalte, war ein Wiedersehen mit Vater und Bruder im KZ Dachau.

Nach einer knappen Stunde kamen wir nach Znaim. Der Wagen hielt vor einer Polizeistation, der Fahrer befreite mich von der Handschelle und führte mich hinein. Dort übergab er mich einem älteren Gendarmen, reichte ihm ein Papier, auf dem vermutlich das Urteil festgehalten war, wechselte mit ihm einige tschechische Worte und fuhr ab.

Der Gendarm sah mich lange an, dann fragte er mich auf Deutsch: »Was hast du angestellt, dass sie dich abschieben wollen?«

»Ich habe auf der Straße gesungen.«

»Und sonst?«

»Meine Aufenthaltsgenehmigung ist abgelaufen.«

»Aha«, sagte er lakonisch und verdrehte die Augen. »Also dann gehen wir halt zur Grenze.« Er schnallte sich einen Gürtel um, setzte die Dienstkappe auf und führte mich hinaus, wobei er seine schwere Hand auf meiner Schulter ruhen ließ. »Woher kommst du eigentlich?«, wollte er wissen.

»Aus Wien.«

»Und wie bist du über die Grenze gekommen?«

»Durch dieses Jagdrevier bei Unter-Retzbach.«

»Ja, ja, da sind schon viele durchgekommen.« Nach einer Weile fragte er: »Wo sind deine Eltern?«

»Meine Mutter ist in Wien und mein Vater in Dachau.«

»Hast du sonst noch Verwandte?«

»Ja, einen Bruder. Der ist auch in Dachau.«

Der Gendarm schüttelte den Kopf und sagte: »Schrecklich!«

Wir gingen eine Weile schweigend weiter, dann plötzlich blieb er stehen. »Wenn du diesen Weg weiter gehst, kommst du nach einer Weile zu dem, was früher Österreich war.«

Ich sah ihn fragend an.

Dann fuhr er fort: »Aber ich an deiner Stelle würde heutzutage dort nicht hingehen.« Sprach's, drehte sich um und ging weg.

Ich schlug mich in die Büsche, wartete, bis er außer Sichtweite war, und ging, Znaim umgehend, wieder in Richtung Norden. Irgendwo hinter Znaim nahm mich wieder ein Auto mit nach Brünn.

Dieser alte Gendarm ist einer der Menschen, denen ich mein Leben verdanke. Es gibt also auch solche Beamte. Leider sind sie immer und überall in der Minderzahl. Weltweit.

AM ABEND DIESES TAGES war ich wieder in Brünn. Ich war nicht nur in Brünn, ich war auch wieder hungrig. Meine letzte Mahlzeit hatte ich am Abend davor im Polizeigefängnis bekommen. Wobei »Mahlzeit« ein Euphemismus ist. Es gab dort immer nur Linsen mit einigen wenigen Speckstücken. Aber jetzt wäre ich auch damit zufrieden gewesen. Wenn man hungrig durch eine Stadt geht, merkt man erst, aus wie vielen Fenstern und Löchern Essensgeruch hervordringt. Wenn man satt ist, fällt einem das gar nicht auf – und wenn, dann eher angenehm. Doch als Hungriger empfindet man das als Tantalusqual.

Natürlich hatte ich kein Geld, das war mir mit Gitarre und Eimer von der Polizei abgenommen worden. Die Herrschaften hatten vermutlich gedacht, dass ich die Kronen im großdeutschen Reich ohnehin nicht würde gebrauchen können.

Daheim bei Frau Ladenheim hätte ich sicher nichts zu essen bekommen, das Geschäft meines Gönners Bloch war längst zu. Mein Jugendclub war an diesem Tag nicht aktiv, ich war nicht nur hungrig, sondern auch ratlos. Da fiel mir eine Wurstbude ein, bei der ich manchmal mein Nachtmahl zu essen pflegte. Ich fragte den Würstelmann, ob er mir Kredit gewähren könnte. Sein »Nein« kam so spontan und überzeugend, dass ich nicht weiterfragte.

Einer seiner Gäste war eben mit seiner Wurst fertig geworden, doch ein Stück Brot war ihm übergeblieben. Das schenkte er mir. Ich blieb fast eine Stunde bei dieser Wurstbude stehen und aß alles auf, was die Leute stehen ließen. Manches davon musste ich mir aus dem Papierkorb herausfischen, aber ich war nicht mehr hungrig. Von dieser Methode des Broterwerbs habe ich in meiner Brünner Zeit noch öfter Gebrauch machen müssen.

Am nächsten Tag suchte ich Herrn Bloch auf. Er begrüßte mich besonders freundlich und sagte: »Meine Tochter erzählt mir, dass du so schön Klavier spielst.«

Ich nickte verlegen.

»Hättest du nicht Lust, ihr Klavierunterricht zu geben? Ich zahl dir gern etwas dafür, und außerdem wird dich meine Frau sicher zum Essen einladen.«

»Aber gern«, sagte ich, »Wann soll ich beginnen?«

Am Nachmittag darauf gab ich meine erste Klavierstunde. Ich selbst hatte sechs Jahre lang keinen Klavierunterricht mehr gehabt. Was ich da begann, war ein mehr als gewagtes Unterfangen, aber seltsamerweise funktionierte es. Ruth Bloch war zwölf Jahre alt, ihre Musikalität war nicht gerade überwältigend, aber sie war intelligent, begriff schnell, und schon nach kurzer Zeit konnte sie ihren Eltern etwas vorspielen.

So verging der Sommer des Jahres 1938. Ich erhielt von der Liga eine neue Aufenthaltsgenehmigung, diesmal sicherheitshalber auf einen anderen Namen. Ich hieß nun offiziell »Harry Braun«. Meine Tage verbrachte ich teils als Klavierlehrer, teils ging ich am Bahnhof Koffer tragen oder Kohle schaufeln. Nur das Straßensingen hatte ich aufgegeben.

Es wäre ein schöner Sommer gewesen, hätte es keine

Politik gegeben. Und wäre nicht eines Tages ein Brief von meinem Vater gekommen:

> *Mein lieber, einziger Sohn,*
> *ich bin vorgestern aus Dachau entlassen worden und bin wieder in Wien. Leider muss ich Dir eine schreckliche Mitteilung machen: Oskar ist tot. Wie er umgekommen ist, weiß ich nicht, und ich will es gar nicht wissen. Mir hat man gesagt, dass es Herzstillstand wäre, und ich zwinge mich dazu, das zu glauben. Wir haben jetzt nur noch Dich. Bitte gib Acht auf Dich, denn ich hoffe, dass wir wieder einmal zusammenkommen werden. Wie, wann und wo, das weiß der liebe Gott – wenn es ihn gibt.*
> *Vater.*

Dem Brief war ein Photo meines Vaters beigelegt. Seine Haare waren schneeweiß. Als ich ihn vor wenigen Monaten zum letzten Mal gesehen hatte, war er grau meliert. Anhand dieser Metamorphose konnte ich mir ausmalen, was er in Dachau erlebt haben musste.

Ich saß mit dem Brief in der Hand wie gelähmt. Der wichtigste und liebste Mensch in meinem Leben war tot. Ich hätte gern geweint, aber ich konnte nicht. Ich wusste, dass ich mit einem Schlag erwachsen zu sein hatte. Meine Kindheit, sofern es je eine war, gab es nicht mehr.

IM SUDETENLAND gärte es. Die dort ansässigen Deutschen, oder zumindest jene, die mit Hitler sympathisierten, wollten ebenso wie die Österreicher »heim ins Reich«. Es gab Demonstrationen und Krawalle, die tschechische Polizei verfuhr nicht gerade zimperlich mit den Deutschen. Vor dem »Braunen Haus« in Brünn gab es fast täglich Tumulte, es war fast dasselbe Geschehen, das mir noch aus den Wiener Märztagen dieses Jahres in scheußlicher Erinnerung war.

»Ich habe Angst«, sagte ich meinen Freunden, »dass es hier so kommen wird wie in Wien.«

»Aber geh«, wurde ich beruhigt, »es wird schon nicht so heiß gegessen, wie gekocht wird. Die Nazis werden sich wieder beruhigen ...«

Im September 1938 wurde das berüchtigte Münchner Abkommen geschlossen, England, Frankreich, Italien und Deutschland einigten sich darauf, dass das Sudetenland von der ČSR abgetreten werden müsse. Die tschechisch-deutsche Staatsgrenze war jetzt nur noch vierzehn Kilometer von Brünn entfernt. Im »Braunen Haus« wurde das mit Triumphgeheul gefeiert.

Staatspräsident Beneš trat zurück, mit ihm die ganze Regierung. Der neue Ministerpräsident war ein einäugiger General namens Jan Syrowy, der mit den Nazis gut auszukommen trachtete. Seine erste Aktion betraf sämtliche Flüchtlinge – also auch mich. Ich erhielt ein Schreiben, zweisprachig abgefasst, des Inhalts, dass ich innerhalb von 48 Stunden das Land zu verlassen hätte.

Wie verlässt man ohne Geld, ohne Reisepass, ohne Visum binnen 48 Stunden ein Land?

Das Einzige, was ich verlassen konnte und musste, war mein Zimmer bei der Frau Ladenheim. Dort war ich polizeilich gemeldet, und es bestand die Gefahr, dass mich dort die Fremdenpolizei bei einer ihrer üblichen Kontrollen aufgegriffen hätte. Ich packte also meine Habseligkeiten in meinen Rucksack, verabschiedete mich und ging, ohne zu wissen, wohin.

Fast instinktiv lenkten mich meine Füße zu Herrn Bloch. Auch er war in denkbar schlechter Stimmung. Sie wurde nicht besser, als ich ihm von meiner Ausweisung berichtete.

»Was wirst du machen?«, fragte er.

»Ich habe keine Ahnung.«

»Ich werde mit meiner Frau reden, vielleicht kannst du einige Tage bei uns wohnen, zumindest bis dir etwas einfällt.«

Ich wohnte einige Tage bei den Blochs, dachte nach,

doch mir fiel nichts ein. Zwischendurch spielte ich ein bisschen Klavier, dann dachte ich wieder nach – und war verzweifelt. Ruth Bloch, meine zwölfjährige Schülerin, machte mir einen Vorschlag:

»Gehen wir doch in unseren Jugendclub, dort gibt es sicher noch ein paar Leute, die wegmüssen. Vielleicht hat einer von denen eine Idee!«

Im Club war ein Riesenwirbel. Es waren mehr Leute dort als je zuvor. Natürlich wurde die Situation diskutiert. Nicht nur die Flüchtlinge, auch geborene Brünner, die ja keine Deportation zu befürchten hatten, redeten von nichts anderem als vom Auswandern. Da es sich um einen zionistischen Jugendclub handelte, wollten fast alle nach Palästina. Aber wie kommt man dorthin? Noch dazu, wenn man, so wie ich, nicht einmal einen gültigen Ausweis hat, von Geld ganz zu schweigen.

Da meldete sich ein Junge zu Wort, der bis dahin schweigend dagesessen hat. Er war etwas älter als ich, wirkte sehr überlegen, sprach mit einer leisen Stimme, aber alle hörten ihm zu:

»Es gibt illegale Transporte nach Palästina, die von der Hagana organisiert werden.«

»Wer oder was ist die Hagana?«, wollte einer wissen.

»Das ist die Selbstverteidigungs-Organisation, die sich die Juden in Palästina aufgebaut haben. Diese Leute kaufen oder mieten irgendwelche alten Frachter, auf denen sie Flüchtlinge nach Palästina bringen.«

Das fand ich interessant: »Wo stechen diese Schiffe in See?«

»Soviel ich weiß in einem Schwarzmeerhafen, meist ist es Constanţa.«

»Wo ist Constanţa?«, wollte ich wissen.

»In Rumänien, beim Donaudelta.«

»Und wie kommt man dorthin?«

»Dort kommt man hin, indem man die Donau so lange stromabwärts fährt, bis man beim Schwarzen Meer ist.«

»Jetzt fragt sich nur, wo nimmt man ein Schiff her, das einen bis zum Donaudelta bringt?«

»Ja, das ist die Frage!«, sagte der Junge, und das Gespräch stockte.

Es dauerte nicht lange, und die Gesprächsrunde löste sich auf. Beim Fortgehen schloss ich mich dem Jungen an.

»Wie heißt du eigentlich?«, fragte ich ihn.

»Michel Feldmann. Und du?«

»Ich heiße Harry Braun. Eigentlich heiße ich anders, aber auf meiner Aufenthaltsgenehmigung steht Harry Braun.«

»Harry Braun genügt mir«, sagte er lächelnd.

Ich lächelte auch. Nach einer längeren Gesprächspause sagte ich:

»Was du da vorhin gesagt hast über den illegalen Transport, das geht mir nicht aus dem Kopf.«

»Mir auch nicht.«

»Es muss doch irgendeine Möglichkeit geben, nach Constanţa zu kommen.«

»Wenn du sie weißt, dann sag sie mir.«

Nach einigem Nachdenken sagte ich sie ihm: »Hör zu, Michel. Aus Brünn müssen wir sowieso verschwinden. Ich schlage vor, dass wir miteinander nach Bratislava fahren.«

»Wie kommst du auf Bratislava?«

»Weil Bratislava an der Donau liegt.«

Er sah mich lange an, dann sagte er: »Respekt, Harry! Das ist keine schlechte Idee. Aber wie kommen wir nach dorthin? Hast du Geld für Fahrkarten?«

»Nein, aber wir können es per Autostopp versuchen.«

»Willst du allen Ernstes versuchen, mit mir nach Palästina zu fahren?«

»Hast du eine bessere Idee?«

»Leider nein.«

»Dann versuchen wir es doch. Was haben wir schon zu verlieren?«

»Einverstanden. Wann brechen wir auf?«

»Morgen«, entschied ich.

»Gemacht! Wir treffen uns beim Club, und dann denken wir nach, wie man ohne Geld nach Bratislava kommt.«

Wir verabschiedeten uns mit einem festen Handschlag und gingen unserer Wege. Ich schlief diese Nacht, sofern ich schlafen konnte, noch einmal bei den Blochs. Beim Frühstück teilte ich meinen Gastgebern mit, dass ich mit einem neuen Freund nach Palästina zu fahren beabsichtigte.

»Das ist doch Wahnsinn!«, rief Herr Bloch aus. »Wie willst du ohne Geld, ohne Papiere, ohne Einreiseerlaubnis dorthin kommen?«

»Natürlich illegal.«

»Aber das ist doch gefährlich!«

»Ich weiß, aber nach Brünn bin ich ja auch illegal gekommen. Mit der Zeit bekommt man da Übung und verliert die Angst.«

»Wenn das nur gut geht…«

»Es muss gut gehen, ich habe keine andere Wahl.«

Ich packte meine wenigen Habseligkeiten in den Rucksack und verabschiedete mich. Ich umarmte meine Schülerin Ruth, schüttelte Herrn Bloch dankbar die Hand, Frau Bloch kam aus der Küche und gab mir einige belegte Brote mit, die ich mit Freuden entgegennahm. Dann warf ich noch einen letzten Blick auf das Klavier und ging. Der Abschied von Brünn fiel mir schwerer, als ich es erwartet hatte.

DER AUTOSTOPP NACH BRATISLAVA dauerte zwei Tage. Da kaum Autos anhielten, um uns mitzunehmen, kamen wir auf eine Idee. Wir gingen die Landstraße entlang, bis wir zu einer möglichst steilen Anhöhe kamen. Dort blieben wir stehen und warteten, bis ein Lastauto im niederen Gang immer langsamer wurde, dann sprangen wir auf den Wagen und fuhren so lange mit, bis uns entweder der Fahrer entdeckte und schimpfend davonjagte oder bis er eine falsche Richtung einschlug.

Und dann waren wir in Bratislava. Die belegten Brote der Frau Bloch waren schon längst verspeist und wir waren furchtbar hungrig. Wir suchten eine Wurstbude und warteten auf die Überbleibsel der Kunden. Es dauerte viel länger, bis zwei hungrige Mägen gefüllt waren, als es für mich allein in Brünn gedauert hatte, aber nach etwa zwei Stunden waren wir so weit gestärkt, dass wir den Donauhafen zu suchen begannen.

Am Landesteg lag ein Raddampfer aus Wien, die »Schönbrunn«. Wie wir erkundeten, war es ein Schiff, das eine Vergnügungsreise zum Donaudelta unternahm. Veranstaltet wurde diese Reise von der NS-Organisation »Kraft durch Freude«, mit anderen Worten: Sämtliche Passagiere mussten treue Nazis sein.

»Jetzt weiß ich nicht: ist das Glück oder Pech?«

»Wenn wir Glück haben, finden wir unter der Besatzung des Schiffes einige Leute, die keine Nazis sind.«

Wir warteten eine Weile, bis ein Besatzungsmitglied das Schiff verließ, um irgendetwas zu holen. Michel sprach den Matrosen an: »Wäre es vielleicht möglich, dass Sie uns mitnehmen könnten?«

»Warum sollen wir euch mitnehmen?«

»Wir würden auf dem Schiff arbeiten.«

»Was wollt ihr arbeiten?«

»Zum Beispiel Kohlen schaufeln«, schlug ich vor. Das hatte ich auf dem Brünner Bahnhof gelernt.

»Kohlen schaufeln?« Der Mann dachte nach, dann sagte er: »Keine blöde Idee, ich werd einmal den Heizer fragen.«

Er ging aufs Schiff zurück. Nach einer Weile kam er wieder und nickte uns von weitem zu. Dann ging er wieder an Land, um zu erledigen, was er ursprünglich vorhatte. Nach einer Weile kam er mit zwei Stangen Zigaretten zurück, die in der Tschechoslowakei wesentlich billiger waren als in Wien. Er wandte sich uns zu und sagte leise: »Ihr müsst warten, bis es finster wird, dann holt euch der Heizer an Bord.«

Sprach's und verschwand auf dem Schiff.

Nach Einbruch der Dunkelheit erschien ein rußiger Mann und winkte uns zu.

»Seid ihr die zwei blinden Passagiere?«

»Ja«, sagte Michel.

»Kommt schnell mit hinunter.«

Das ließen wir uns nicht zweimal sagen. Wir huschten an Bord, und der Heizer führte uns in die Eingeweide des Dampfers.

»Ich bin der Josef«, stellte er sich vor. »Wie heißt ihr?«

»Ich bin der Michel, und das ist der Harry.«

»Woher seid ihr?«

»Aus Wien.«

»Und wo wollt ihr hin?«

»So weit das Schiff uns mitnimmt.«

»Wozu?«, wollte der Josef wissen,

»Wir sind halt abenteuerlustig.«

»Wenn ihr glaubt, dass Kohlen schaufeln ein Abenteuer ist, mir kann's ja wurscht sein.«

Dann wies er uns in die Arbeit ein. Wir arbeiteten abwechselnd, es war nicht leicht. Wir hatten Verständnis dafür, dass Josef, der nicht mehr der Jüngste war, sich sein Leben angenehmer gestalten wollte.

Wir schaufelten uns durch Budapest, durch Belgrad, durchs Eiserne Tor, und wir sahen überhaupt nichts von der Landschaft. Wir hatten Angst, an Deck zu gehen. Josef, unser Gastgeber, brachte uns hin und wieder etwas zu essen. Meist waren es Speisereste der Passagiere, aber das störte uns nicht. Obwohl wir schuften mussten wie die Pferde, waren wir glücklich, von Stunde zu Stunde unserem Reiseziel näher zu kommen. Irgendwann teilte uns Josef mit, dass wir bald nach Rumänien kommen würden, und wir freuten uns schon, bald in Constanţa zu sein. Aber die Freude war verfrüht. Plötzlich begann die Maschine seltsame Geräusche von sich zu geben, der Heizer holte einen Maschinisten, dieser holte den Schiffsingenieur, der hörte sich das Geräusch an und sagte, dass der Motor repariert werden müsse.

Das Schiff fuhr noch mit halbem Dampf in einen Donauhafen namens Rustschuk, und dort war Endstation. Der Ingenieur meldete dem Kapitän, dass im Heizraum zwei blinde Passagiere versteckt wären, wir wurden von zwei Matrosen an Deck gezerrt, mussten ein unflätiges Donnerwetter über uns ergehen lassen, und dann wurden wir höchst unsanft ans Land gesetzt. Wir hatten gehofft, in Rumänien zu sein – aber wir mussten betrübt zur Kenntnis nehmen, dass Rustschuk in Bulgarien liegt.

IN BULGARIEN an Land gesetzt zu werden, war so ziemlich das Letzte, was wir erhofft hatten. Wir standen ratlos am Hafen, und alles, was wir wussten, war nur, dass wir von hier wieder wegmussten. Aber wie? Ich erzählte Michel von meiner Methode, nach jüdischen Namen über Geschäftslokalen Ausschau zu halten. »Vielleicht finden wir irgendeinen Glaubensgenossen, der Mitleid hat und uns weiterhilft.«

»Kein schlechte Idee«, sagte Michel, und wir machten uns auf den Weg durch die holprigen Straßen von Rustschuk. Die meisten Geschäftsnamen endeten mit »off« oder »eff« und waren in kyrillischer Schrift, die Michel mühsam entziffern konnte. Dazwischen gab es vereinzelte Namen wie Peirera, Mendes und Canero, Namen, mit denen wir nichts anzufangen wussten. Dann plötzlich prangte auf einem Schild in kyrillschen und lateinischen Lettern der Name Disraeli.

»Das ist unser Mann!«, rief ich aus. »Wenn das kein Jud ist, dann fresse ich einen Besen.«

Wir betraten das Geschäft. Ein freundlicher dunkelhaariger Mann sagte etwas Bulgarisches.

»Verstehen Sie Jiddisch?«, fragte Michel.

Worauf der Ladenbesitzer etwas von sich gab, das wie Spanisch klang.

Michel schaltete um auf Französisch, das er in der Mittelschule gelernt hatte. Der Mann schüttelte bedauernd den Kopf. Da gaben wir auf und gingen wieder.

Michel fand schließlich des Rätsels Lösung: Die bulgarischen Juden waren Sepharden, Nachkommen jener Juden, die zur Zeit der Inquisition aus Spanien vertrieben wurden. Dafür zeugten die Namen Pereira, Mendes, Canero und Disraeli. Ihre Umgangssprache war daher nicht Jiddisch, sondern Spaniolisch, ein Jargon, der aus dem Spanischen des fünfzehnten Jahrhunderts abgeleitet war. Die in Mittel- und Osteuropa ansässigen Juden hingegen leiteten ihre Umgangssprache Jiddisch vom Mittelhochdeutschen ab. Mit diesen konnten wir uns irgendwie verständigen, mit den Sepharden war es aussichtslos.

Auf dem Rückweg zum Donauhafen begegneten uns etliche Deutsch sprechende Leute, es waren offensichtlich Passagiere der »Schönbrunn«, die einen Stadtbummel unternahmen. Einer hörte uns Deutsch reden und sprach uns an:

»Ja, was macht ihr da in der Gegend?«

»Wir denken nach, wie wir von da nach Rumänien kommen«, sagte Michel.

»Das kann ja nicht so schwer sein«, sagte der Mann, »Rumänien ist auf der anderen Seite der Donau.«

Wir gingen weiter und betrachteten sehnsüchtig das andere Donauufer.

Da plötzlich trat ein seltsamer Mann auf uns zu. Er war klein und dick, hatte einen sorgfältig gepflegten Schnurrbart und einen Fez auf dem Kopf. »Parlez vous français?«

Michel nickte. Da begann der Mann mit dem Fez eine längere Suada auf Französisch, Michel antwortete irgendetwas Französisches, und dann forderte der Mann uns auf, mit ihm zu kommen.

Während wir ihm folgten, erzählte mir Michel, was der Mann von uns wollte.

»Er besitzt nicht weit vom Hafen einen Puff und will, dass wir die männlichen Passagiere des Schiffes zu ihm lotsen.«

»Und du hast ja gesagt?«

»Hast du eine bessere Idee?«

Wir waren beim Bordell angelangt. Der Puffbesitzer öffnete die Tür und führte uns stolz in den Vorraum. Dort gab es rote Plüschmöbel, Zimmerpalmen sowie etliche obszöne Bilder. Auf einigen der Plüschmöbel lungerten gelangweilte, überschminkte Damen verschiedenen Alters und sahen verwundert auf. Der Puffbesitzer sagte den Damen etwas, das Türkisch klang, bedeutete uns zu warten und verließ den Raum. Die Damen musterten uns. Ich glaube nicht, dass sie uns für potentielle Kunden hielten. Sie fuhren fort, sich zu maniküren und in Zeitschriften zu blättern. Der dicke Bordellinhaber erschien wieder mit zwei Laternen, die er uns in die Hände drückte. Dann erklärte er Michel wieder etwas Französisches, drückte jedem von uns die Hand und entließ uns ins Freie.

»Er hat uns einen Job offeriert«, sagte Michel »Wir sollen nach Einbruch der Dunkelheit mit diesen Laternen im Hafen auf und ab gehen und die Leute vom Schiff auf Deutsch in seinen Puff einladen.«

»Wie sollen wir das machen?«

»Wir sollen den Leuten sagen: ›Spezialität des Hauses – rasierte Türkinnen‹!«

»Weit haben wir es gebracht!«, stöhnte ich. »Was bekommen wir dafür?«

»Er hat uns Essen versprochen, und wenn der Betrieb im Puff zu Ende ist, dann können wir dort schlafen.«

»Kein Geld?«

»Kein Geld. Aber wenn du für uns einen besseren Job findest, bin ich sofort bereit, diesen aufzugeben.«

Aus purer Langeweile begannen wir schon am Nachmittag mit unserer »Arbeit«. Zu unserem größten Erstaunen konnten wir tatsächlich zwei Herren dazu überreden, die »rasierten Türkinnen« zu begutachten. Wir gingen mit unseren roten Laternen bis zwei Uhr nachts vor dem Schiff herum, dann gaben wir es auf und klopften beim Bordell an. Ein älteres Weib öffnete die Tür und fragte in einer unverständlichen Sprache nach unserem Begehr. Michel sagte etwas von »Patron«. Sie rief ins Nebenzimmer, der Patron erschien und nickte uns freundlich zu. Offensichtlich war er mit dem Ergebnis unserer Arbeit sehr zufrieden. Er gab uns zu essen, dann wies er uns zwei der Plüschsofas an, auf denen wir schlafen konnten. Michel fragte nach einer Waschgelegenheit, und die Alte führte uns in ein luxuriöses Badezimmer, das anscheinend ein wichtiges Ingrediens des Puffs war. Wir säuberten uns gründlich, wuschen unsere verdreckten Kleider, holten aus unseren Rucksäcken frische Unterwäsche und legten uns schlafen.

Unsere nächsten beiden Tage verliefen ebenso. Dann war der Motorschaden der »Schönbrunn« behoben, das Schiff fuhr ohne uns ab, und der Puffbesitzer warf uns hinaus. Allerdings lud er uns ein, wiederzukommen, wenn das nächste deutsche Schiff in Rustschuk anlegen sollte.

Viele Jahre später lernte ich den Literaturnobelpreisträger Elias Canetti kennen, der aus Rustschuk stammte. Als ich ihm diese Geschichte erzählte, sagte er: »Jaja, diesen Puff hab ich gut gekannt!«

ICH SASS mit meinem Freund Michel Feldmann im fernen Rustschuk am Ufer der Donau. Wir blickten sehnsüchtig zum rumänischen Ufer hinüber. Irgendwie mussten wir dorthin gelangen – aber wie?

»Vielleicht können wir irgendwo ein Boot stehlen?«, schlug ich vor.

»Und vielleicht in einem bulgarischen Gefängnis landen? Nein danke!«

»Hast du einen besseren Vorschlag?«

Michel sah sich um. »Schau, da liegt eine Menge Treibholz, wir sollten versuchen, uns ein Floß zu bauen.«

»Mit welchem Werkzeug?«

»Alles, was wir bräuchten, wäre ein Seil, mit dem wir die Hölzer zusammenbinden.«

»Gut, wenn du das Seil besorgt hast, reden wir weiter.«

Wir redeten nicht weiter, wir schwiegen ratlos. Nach einer Weile sagte ich:

»Wir benötigen eigentlich nur ein größeres Stück Holz, einen Pfosten, an den wir unsere Rucksäcke binden können. Daran können wir uns festklammern und hinüberstrampeln. Was meinst du?«

»Mir fällt nichts Besseres ein, also suchen wir einen Pfosten.«

Wir fanden nicht einen, sondern zwei kurze Pfosten, sie waren zwar morsch, aber sie schienen unserem Zweck zu dienen.

»Versuchen wir es?«, fragte ich Michel.

»Bist du verrückt, doch nicht bei Tageslicht!«

»Du willst wirklich in der Nacht hinüberschwimmen?«

»Natürlich, da ist es nicht so riskant.«

So saßen wir den ganzen Nachmittag am Donauufer und redeten. Michel erzählte mir seine Geschichte: Er war siebzehn Jahre alt und wurde als Jude aus dem Gymnasium geworfen. Er war Sohn eines wohlhabenden Rechtsanwalts, der eines Tages zur Gestapo geladen und einem längeren Verhör unterzogen wurde. Kurz nachdem er daheim angelangt war, erlitt er einen Gehirnschlag, und noch ehe die Rettung kam, war er tot. Für sein Begräbnis war kein Geld da, weil das ganze Vermögen beschlagnahmt worden war. Seine Mutter verkaufte ein paar Schmuckstücke und ließ den Toten kremieren. Dann ging sie nach Hause, bereitete ihrem Sohn eine Mahlzeit, verabschiedete sich liebevoll von ihm und stürzte sich aus dem Fenster.

Michel hatte im Unterschied zu mir einen gültigen Reisepass, mit dem hatte er sich in einen Zug gesetzt und war nach Brünn gefahren, wo er Verwandte hatte. (Kurz nach dem Einmarsch der Nazis war das noch möglich.) Und jetzt saß er mit mir in Bulgarien und wollte bei Nacht nach Rumänien schwimmen.

»Weißt du, Harry, eigentlich dürfen wir uns nicht beklagen. Wir sind jung, wir haben noch die Zukunft vor uns – und was das Wichtigste ist: Wir leben und können hoffen.«

»Also gut«, sagte ich, »dann hoffen wir halt.«

»Hoffen allein wird nicht genügen. Wir werden auch schwimmen müssen.«

DIE HERBSTSONNE ging langsam unter, es wurde dunkel, und wir wussten, dass der Moment gekommen war. Wir entledigten uns unserer Kleider, stopften sie in die Rucksäcke, hängten die Rucksäcke an die Pfosten, wünschten uns gutes Gelingen und stiegen nur mit Unterhose bekleidet ins Wasser, das kälter war, als wir es erwartet hatten. Die Donau ist in dieser Gegend ziemlich breit, daher war die Strömung nicht so stark wie etwa in Wien. Ich hielt mich mit beiden Händen an meinem Pfosten an und strampelte wild mit den Beinen, um vorwärts zu kommen. Es ging ganz gut.

Michel war einige Meter hinter mir, aber weiter stromab getrieben. Wir versuchten, so gut es ging, Kontakt zu halten. Ich drehte mich um und sah, dass er immer weiter abgetrieben wurde. Die Distanz zwischen uns betrug schon mehr als zehn Meter. Da plötzlich hörte ich ihn laut aufschreien.

»Was ist los?!«

»Hilf mir! Ich bin in einen Strudel hineingeraten!«

Ich schwamm in seine Richtung und sah im fahlen Mondlicht, wie sich der Pfosten, an den er sich anklammerte, immer schneller drehte. Ich vernahm noch einige gurgelnde Laute – und das war das Letzte, was ich von meinem Freund Michel wahrnahm.

In einer längst vergangenen Zeit war ich öfter mit meinem Bruder Oskar an der Donau gewesen, um warme Sommertage zu genießen und zu schwimmen. Oskar warnte mich eindringlich vor diesen Wasserstrudeln. Er schärfte mir ein, nicht panisch zu werden, wenn ich von einem

Strudel erfasst würde. Ich müsse tief Luft holen, bis an das Ende des Strudels hinuntertauchen und dann wieder außerhalb des Strudels hinaufschwimmen.

Mein Freund Michel hatte keinen Bruder, der ihm das beigebracht hatte. Er ertrank elendiglich zwischen Bulgarien und Rumänien. Er war mein einziger Freund – und dabei hat er nicht einmal meinen wahren Namen gekannt.

Ich musste weiterschwimmen. Irgendwo in der Ferne erahnte ich das rumänische Ufer, doch zu diesem Zeitpunkt schien es mir unerreichbar. Aber ich weigerte mich aufzugeben. Ich klammerte mich eisern an meinen morschen Pfosten und strampelte weiter.

Ich weiß nicht, wie lange ich so strampelte. War es eine Stunde, waren es zwei? Aber auf einmal sah ich das rumänische Ufer vor mir. Mit letzter Kraft steuerte ich darauf zu und hatte wieder festes Land unter den Füßen.

Nass, total ermattet und vor Kälte zitternd fiel ich auf den Boden und dachte an meinen Freund Michel Feldmann, den ich nie wieder sehen würde.

Einer von uns beiden hat überlebt. Wieso gerade ich?

ICH WEISS NICHT, ob ich ohnmächtig wurde oder eingeschlafen bin. Jedenfalls war ich nicht bei Bewusstsein. Als ich meine Sinne wiederfand, graute der Morgen. Ich fror und hatte Hunger. Doch ich raffte mich auf und ging die Donau entlang stromabwärts. Ich weiß nicht, wie weit ich ging, plötzlich war ich in einem Dorf. Oder war es eine Kleinstadt? Ich weiß nicht mehr, wie sie hieß.

Es gab etliche Geschäfte. Ich las alle Namensschilder und fand mit der Zeit den Namen Jacob Grinberg. Das Geschäft war noch geschlossen. Ich setzte mich auf eine der Stufen, die zur Ladentür führten, und schlief vor Erschöpfung ein.

Irgendwann später rüttelte jemand an meiner Schulter. Es war Jacob Grinberg. Er fragte mich etwas Rumänisches, und ich fragte ihn, ob er Deutsch verstehe.

»A bissele«, antwortete er in reinstem Jiddisch. »Wus machste do? Wo kimmste her?«

Ich erzählte ihm in kurzen Worten, wo ich herkam. Der Mann schlug die Hände über dem Kopf zusammen und rief »Groißer Gott! Kumm herajn, Jingele.«

Er sperrte die Geschäftstür auf und führte mich in seinen Laden. Er wickelte mich in eine Decke und begann mich abzureiben. Nach einer Weile unterbrach er das und fragte mich, ob ich hungrig wäre. Ich nickte. Da lief er in ein Hinterzimmer und kam nach einer Weile zurück mit einem Glas Milch und einem Stück Brot. Er setzte sich zu mir und sah mir beim Essen zu. Dabei schüttelte er immer wieder den Kopf. Dann fiel ihm ein, dass mir kalt sein könnte, er heizte ein, und bedeutete mir, dass ich mich neben den Ofen setzen solle.

Der erste Kunde kam herein, kurz darauf eine Kundin. Herr Grinberg deutete auf mich und erzählte ihnen offensichtlich mein Schicksal auf Rumänisch, wobei ich immer wieder das Wort »Dunaj« vernahm. So heißt die Donau dort. Weitere Leute betraten das Lokal. Ich war Gesprächsstoff. Langsam wurde mir ein bisschen wärmer, und ich schlief wieder ein.

Als ich erwachte, hörte ich eine Frauenstimme keifen. Die Gattin des Herrn Grinberg beschimpfte ihren Mann, weil er mir die nasse Kleidung nicht ausgezogen hatte. Dann wandte sie sich mir zu und begann mich auszuziehen. Sie kam mit einem Handtuch und frottierte mich ab. Meine nasse Kleidung legte sie auf den Ofen. Dann brachte sie einen Teller, auf dem sich Hühnerfleisch und Kartoffeln türmten. Ich verschlang das Mahl.

»Willste noch a bissele?«, fragte sie mich besorgt.

»Danke«, sagte ich, »ich bin wirklich satt.«

»Wos sugt er?« fragte sie ihren Mann.

»Er sugt, er hat genug gegessen«, übersetzte dieser. Dann setzte er sich wieder zu mir und fragte mich nach meinen Plänen. Ich sagte ihm, dass ich nach Constanţa wolle, weil ich von dort vielleicht mit einem Flüchtlingstransport nach Palästina fahren könne.

»Hoste geheert? Noch Erez Jisroel will er fohren!«, rief er seiner Gattin begeistert zu. Dann wandte er sich mit ernster Miene an mich und fragte, wie ich dorthin zu kommen gedenke. Ich hatte keine Ahnung. Um es kurz zu machen: Herr Jacob Grinberg trommelte einige seiner Freunde zusammen, erzählte ihnen mein Schicksal und forderte die Versammlung auf, mir eine Bahnfahrkarte nach Constanţa zu spendieren. Das Geld war bald da, sogar mehr, als die Bahnkarte kostete. Ich dankte und verabschiedete mich von der Runde. Herr Grinberg umarmte mich und wünschte mir alles Gute. Frau Grinberg küsste mich auf die Stirn, und ich wandte mich zum Gehen. Einer der edlen Spender brachte mich in einem Pferdewagen zum Bahnhof, kaufte mir eine Fahrkarte, das übrige Geld steckte er mir in die Tasche und sagte: »Dos wirste noch brauchen!« Dann ging er.

Nach einer guten Stunde kann der Zug. Ich bestieg mit meinem immer noch nassen Rucksack einen übel riechenden Waggon dritter Klasse und war glücklich.

Ich wäre noch viel glücklicher gewesen, wenn mein Freund Michel neben mir gesessen wäre.

AM NACHMITTAG traf ich in Constanţa ein. Ich musste nur ein Stück ostwärts gehen und stand am Schwarzen Meer. Nach einer Weile fand ich das Hafengelände und sah mich um. Etliche schäbige Schiffe lagen an der Mole. Ich ging mit schlafwandlerischer Sicherheit auf das allerschäbigste zu. Es hieß »Draga«, und am Heck wehte eine griechische Flagge. Doch am Mast erblickte ich eine blauweiße Fahne mit dem Davidsstern. Da wusste ich, dass ich richtig war. Von irgendwoher kam ein Lastwagen, der mit Menschen voll beladen war. Sie sahen wie jüdische Flüchtlinge aus. Seit meinem Brünner Aufenthalt hatte ich einen Blick dafür. Die Flüchtlinge verließen den Lastwagen und bestiegen unter der Leitung einer Aufsichtsperson das Schiff. Ich fragte einen von ihnen, ob das der Transport nach Palästina sei, und er sagte: »Ich kann nur hoffen!«

Ich fragte die Aufsichtsperson, ob ich vielleicht den Leiter des Transportes sprechen könnte, und er wies auf einen Mann, der am Ende der Gangway stand. Ich stellte mich vor und erzählte ihm in Kürze mein Schicksal. Er hörte sich meine Geschichte bis zum Ende an, dann sagte er: »Das heißt, dass du mitgenommen werden willst, oder?«

»Wenn es irgendwie möglich ist, bitte ja.«

Der Mann hieß Schurl Herrnstedt und war ein gebürtiger Wiener, der schon vor einigen Jahren nach Palästina ausgewandert war.

»Wie heißt du?«

Ich sagte ohne nachzudenken: »Harry Braun – nein, eigentlich heiße ich Gerhard Bronner.«

»Wieso hast du zuerst Harry Braun gesagt?«

»Weil meine Brünner Aufenthaltsgenehmigung auf diesen Namen ausgestellt worden ist.«

»Warum?«

Ich erzählte es ihm, dann fügte ich hinzu: »Aber in Wirklichkeit heiße ich Bronner.«

»Bronner … Bronner … da hab ich bei der SAJ einen gekannt, der hat auch so geheißen.«

»Das war mein Bruder«, sagte ich schnell.

Er sah mich misstrauisch an, dann fragte er: »Wie war der Vorname deines Bruders?«

»Oskar.«

»Stimmt! Was ist aus ihm geworden?«

»Er war in Dachau und ist dort umgekommen.«

Schurl Herrnstedt überlegte kurz, dann sagte er: »Komm mit. Das Schiff ist schon so überfüllt, dass es auf eine halbe Portion wie dich auch nicht mehr ankommt.«

Und so erreichte ich den ersehnten Transport in das »Gelobte Land«. Obwohl er nicht mehr am Leben war, hat mir mein Bruder Oskar auch dabei geholfen.

DIE »DRAGA« war ein 600-Tonnen-Frachter, in dessen Laderaum viereinhalbtausend Menschen gepfercht wurden. Die meisten von ihnen stammten aus Österreich, doch waren auch Menschen aus Deutschland, der Tschechoslowakei und Ungarn dabei. Im Laderaum der »Draga« waren Holzstellagen mit etlichen Fächern aufgestellt, die etwa einen Meter hoch waren. Jedes Fach hatte eine Nummer, die man sich merken musste. Auf einer Hühnerleiter stieg man dann in das zugeteilte Fach. Dort konnte man nur liegen oder sitzen. Matratzen gab es keine, man lag auf dem harten Holz.

Man konnte einmal in vierundzwanzig Stunden eine Stunde lang aufs Deck gehen, um frische Luft zu schnappen. Dann ertönte eine Sirene, und man musste wieder dreiundzwanzig Stunden im Laderaum verbringen. Waschen konnte man sich nur mit Meerwasser, die Toiletten bestanden aus einem schiefen Brett, von dem man seine Fäkalien mit einem Kübel Wasser ins Meer zu spülen hatte. Die Verpflegung bestand aus Zwieback, Käse und Tomaten. Von einer warmen Mahlzeit war keine Rede.

Schurl Herrnstedt bestand auf eiserner Disziplin. Jeder Verstoß gegen die Schiffsordnung wurde mit Nahrungsentzug bestraft. Das war auch richtig so, denn wenn so viele Menschen auf so engen Raum gepfercht werden, kann man sich keine Individualisten mit Sonderwünschen leisten. Und trotz all dieser Widrigkeiten herrschte eine glänzende Stimmung auf der »Draga«. Es wurde viel gesungen, Witze gemacht und erzählt, es wurden Spiele veranstaltet, und das alles auf engen, harten Pritschen liegend und zu allem Überfluss bei einem unmenschlichen Gestank.

Zufällig war ich gerade an Deck, als unser Schiff an Konstantinopel vorbeifuhr, ich sah den Bosporus, das Marmarameer, später sah ich Kreta aus der Ferne, und ich schaute Delphinen zu, die unser Schiff umkreisten. Langsam, aber sicher näherte sich die »Draga« der Küste von Palästina. Es war uns klar, dass das Schiff nicht in einen Hafen einlaufen konnte, weil es sofort von der britischen Mandatsmacht beschlagnahmt worden wäre. Was dann aus den Passagieren geworden wäre, darüber wollten wir lieber nicht nachdenken. Wir verließen uns darauf, dass die Organisatoren dieses Transportes wussten, was sie taten.

Die »Draga« blieb immer außerhalb der Dreimeilenzone. Geplant war, dass ein Motorschiff, auf dem 180 Personen Platz hatten, die Passagiere schubweise zur Küste bringt, wo Hagana-Leute mit Ruderbooten warteten. Nach sechs Reisetagen war es so weit, dass die erste Ladung an Land gebracht werden sollte. Schurl Herrnstedt entschied, dass zuerst Kranke, Invalide und schwangere Frauen ausgebootet werden sollten. Da diese aber nicht ohne Hilfe umsteigen konnten, wurden zehn junge Burschen ohne Familienanhang ausgesucht, die den Behinderten beim Umsteigen in die Ruderboote helfen sollten. Wieder einmal hatte ich Glück: Ich war einer von diesen zehn jungen Burschen.

Etwa fünf oder sechs Kilometer vor der Küste wartete das Motorschiff »Artemissia« auf uns. Signale wurden ausgetauscht, und die beiden Schiffe fuhren aufeinander zu. Die ersten 180 Personen standen auf dem Deck und bestiegen über einen Laufsteg die »Artemissia«. Einige der Behinderten mussten auf Tragbahren hinübergebracht werden, was auf dem schwankenden Laufsteg kein Vergnügen war. Als das Motorschiff beladen war, winkten wir einander zum Abschied zu, und die »Artemissia« fuhr los, auffallend langsam, weil die Anlandung erst bei Nacht erfolgen konnte. Außerdem machte der Motor bei niedrigen Touren weniger Lärm. Kurz vor zehn Uhr abends wurde es ernst. Wir sahen Leuchtsignale von der Küste, und die »Artemissia« fuhr geradewegs darauf zu. Als der vordere Teil des Schiffes auf Sand auflief, stoppte es abrupt, und der Motor wurde abgestellt.

Einige Ruderboote kamen auf uns zu, wir wurden aufgefordert, umzusteigen. Zunächst wurden die Menschen auf den Tragbahren hinübergehievt. Dann kamen die Frauen, die nicht allein ins Ruderboot konnten. Die jungen Helfer mussten also ins Wasser steigen, um die Frauen hinüberzuheben. Die Ruderer hatten den Weg bis zum Strand oft hin und her zu rudern, weil in den Booten höchstens fünf, sechs Menschen untergebracht werden konnten. Ich blieb gleich im Wasser stehen und hob Dutzende Menschen in die Boote. Erst nachdem alle Behinderten an Land waren, durften die Helfer folgen.

Und so betrat ich an einem kühlen Novemberabend den Boden des »Gelobten Landes«. Das Küstenstädtchen, in dem wir landeten, hieß Natanya. Damals im Jahr 1938 hatte der Ort knapp 3 000 Einwohner. Heute leben in Natanya an die 100 000 Menschen.

Vom Strand führten uns die Hagana-Leute in einen Kinosaal. Einer der Gründe, warum wir so spät landen konnten, war der, dass die letzte Vorstellung erst um zehn Uhr zu Ende war.

Wir bekamen Joghurt, Orangen und viel Vitaminreiches. Dann wurden die Menschen in Autobusse verladen, die vor dem Kino warteten, und über das ganze Land verteilt. Ich, und mit mir einige andere des Hilfspersonals, wir blieben in Natanya. Wir wurden in eine Art von Kibbuz gebracht, bekamen in einem großen Schlafsaal Betten zugeteilt und konnten endlich wieder einmal in einem wirklichen, weichen Bett einschlafen. Todmüde, aber glücklich.

NUN WAR ICH ALSO am ersehnten Ziel: im »Gelobten Land«. Ich habe keine Ahnung, wer dieses Land jemals gelobt hat. Es war sicher kein Land, in dem Milch und Honig jemals beim Fließen beobachtet werden konnten. Mag sein, dass es das »heilige Land« ist. Aber zu viele Religionen beanspruchten es für sich. Und was ich von Religion im Allgemeinen und im Besonderen halte, das habe ich schon beschrieben. Jeder Gläubige strafte jeden

Andersgläubigen mit Verachtung, in extremen Fällen sogar mit Hass.

Die Bevölkerung war zweigeteilt. Juden und Araber wurden von der britischen Mandatsmacht regiert, und diese regierte nach dem alten römischen Rezept divide et impera. Die britischen Verwaltungs- und Polizeibeamten bevorzugten im Allgemeinen die Araber. Nicht, weil sie ihnen so sympathisch waren, sondern weil die Araber keine Fragen stellten. Die Araber hatten viele Jahre in einer türkischen Provinz gelebt, man könnte auch Kolonie sagen, und waren es gewohnt, unterdrückt zu werden, ohne Fragen zu stellen.

Die Juden hingegen, die meist aus Europa kamen, hatten in ihren Herkunftsländern eine Schulbildung genossen, in manchen Gegenden sogar das Leben in einer Demokratie kennen gelernt. Sie waren daher nicht bereit, wie Angehörige eines Kolonialvolkes behandelt zu werden. Und eine andere Art der Behandlung kannten die britischen Ordnungshüter nicht. Viele von ihnen hatten ihr Gewerbe in Indien oder in Afrika ausgeübt, bevor sie nach Palästina versetzt wurden, und wie die »Eingeborenen« dort behandelt wurden, darüber geben viele Bücher Auskunft.

Das Land war in ständiger Gärung. Fast jeden Tag gab es irgendwo Schießereien und Überfälle. Es war keine organisierte »Intifada«, wie man sie in den neunziger Jahren kennen lernte, aber man musste ständig auf der Hut sein. Arabische Geistliche hielten in ihren Moscheen wilde Hetzreden gegen die Juden, und ihre gläubigen Schäfchen handelten dementsprechend. An ein interessantes Detail aus diesen Tagen kann ich mich noch gut erinnern: Nachdem moslemische Eiferer immer wieder Eisenbahnschienen mit Bomben zerstörten und die Züge nicht planmäßig verkehren konnten, dachten sich die Briten eine wirksame Gegenmaßnahme aus. Vor jedem Zug wurde mit einer langen Eisenstange ein offener Waggon befestigt. Darin saßen zehn arabische Würdenträger, die mit Handschellen an den Waggon gekettet waren. Wenn es also ein Bombenattentat auf diesen Zug gegeben hätte, wären die zehn Würdenträger die Ersten, die in die Luft geflogen wären. Als das bekannt wurde, hörten die Attentate schlagartig auf.

Wenn die Israelis heute so etwas Ähnliches versuchten, gäbe es weltweite Proteste, der Sicherheitsrat der UNO würde Israel sofort verurteilen, Amnesty International würde eine Unterschriftensammlung veranstalten, und die Chefs der arabischen Länder würden sich über rassistischen Terror beklagen.

Damals, im November des Jahres 1938, kümmerte sich kein Mensch darum, denn man hatte in Europa ganz andere Sorgen. In Deutschland fand die berüchtigte »Reichs-kristallnacht« statt. 91 Juden wurden getötet, 101 Synago-gen wurden zerstört oder abgebrannt, über 7 500 jüdische Geschäfte wurden geplündert und anschließend zerstört. 10 000 Juden wurden in Konzentrationslager eingeliefert, und die noch in Deutschland ansässigen Juden mussten eine Milliarde Reichsmark Strafe dafür bezahlen, dass ein sieb-zehnjähriger Jude namens Herschel Grünspan in Paris einen Botschaftsrat erschossen hatte. Warum? Weil seine Eltern in Deutschland umgebracht worden waren. Natürlich wurde für die Ermordung seiner Eltern kein Mensch bestraft.

Vier Monate danach, im März 1939, besetzten die Deut-schen den Rest der Tschechoslowakei und machten ein »deutsches Protektorat« aus dem Land, das meine erste Zu-fluchtsstätte war. Ich saß weit vom Schuss, als Sechzehn-jähriger in einem britischen Mandatsgebiet, und verstand, wie man so zu sagen pflegt, die Welt nicht mehr. Genau genommen habe ich sie vorher auch nicht verstanden – und noch genauer genommen verstehe ich sie noch immer nicht.

ZURÜCK ZUR CHRONOLOGIE. Mein erster Tag in Palästina bestand im Wesentlichen darin, dass ich Menschen kennen lernte. Erst einmal meine neuen Schlafgenossen, mit denen ich die erste Nacht verbracht hatte. Ich war einer Gruppe junger Menschen zugewiesen worden, die ebenso wie ich, ohne Eltern, teils legal, teils illegal ins Land gekommen waren.

Wir hausten in einer großen Holzbaracke. Darin befanden sich zwei Schlafräume, einer für die Mädel, einer für die Jungen. Außerdem gab es Waschräume, eine Küche sowie einen Aufenthaltsraum, der auch als Speisesaal diente. Der einzige Luxusgegenstand, den es dort gab, war ein Rundfunkempfänger mit Kurzwellenempfang. Damit wurden nicht nur die aktuellen Weisungen der Hagana abgehört, sondern auch Nachrichten von europäischen Rundfunkstationen.

Die Jugendlichen, die dort lebten, kamen aus den verschiedensten Ländern. Der Leiter des Lagers kam zum Beispiel aus Lettland, sein Stellvertreter war aus Polen. Ich lernte junge Menschen aus Ungarn, Rumänien, Böhmen, der Slowakei, Jugoslawien, Bulgarien – und aus Wien kennen.

Mein erster Ansprechpartner war natürlich ein Wiener. Er war fast zwei Jahre älter als ich und schien aus einem sehr wohlhabenden Haus zu stammen. In Wien hatte er Hans Egon Wallenstein geheißen, aber kurz nachdem er nach Palästina gekommen war, hatte er es für nötig befunden, seinen Namen zu ändern. Hans Egon war ihm zu deutsch, daher nannte er sich fortan Pinchas ben Elieser. Er riet mir Folgendes: »Mit dem Namen Gerhard wirst du in diesem Land keinen Stich machen. Die Leute werden glauben, dass deine Eltern Nazis waren. Such dir, so wie ich, einen schönen biblischen Namen aus.«

Nach kurzer Beratung einigten wir uns auf den Namen »Jehuda«, was in der täglichen Praxis einfach »Juda« ausgesprochen wurde. Mit der Zeit wurde daraus sogar eine Koseform, nämlich »Judka.« Pinchas stellte mir einige meiner neuen Freunde vor, allerdings zunächst nur jene, die Deutsch konnten. Am meisten interessierte mich ein Mädchen aus Wien namens Martha Hausmann. Nicht weil sie so schön war, sondern weil sie ein kleines Akkordeon aus Wien mitgebracht hatte, das sie leidlich spielen konnte. Ich hatte zwar noch nie ein Akkordeon in der Hand gehabt, aber es hatte eine Klaviatur, und nach einer solchen sehnte ich mich. An ein wirkliches Klavier war vorläufig nicht zu denken.

Martha borgte mir das Akkordeon, und ich begann damit zu experimentieren. Nach einigen Tagen war ich durchaus in der Lage, Lieder zu spielen. Natürlich nur nach Gehör, denn Noten gab es keine. An schönen Abenden wurde im Hof unseres Anwesens ein Lagerfeuer gemacht, es wurde gesungen – und ich spielte dazu Akkordeon. Manche der Lieder kann ich heute noch.

ES WURDE MIR ERKLÄRT, dass ich mich nicht in einem Kibbuz befände, sondern in einer Arbeits-Kooperative, in der nicht nur beim Lagerfeuer gesungen, sondern auch gearbeitet werde. Und das sah so aus: Die Leitung unserer Kooperative vermittelte die Mitglieder an Arbeitgeber, der Lohn wurde an die Kooperative ausbezahlt, und jedes Mitglied bekam, nach Abzug eines Entgelts für Unterkunft und Nahrung, den Rest ausbezahlt. Ein Teil der Mitglieder, besonders der weiblichen Mitglieder, verrichtete die Hausarbeit, und die wurden direkt von der Leitung entlohnt. Es war unter den gegebenen Umständen ein gut funktionierendes System. Natürlich ist keiner von uns dabei reich geworden, aber wir konnten sorgenlos leben.

Da ich erst sechzehn Jahre alt war, wurde mir keine schwere Arbeit zugewiesen. Ich erinnere mich noch gut an meinen ersten Arbeitstag. Ich wurde zu einem Rinderzüchter geschickt, der seine Rinder mit Orangen fütterte. Orangen, die so hässlich gewachsen waren, dass man sie nicht exportieren konnte. Normalerweise hätte man sie vergraben, aber irgendein findiger Kopf hatte entdeckt, dass

Kühen gerne diese Orangen fraßen. Damit die Viecher aber die Orangen auch fressen konnten, musste man sie in der Mitte auseinander schneiden. So verbrachte ich einen ganzen Arbeitstag damit, Orangen zu zerschneiden, um sie an die Kühe zu verfüttern. Es war keine sehr inspirierende Arbeit, aber im Vergleich zu dem, was ich schon hinter mir hatte, war das fast ein Urlaubstag.

Einige Tage danach wurde ich in eine Fischkonservenfabrik geschickt, um eingesalzene Fische, die vom See Genezareth in Fässern angeliefert wurden, mit einem Wasserschlauch zu entsalzen. Als ich heimkam, stank ich so sehr, dass mir keiner in die Nähe kommen wollte.

Zwischendurch gab es immer wieder Tage, an denen ich nicht zur Arbeit eingeteilt wurde, weil es nicht so viele Arbeitsangebote für Jugendliche gab. Da ging ich mit Freunden an den Strand. Im November war dieser nicht mehr so gut besucht wie in den Sommermonaten, aber wir tummelten uns vergnügt im Wasser herum und schwammen – doch als ich mich zu weit hinauswagte, ertönte ein lauter Pfiff vom Strandwächter, der mich aufforderte, zurückzuschwimmen. An Land angekommen, begann er eine Schimpfkanonade auf Hebräisch, von der ich nicht ein Wort verstand. Ich sagte ihm den einzigen Satz, den ich inzwischen gelernt hatte: »Ani lo mevin Iwrit« (ich verstehe nicht Hebräisch). Darauf fragte er mich im derbsten Wienerisch: »Was verstehst du eigentlich, du Trottel?«

»Das versteh ich gut«, sagte ich freudig.

»Was? Kommst du vielleicht auch aus Wien?«

Ich nickte. Er reichte mir die Hand und sagte: »Ich bin der Rudi.«

Ich ergriff die Hand mit den Worten: »Ich bin der Juda.«

»Seit wann?«

»Seit ein paar Tagen.«

Darauf der Rudi: »Kann man auch nix machen.«

Damit begann eine seltsame Freundschaft. Der Rudi war ein groß gewachsener Bursche mit einer Bilderbuchfigur.

Alle allein stehenden weiblichen Badegäste schwärmten für ihn. Und er machte von ihnen auch reichlich Gebrauch. Am Badestrand war eine Reihe von Schilfhütten aufgebaut, die man als Sonnenschutz mieten konnte. Die Schlüssel dazu musste man von Rudi gegen ein geringes Entgelt ausborgen. Und wann immer er mit einer Dame in so einer Schilfhütte verschwinden wollte, gab er mir seine Pfeife und erteilte mir die Ehre, ihn für die Dauer seines Schäferstündchens zu vertreten.

So passierte es einmal, dass ich den Rudi zu vertreten hatte, und während ich gelangweilt auf dem Aussichtsturm lungerte, schrie plötzlich ein Schwimmer um Hilfe. Er winkte mit dem Arm und rief »Help! Help!«. Zunächst fiel mir der alte Witz ein: »Der Trottel hätte statt Englisch lieber Schwimmen lernen sollen!« Aber Pflicht ist Pflicht, schließlich vertrat ich doch den Lebensretter. Ich sprang vom Turm herunter, stürzte mich ins Wasser und schwamm so schnell ich konnte, zu dem Ertrinkenden hin. Es stellte sich heraus, dass er einen Krampf im Bein hatte und tatsächlich Hilfe brauchte. Ich zog ihn an Land, wofür sich der Mann auf Englisch überschwänglich bedankte. Dabei merkte ich an seinem Akzent, dass ich eben einen jungen Araber an Land gefischt hatte. Er schüttelte mir die Hand und sagte, dass er gleich wiederkäme. Und er kam wirklich. Er hatte sich in der Zwischenzeit angezogen, zückte seine Brieftasche und schenkte mir ein halbes Pfund. Das war für mich ein kleines Vermögen.

Nach einer Weile kam der Rudi etwas ermüdet aus seiner Schilfhütte heraus und fragte mich, ob irgendetwas Besonderes vorgefallen wäre.

»Nur Routine«, sagte ich und gab ihm seine Pfeife zurück.

»Jaja«, sagte der Rudi, »ohne die Weiber wär des a Beruf zum Einschlafen!«

Ich schrieb einen langen Brief an meinen Vater. Darin beschwor ich ihn, alles Menschenmögliche zu tun, um ins Ausland zu flüchten. Legal oder illegal, nur weg aus Wien.

Er schrieb mir, frei aus dem Gedächtnis zitiert, etwa Folgendes zurück:

Mein lieber, einziger Sohn!

Ich danke Dir für Deinen Brief. Wir haben uns schon große Sorgen um Dich gemacht und sind nun glücklich, dass Du gesund und wohlbehalten in Sicherheit bist.

Dein Rat, ins Ausland zu fliehen, ist sicher gut gemeint. Aber ich sehe keinen Grund dazu. Ich habe in meinem ganzen Leben nichts verbrochen, ich war vier bittere Jahre lang Frontsoldat, habe meinem Vaterland gedient und habe dafür sogar einen Orden verliehen bekommen. Ich kann mir nicht vorstellen, dass Angehörige eines Kulturvolkes – und die Deutschen sind ein Kulturvolk – sich an einem unbescholtenen Menschen vergehen werden. Die Zustände werden sich hoffentlich bald normalisieren, und dann werden wir sicher wieder friedlich in unserer Heimatstadt leben können. Vielleicht sogar gemeinsam mit Dir.

Lass es Dir gut gehen und schreib uns bald wieder. Du bist schließlich alles, was uns noch geblieben ist.

Dein Vater.

PS: Mutter lässt lieb grüßen.

DIESER BRIEF trieb mir die Tränen in die Augen. So sehr an der Realität vorbeizudenken, erschien mir als Wahnsinn. Mein Vater, ein Mann, der monatelang im KZ war, der dort einen Sohn verlieren musste, der die »Reichskristallnacht« in Wien miterlebt hat, der glaubte noch an eine friedliche Zukunft in Wien …

Das war der letzte Kontakt mit meinen Eltern. Zwar schrieb ich, solange es möglich war, noch einige Briefe nach Wien, aber ich erhielt keine Antwort mehr. Als ich Jahre später nach Wien zurückkam, gab es von meinen Eltern keine Spur. Ich erkundigte mich bei der israelitischen Kultusgemeinde, ob etwas Näheres zu erfahren sei. Ein freundlicher Beamter konsultierte ein dickes Buch, dann verkündete er: »Jakob und Rosa Bronner. Im Oktober 1943 nach Minsk deportiert.«

»Was ist dort mit ihnen geschehen?«

»Fragen Sie lieber nicht!«, sagte der Beamte und klappte das Buch zu.

ICH ARBEITETE FLEISSIG in allen möglichen seltsamen Berufen, verdiente sogar ein bisschen Geld, aber viel konnte ich mir dafür nicht kaufen. Nicht, dass ich große Ansprüche gehabt hätte, aber hin und wieder hätte ich gerne ein Mädchen ins Kino ausgeführt. Nicht, weil ich so dringend einen Film sehen wollte, sondern weil ich gern mit einem Mädchen in einem verdunkelten Raum gesessen hätte.

Da geschah eines Tages etwas Unerwartetes: Auf dem Hauptplatz von Natanya stand ein kleiner Autobus, und davor war eine Tafel aufgestellt, die in drei Sprachen, English, Hebräisch und Arabisch, verkündete, dass eine Missionarin aus den USA jedem jungen Mann ein halbes Pfund bezahlt, der bereit ist, zum Glauben der Presbyterianer überzutreten. Ein halbes Pfund war damals viel Geld in unseren Kreisen. Ich informierte etliche meiner Freunde von dieser Chance, »reich« zu werden. Es fanden sich bald einige junge Leute, denen ein halbes Pfund wichtiger war als der Glaube ihrer Väter. Also setzten wir uns in den Autobus und harrten der Dinge die da kommen sollten.

Es kam die Missionarin, die uns in einem texanisch gefärbten Englisch begrüßte, irgendwelche salbungsvollen Worte von sich gab, die ich nur zu einem geringen Teil verstehen konnte, dann nahm sie am Steuer des Autobusses Platz und fuhr uns in die nächste arabische Stadt, Tulkarem.

In Tulkarem lebten nicht nur moslemische, sondern auch christliche Araber, demzufolge gab es in der Stadt auch eine kleine Kirche, vor der der Bus stehen blieb. Sie lotste uns in die Kirche, hielt noch eine Rede, dann zitierte sie einen Konvertiten nach dem andern zu einem Taufbecken und spritzte uns Wasser über den Kopf, wobei sie irgendetwas vor sich hinbetete. Dann schrieb sie von uns allen die Namen auf, wir mussten irgendeinen Wisch unterschreiben, wofür wir pro Kopf je ein halbes Pfund bekamen, und fuhren zurück nach Natanya.

Ich fragte meinen Freund Pinchas: »Na, wie fühlst du dich jetzt als Presbyterianer?«

Seine Antwort habe ich mir gemerkt: »Wie ein Mensch, der an Schlaflosigkeit leidet und glaubt dagegen etwas zu tun, indem er den Pyjama wechselt.«

Seitdem gehe ich als Presbyterianer durchs Leben. Ich habe bis heute keine Ahnung, was das ist oder wozu das gut ist. Ich habe trotz der »Taufe« nie aufgehört, Jude zu sein – obwohl ich auch nicht wirklich weiß, wozu das gut ist.

EINER DER GRÜNDE, warum in unserer Kooperative junge Leute aus so vielen verschiedenen Ländern zusammengespannt wurden, war der, dass wir uns nicht in unseren jeweiligen Muttersprachen verständigen konnten. Wir waren demnach gezwungen, Hebräisch (in der Landessprache Iwrit) zu lernen. Diese Sprache wird von rechts nach links geschrieben, und das mit Buchstaben, die ich kaum oder gar nicht entziffern konnte. Daher verließ ich mich auf mein Gehör. Ich habe diese Sprache leidlich gut erlernt, aber nur akustisch. Was das Lesen und Schreiben betrifft, bin ich auf Iwrit praktisch ein Analphabet geblieben.

Wenn ich zum Beispiel in ein Kino ging, hatte ich zunächst Schwierigkeiten: alle Filme wurden in der Originalsprache gespielt, und dazu gab es Untertitel auf Iwrit und Arabisch. Die meisten Filme waren in Englisch oder Amerikanisch. Das konnte ich ungefähr verstehen, weil ich etwas Schulenglisch konnte. Wenn es aber ein französischer Film war, dann gab es Untertitel in drei Sprachen, Iwrit,

Englisch und Arabisch – und das war unerträglich, weil man vom Film kaum etwas zu sehen bekam. Ich beschloss also, mein Schulenglisch aufzustocken, und verbrachte einen wesentlichen Teil der Freizeit damit, englische Bücher zu lesen. Daneben hatte ich ein Wörterbuch, das ich bei jedem unbekannten Wort konsultierte. Nach etwa zwei Monaten war ich so weit, dass ich das Wörterbuch beiseite legen konnte. Mehr noch: ich konnte mich mit britischen Soldaten, die es in Natanya scharenweise gab, verständigen. Und das sollte ich bald dringend brauchen.

Es gab in Natanya eine Bar, in der ein unbenutztes Klavier stand. Kein gutes, aber immerhin ein Klavier. Eines Tages nahm ich all meinen Mut zusammen, ging hinein und fragte den Besitzer, es war ein Rumäne namens Kosta, ob er nicht vielleicht einen Klavierspieler brauche.

Zunächst sagte er nein, für so etwas habe er kein Geld übrig.

»Mir geht es nicht ums Geld, mir geht es ums Klavierspielen«, sagte ich ihm.

Da spitzte er die Ohren: »Ich muss dir nichts bezahlen?«

»Nein, wenn mein Klavierspiel den Gästen gefällt, werden sie mir vielleicht etwas geben. Und wenn nicht, ist es mir nicht so wichtig.«

Diese Einstellung gefiel dem Mann. »Spiel mir einmal etwas vor«, sagte er.

Ich setzte mich hin und spielte einen damals aktuellen Schlager.

Er hörte sich das an und sagte kurz: »Geht in Ordnung, komm um sieben Uhr abends und spiel Klavier.«

Um sieben Uhr war das Lokal voll mit britischen Soldaten. Ich sah mir mein Publikum an und hatte keine Ahnung, was ich spielen sollte. Ich begann mit einigen Schlagern, nachdem mir diese ausgingen, spielte ich einige Volkslieder, die ich beim Lagerfeuer gelernt hatte, dann fielen mir nur noch tschechische Lieder aus meinen Brünner Straßensängertagen ein. Ich war schon im Begriff, mein bescheidenes Repertoire wieder von vorn zu beginnen, da kam einer der Soldaten zu mir und fragte:

»Kannst du ›The Rose of Trallee‹ spielen?«

»Nur, wenn Sie es singen.«

»O.k.«, sagte der Soldat und begann mit einer hübschen Stimme zu singen. Ich hatte dieses irische Volkslied noch nie im Leben gehört, aber ich spielte gefühlsmäßig irgendwie mit. Bei der dritten Strophe kannte ich das Lied schon und verzierte es mit allerlei Arabesken. Das Publikum war begeistert. Der Sänger sagte: »Und jetzt machen wir ›Sweet Mystery of Life‹. Kennst du das?«

Ich sagte: »Noch nicht« und schlug einen C-Dur-Akkord an.

Dieses Lied, das mir bis dahin ebenso fremd war wie die »Rose aus Trallee«, war etwas schwieriger in der Harmonisierung, aber irgendwie erahnte ich die richtigen Akkorde, und das Lied ging ohne größere Peinlichkeit zu Ende.

Nachdem der Applaus verebbt war, trat ein anderer Sänger ans Klavier und sang wieder ein irisches Volkslied namens »Smiling through«. Nach ihm kam ein Schotte, der den Iren ausstechen wollte, und ich schwamm durch ein schottisches Volkslied. Fast jeder Sänger, den ich begleitete, steckte mir etwas Geld zu, und als ich um zehn Uhr abends Schluss machte, hatte ich mehr Geld verdient, als ich für mein Presbyterianertum erhalten hatte.

Irgendwie spürte ich, dass in dieser Betätigung sogar eine Zukunft stecken könnte, aber den Weg dahin konnte ich nicht einmal erahnen. Beim Weggehen fragte mich der Chef des Lokals, ob ich morgen wiederkäme. Ich sagte: »Ich weiß noch nicht.«

Darauf sagte er: »Ich zahl dir was, wenn du wiederkommst!«

Also kam ich wieder und wieder und wieder.

Und ich hatte plötzlich so etwas Ähnliches wie einen Beruf, von dem ich leben konnte, ohne stinkende Fische mit einem Schlauch abzuspritzen.

DOCH WEIL OFFENBAR nichts in meinem Leben wirklich reibungslos zu verlaufen schien, fand mein neuer Beruf ein abruptes Ende. Kosta hatte zwar ein Klavier darin stehen, aber keine Lizenz, Musik zu machen. Eines Abends kamen zwei britische Polizisten, verjagten mich vom Klavier und brummten meinem Chef eine saftige Geldstrafe auf.

Ich sah mich wieder Fische abspritzen und war dementsprechend traurig. Aber es fand sich kurz darauf eine neue Möglichkeit, Musik zu machen. Der lettische Leiter unserer Kooperative hatte einen Bruder namens Grischa Rifkin, der aus Jux und Tollerei ein Balalaikaorchester betrieb. Er hatte gehört, dass es da einen Jungen gäbe, der ziemlich musikalisch sein sollte, der sogar Akkordeon und Gitarre spielen konnte, und den brauchte er. Also fragte er mich, ob ich bereit wäre, seinem Orchester beizutreten.

»Als was?«, fragte ich.

»Ich brauche einen Gitarristen«, erklärte er mir. »Außerdem ist es gut, wenn einer auch ›Garmoschka‹ spielen kann.« Garmoschka, lernte ich bei dieser Gelegenheit, ist die russische Bezeichnung für Harmonika oder auch Akkordeon.

Ich war sofort dabei, doch stellte sich bei der ersten Probe heraus, dass die russische Gitarre nicht sechs, sondern sieben Saiten hatte, und außerdem war sie ganz anders gestimmt.

»Das macht nichts«, sagte Grischa, »das haben schon viel blödere Menschen gelernt.« Er gab mir ein Buch über die Grundbegriffe der russischen Gitarre, doch dieses Buch war auf Russisch. Aber ich machte mich unverdrossen ans Werk, suchte mir Töne zusammen, bildete Akkorde, und nach einer Woche war ich so weit, dass ich mitspielen konnte. Dann musste ich noch einige russische Volkslieder lernen, die ich auf dem Akkordeon als Solist zu spielen hatte, und schon war ich Mitglied eines Balalaikaorchesters. Wir spielten bei allen möglichen und unmöglichen Anlässen, bekamen sogar manchmal ein bisschen Geld bezahlt, es war eine interessante Abwechslung für mich. Aber insgeheim sehnte ich mich nach einem Klavier.

MEIN FREUND PINCHAS fuhr eines Tages nach Jerusalem, um Verwandte zu besuchen, und kam mit einer Neuigkeit zurück. Er erzählte mir aufgeregt, dass er in Jerusalem eine junge Wienerin getroffen hätte, die mich kannte.

»Wie heißt sie?«, wollte ich wissen.

»Liesel Kreutzer«, sagte er, »kennst du sie auch?«

»Natürlich, wir sind in Wien miteinander gegangen.«

»Ja«, unterbrach er mich, »das hat sie auch gesagt!«

»Was macht sie in Jerusalem?«

»Sie ist dort in einer Mädchenschule, ihre Eltern haben sie dort hingeschickt, bevor sie nach Shanghai ausgewandert sind.«

»Hast du ihre Adresse?«

»Klar, du glaubst doch nicht, dass ich von so einem Mädel keine Adresse verlange.«

»Gib sie mir!«, forderte ich ihn auf.

»Warum soll ich dir ihre Adresse geben? Die gefällt mir selber.«

»Weil ich sie länger kenne als du!«

Nach einer kurzen Streiterei gab er mir die Adresse und sagte: »Aber ich wünsche dir nichts Gutes dabei. Die hätte ich gern selbst eingekocht!«

Einige Tage danach fuhr ich per Autostopp nach Jerusalem, suchte die Schule, die sich in einem noblen Vorort befand, und fragte nach Liesel Kreutzer. Der Mann am Eingangstor sah eine lange Liste von Mädchennamen durch, dann sagte er: »Wir haben keine Liesel hier, aber da ist eine, die Kreutzer heißt, nur ihr Vorname ist Alisa.«

»Ja, das muss sie sein«, rief ich aufgeregt, »die will ich sehen!«

»Dann werden wir jetzt feststellen, ob sie auch dich sehen will.«

Er sprach einige schnelle Worte in ein Telefon, von denen ich nur Bruchstücke verstand, dann fragte er mich: »Wie heißt du?«

Einen Moment lang war ich verwirrt; ich wusste vor Aufregung nicht, welchen Namen ich ihm nennen sollte. Den Juda kennt sie garantiert nicht, den Harry Braun schon gar nicht, es hat wirklich einige Sekunden gedauert, bis mir mein Wiener Name wieder eingefallen ist.

»Sagen Sie ihr, ich bin der Gerhard Bronner!«

»Gerhard?!« Er sah mich misstrauisch an: »Er nennt sich Gerhard, das muss ein Deutscher sein, hoffentlich kein Nazi.«

Vom andern Ende des Telefons ertönte ein Schrei, und kurz darauf stand die Liesel vor mir. Als wir einander das letzte Mal gesehen hatten, war ich fünfzehn Jahre alt, und sie war drei Monate jünger. Nun waren wir beide siebzehn und hatten einander viel zu erzählen.

Liesel war naturblond und hatte eine phantastische Figur. Sie war eines jener Mädchen, deren Figur man nicht beschreiben kann, ohne die Hände dabei zu verwenden. Außerdem bedeuteten wir einander ein Stückchen Heimat. Wir stammten beide aus Favoriten, hatten viele gemeinsame Freunde, sie kannte meine Eltern, ich die ihren – es war fast eine Selbstverständlichkeit, dass wir zueinander fanden. Ein Jahr später – ich war schon achtzehn, sie war es noch nicht – haben wir geheiratet; mein Freund und Nebenbuhler Pinchas war einer der Trauzeugen.

UNSERE HOCHZEIT war am 1. Jänner 1941. Dieses Datum wählten wir, damit wir unseren Hochzeitstag nie vergessen würden. Der eigentliche Anlass der Heirat war ein seltsamer: Ich gehörte inzwischen der britischen Armee an, wenn auch nur als Musiker. (Wie es dazu kam, werde ich gleich berichten.) Der Krieg war inzwischen ausgebrochen, Hitler hatte halb Europa besetzt, auf England ging tagtäglich ein Bombenhagel nieder, Amerika verhielt sich neutral,

und Stalin hatte mit Hitler einen Nichtangriffspakt geschlossen. Zu diesem Zeitpunkt kannte ich keinen Menschen, der sich auch nur im Entferntesten vorstellen konnte,
dass wir diesen Krieg überleben würden.

Daher schloss ich diese Ehe, damit meine Witwe, sollte
sie überleben, von der britischen Regierung, sollte es die
dann noch geben, eine Witwenpension beziehen könnte.
Heute weiß ich, dass dieser Plan blödsinnig war, aber damals
dachte man anders, zum Beispiel so.

Wie ich Bestandteil der britischen Armee wurde?

Es war wieder einmal einer der absurden Zufälle, die
mein Leben zu begleiten schienen. Ich war aus der Kooperative ausgeschieden, weil ich einen handfesten Job in einer
Bar in Haifa angeboten bekommen hatte. Auch dort verkehrten meist britische Soldaten und Matrosen, die leiden-
schaftlich gern sangen und sich gerne von mir begleiten
ließen. Inzwischen war mein Repertoire an englischen Liedern sehr gewachsen. Ich musste nicht mehr raten, welche
Harmonie als nächste kommen könnte, die damals populären
Lieder kannte ich, obwohl ich von keinem dieser Lieder je
die Noten gesehen hatte.

Zusätzlich hatte ich einige effektvolle Klavierstücke ein-
studiert. Ich konnte zum Beispiel eine sehr eigenwillige
Bearbeitung von Liszts »Ungarischer Rhapsodie« spielen,
die immer wieder Begeisterungsstürme hervorrief, ich spielte
alle damals gängigen englischen und amerikanischen Schlager, und manchmal improvisierte ich irgendetwas, das sehr
effektvoll klang. Mit anderen Worten, ich war für die bescheidenen Ansprüche der dort verkehrenden Soldaten eine
musikalische Attraktion.

Eines Abends kamen zwei Offiziere in das Lokal. Das war
ungewöhnlich, weil Offiziere sich nie dorthin verirrten. Ich
merkte, dass sie mir aufmerksam zuhörten, besonders wenn
ich einen der vielen Amateur-Sänger begleitete. Nach etwa
einer Stunde kam der Kellner zu mir und sagte: »Die zwei
Offiziere wollen, dass du an ihren Tisch kommst.«

Ich erwartete, dass sie einen musikalischen Wunsch hätten oder mir einen Drink anbieten würden, aber ich sollte mich gründlich irren. Einer der beiden sagte: »Wir haben Ihnen aufmerksam zugehört. Sie sind ein guter Begleiter.«

Ich dankte für das Kompliment und wartete, was als Nächstes kommen könnte.

Der andere sagte: »Wir sind eben im Begriff, für den Nahen Osten eine Show zu organisieren, die in die verschiedenen Soldatencamps geschickt werden soll. Hätten Sie Zeit und Lust mitzumachen?«

»Was ist das für eine Show?«

»Wir haben das ganze Ensemble aus England herübergebracht, aber der Pianist verträgt das Klima nicht, er wurde krank und fuhr zurück nach London.«

»Daher sind wir jetzt auf der Suche nach einem Pianisten, der einspringen kann«, ergänzte sein Partner.

»Sie müssen sich aber schnell entscheiden!«

»Warum?«

»Weil in drei Tagen die erste Vorstellung sein soll.«

»In drei Tagen?!«, rief ich erschrocken aus.

»Sie können doch Noten lesen, oder?«

»Ja, schon, aber ...«, ich verschwieg, dass ich fast alles nach Gehör spielen konnte, aber ein elender Blattleser war. (Und bis zum heutigen Tag bin.)

»Also dann entscheiden Sie sich: ja oder nein.«

Ich sagte ja und wurde der »musikalische Leiter« der »Cliff-Gordon-Show«.

Ich verabschiedete mich vom Chef des Lokals und von einigen meiner Stammgäste.

»Sorry to see you go!«, sagten sie mir, und das empfand ich als großes Kompliment.

DIE SHOW, deren musikalischer Leiter ich werden sollte, hatte einen sehr guten Conférencier. Er hieß Cliff Gordon und war, wie mir berichtet wurde, ein Radio-Star in England. Dazu gab es eine sehr gute Sängerin namens Joyce Carr, einen Sänger namens Scott Maynard und ein Tanzpaar, das sich redlich bemühte, in die Fußstapfen von Fred Astaire und Ginger Rogers zu hüpfen.

Am liebsten arbeitete ich mit Joyce, der Sängerin. Sie besaß große Routine, kannte alle Tricks ihres Berufes und brachte mir viel bei. Ihr Repertoire war unendlich, sie war in der Lage, für jedes Publikum die richtigen Lieder auszuwählen, und kam auch dementsprechend an. Scott, der Sänger, war ein anderes Kapitel. Er hatte zwar eine wunderbare Stimme, aber kein Gehör. Manchmal intonierte er so falsch, dass mir die Ohren brummten. Außerdem machte er mir das Leben schwer, weil er sich für die meisten Lieder Tonarten aussuchte, die mir zu schwierig waren. Er bestand zum Beispiel darauf, »My Funny Valentine« in es-Moll zu singen, und das musste ich von handgeschriebenen Noten ablesen. Ich verließ mich auf sein schlechtes Gehör und spielte das Lied frei aus dem Gedächtnis einen halben Ton tiefer, was viel leichter war, und er hat es nie gemerkt. Das Tanzpaar war kein Problem für mich, denen war es egal, in welcher Tonart ich die bekannten Irving-Berlin-Nummern spielte, Hauptsache, dass ich rhythmisch war.

Die erste Vorstellung fand, wie geplant, drei Tage nach dem Gespräch in meiner Bar in einem Militärcamp nahe Haifa statt. Sie wurde ein schöner Erfolg. Ich hatte bis dahin brav geübt, was ich zu spielen hatte, und die Premiere verlief nahezu fehlerlos. Wenn wir von Scotts falschen Tönen absehen wollen.

Der Star der Show war natürlich Cliff Gordon, der in Wirklichkeit Chaim Gross hieß und ein Glaubensgenosse war. Es dauerte nicht lange, und wir wurden gute Freunde. Einen seiner Leitsätze habe ich mir gemerkt: »Ein guter Entertainer kommt sein ganzes Leben mit zehn guten Witzen aus. Die Kunst ist nur, jeden Abend ein neues Publikum zu finden.«

Ich lernte viel in dieser Zeit. Zwischen den Vorstellungen

hatte ich immer einige Tage Zeit, um zu proben, neue Nummern einzustudieren und bei meiner Frau einzukehren, um Ehemann zu spielen.

Der Standort unseres Ensembles war Haifa. Von dort wurden wir verschickt, um Soldaten zu unterhalten. Und wenn so eine Tournee zu Ende war, kehrten wir wieder nach Haifa zurück, um uns von den Strapazen auszuruhen.

Somit war ich nicht nur Mitglied eines Ensembles, sondern auch Bediensteter des britischen Militärs. Ich bekam nicht nur eine Uniform verpasst, sondern zum ersten Mal, seit ich Wien verlassen hatte, auch gültige Papiere, aus denen hervorging, dass ich ein »British Subject« geworden bin, ein Faktum, das mir garantiert nicht an meiner Favoritner Wiege gesungen wurde. Dazu kam noch, dass ich eine sehr anständige Bezahlung erhielt – und das regelmäßig; ein für mich nicht nur ungewohnter Zustand, sondern für den ich auch eine treffende Bezeichnung fand, nämlich: »Ich verdiene über meine Verhältnisse.«

Ich konnte mir sogar schon ein eigenes Klavier leisten, das in meiner kleinen Mietwohnung einen Ehrenplatz erhielt. Dazu kaufte ich bei einem Altwarenhändler einen riesigen Stoß Noten. Darunter waren die seltsamsten Kompositionen, viel elende Salonmusik aus dem neunzehnten Jahrhundert, alte Schlager, die kein Mensch mehr hören wollte – aber auch Mozart, Beethoven, Schubert und Johann Strauß. Wann immer ich nicht auf Tournee war, setzte ich mich ans Klavier und spielte ein Stück nach dem andern, und zwar so lange, bis ich vor dem Notenlesen keine Angst mehr hatte. So manche dieser Werke kann ich heute noch auswendig spielen.

Meine nächste bedeutende Anschaffung war ein Koffergrammophon. Dazu kaufte ich mir Platten, hauptsächlich klassische Musik, aber auch Jazz. Ich hatte ja überhaupt keine wirkliche Ausbildung genossen, ich musste mir alles, was ich können wollte, selbst beibringen.

Ich fand in Haifa einen neuen Freundeskreis. Es waren in

erster Linie Musiker, die meisten waren wesentlich älter als ich. Darunter war ein Wiener namens Heinz Winter. Er war Sohn eines Bankiers, der von den Nazis zuerst enteignet und dann ermordet worden war. Heinz hatte gerade noch im letzten Moment in die Schweiz flüchten können, dort aber keine Aufenthaltsgenehmigung erhalten, daher hatte er beschlossen, nach Palästina auszuwandern. Er lebte davon, dass er in einer Bar Klavier spielte, und zwar sehr gut. Dieser Heinz, der – im Unterschied zu mir – in Wien auf großem Fuß gelebt hatte, machte mich in Haifa mit der österreichischen und Wiener Kultur vertraut. Er erzählte mir von Peter Altenberg, von Rainer Maria Rilke und Franz Kafka – Namen, die ich noch nie gehört hatte.

Mehr noch: Er lieh mir Bücher. Und wenn ich sie ihm zurückbrachte, prüfte er mich. Er wollte wissen, was mir das Buch gesagt hat, fragte mich nach Details, diskutierte mit mir stundenlang, mit der Folge, dass ich mit der Zeit ein Bücherwurm wurde. Einmal kam die Rede auf Goethes »Faust«. Er nahm es als selbstverständlich an, dass ich mit diesem Werk vertraut war.

»Ich hab den ›Faust‹ nie gelesen«, gestand ich schüchtern.

»Was? Da sollte ich eigentlich sofort jeden Verkehr mit dir abbrechen«, schnauzte er mich an. »Morgen bringe ich ihn dir, und wenn du damit fertig bist, fang gleich noch einmal von vorn an, damit du wenigstens ungefähr weißt, was du da gelesen hast!«

Und so wurde ich von Heinz Winter mit jener Bildung versorgt, von der mir in Favoriten kein Mensch erzählt hatte. Ich habe nie maturieren können. Mein Surrogat eines Abiturs habe ich dem Heinz Winter zu verdanken.

DER KRIEG machte sich inzwischen auch in Palästina bemerkbar. Abgesehen davon, dass gewisse Waren schwer oder gar nicht zu erhalten waren, abgesehen davon, dass der Treibstoff für Autos immer teurer wurde, und damit auch die Fahrkarten für den Autobus, abgesehen davon machte sich ein erheblicher Rückgang der Wirtschaft bemerkbar. Es gab plötzlich Arbeitslosigkeit. Besonders die Bauwirtschaft hatte sehr zu leiden, denn kein vernünftiger Mensch war bereit, in ein Haus zu investieren, wenn er damit rechnen musste, dass es jederzeit bei einem Luftangriff zerstört werden konnte.

Viele der arbeitslos gewordenen Bauarbeiter waren Araber, und die begannen zu revoltieren. Sie machten nicht den Krieg für ihre finanzielle Not verantwortlich, sondern die jüdischen Baufirmen, die sie mangels Aufträgen hatten entlassen müssen. Wieder setzten Unruhen ein, jüdische Siedlungen wurden überfallen, Menschen getötet, mühsam Aufgebautes wurde mutwillig zerstört, und die britische Ordnungsmacht sah zu. Sie begann erst einzugreifen, als sich die Juden zur Wehr setzten.

Für mich war dieser Zustand besonders peinlich, denn ich war als Jude bei den Engländern angestellt. Wenn ich im Dienst war, trug ich eine britische Uniform, und die Antipathie gegen alles, was britisch war, machte mein Leben nicht angenehmer. Ich wurde als Kollaborateur beschimpft, als Speichellecker der Besatzungsmacht – und dabei hatte ich nichts weiter verbrochen, als Musik zu machen. Für Soldaten, die ihr Leben riskierten, um Hitlerdeutschland zu bekämpfen.

Dann begannen die Luftangriffe der Deutschen. Haifa war ein wichtiger Kriegshafen der Briten, und die Luftwaffe bombardierte die Stadt. Etliche Nächte mussten wir im Luftschutzkeller verbringen. Unsere Wohnung war zwar weit vom Hafen entfernt, aber da dort die Fliegerabwehrgeschütze postiert waren, zogen es einige Piloten vor, ihre Bomben auf Wohngebiete zu werfen. Und so geschah es, dass eine in unser Nachbarhaus einschlug, und keiner der Menschen im Keller überlebte. Das war einer jener Momente, wo ich mir wieder einmal die Frage stellte: »Wieso gerade ich?«

UNSERE »CLIFF GORDON SHOW« erwies sich als so erfolgreich, dass die leitenden Herren der CSE (Combined Services Entertainment) den Beschluss fassten, das Ensemble aufzustocken. Für Scott, den unmusikalischen Sänger, kam ein Gesangsquartett, bestehend aus drei Herren und einer Dame, und anstatt des Tanzpaars gesellten sich sechs wohl gebaute Tänzerinnen zum Team. Für mich war allerdings das Wichtigste, dass ich nicht mehr alles allein am Klavier begleiten musste, ich bekam einen Bassgeiger, einen Gitarristen und einen Schlagzeuger zur Verstärkung. Das bedeutete zwar ein Erhebliches an Mehrarbeit für mich, denn ich musste für die neuen Kollegen Noten schreiben und die Stücke einstudieren. Aber es machte Spaß, denn ich konnte wieder einmal etwas Neues lernen.

Kaum hatte ich mich einigermaßen an meine Rhythmusgruppe gewöhnt, tauchten drei weitere Musiker auf, ein Trompeter, ein Klarinettist, der auch Saxophon spielte, sowie ein Posaunist, der nebenbei ein ganz guter Geiger war. Natürlich gab es kein einziges Orchester-Arrangement für diese Besetzung, daher musste ich instrumentieren lernen. Ich besorgte mir ein diesbezügliches Lehrbuch und begann zu büffeln. Der Klarinettist hatte schon in einigen Bands gespielt, konnte zwar nicht selbst instrumentieren, aber er half mir, indem er sagte, was gut und was schlecht war. Zu Beginn war mehr schlecht als gut.

Aber nach einigen Wochen waren meine Arrangements so, dass man sie nicht nur spielen, sondern auch anhören konnte. Seitdem glaube ich an das System *learning by doing*. Oder anders gesagt: Man macht etwas so lange falsch, bis man weiß, wie es richtig geht.

Cliff Gordon kam eines Tages zu mir und gestand, dass er einen Liedtext geschrieben hatte. Er legte ihn mir hin und sagte: »Mach mir eine Musik dazu!«

Ich habe zwar immer wieder irgendetwas vor mich hin phantasiert, fand es aber nie der Mühe wert, es aufzuschreiben. Nun war also der Moment gekommen, wo ich zum ersten Mal eine Melodie erfinden sollte, die jemand anderer nachsingen kann.

Der Text begann mit den Worten: »Let me dream of a world without war«. Ein Thema, das uns allen damals, und nicht nur damals, sehr am Herzen lag. Und es geschah ein kleines Wunder: Mir fiel dazu eine wirklich hübsche Melodie ein. Unsere Sängerin Joyce sang das Lied, begleitet vom Gesangsquartett, unser Posaunist spielte dazwischen ein kleines Geigensolo, ich spielte virtuos klingende Kadenzen am Klavier, und das Lied kam über alle Erwartungen gut an. Cliff Gordon klopfte mir auf die Schulter und sagte: »Das müssen wir öfter machen.« Und wir machten es auch noch öfter. So wurde ich, ohne es geplant zu haben, Komponist.

EINES TAGES WURDE unser Ensemble nach Nazareth geschickt, in dessen Nähe ein britisches Soldatencamp lag. Wir kamen am Vormittag an, bauten die bescheidene Dekoration auf, überprüften die Lautsprecher, stellten die Mikrophone auf, und dann hatten wir viel Zeit bis zur Abendvorstellung.

Ich ging spazieren, denn wie oft hat schon ein gebürtiger Favoritner die Chance, Nazareth kennen zu lernen? Irgendwo hatte ich gehört, dass sich in Nazareth ein Kloster befände, in dem österreichische Mönche hausen sollten. Die wollte ich besuchen. Ich befragte einige Einwohner, sie wiesen mir den Weg, und ich machte mich auf denselben. Es war ein heißer Tag, der Weg war staubig und steil. Nach einer Weile plagte mich der Durst. Kurz bevor ich umkehren wollte, sah ich einen Brunnen. »Wie vom Himmel gesandt!«, dachte ich.

Ehe ich mich an dem kühlen Nass erfrischte, sah ich mir den Brunnen an. Er war von einem niederen Gemäuer eingefasst, das von seltsamen Ornamenten geschmückt war. Ich ging um das Gemäuer herum und fand eine Marmortafel, auf der in etlichen Sprachen zu lesen war, dass aus diesem Brunnen der Heiland oft getrunken habe.

»Was der konnte, kann ich auch«, dachte ich mir.

Ich beugte mich hinab, schlürfte das kühle Nass und ging erfrischt weiter. Nach einem ausgedehnten Fußmarsch erreichte ich tatsächlich das Kloster, in dem die österreichischen Mönche hausten. Ich läutete, und nach einer Weile öffnete ein Bruder ein Guckfenster und sagte mit einem unverkennbaren Tiroler Akzent: »Gelobt sei Jesus Christus! Wer bischt du?«

Ich sagte ihm, dass ich auch ein Österreicher sei und gerne das Kloster besuchen möchte.

»Bischt du a Christ?«

Ich stockte einen Moment, dann sagte ich sicherheitshalber: »Ja.«

»Bischt du a Katholik?«

»Nein, ich bin Presbyterianer«, sagte ich fast wahrheitsgetreu.

»Apage, Satana!«, rief er aus, »Ketzern gewähren wir keinen Einlass.«

Sprach's und klappte das Fenster zu.

Ich weiß nicht genau, wie begossene Pudel dazustehen pflegen, aber ungefähr so kam ich mir vor. Ich musste wieder einmal feststellen, dass Religion und Toleranz einander ausschließen – und das im Brustton der Überzeugung. Ich machte mich missmutig auf den weiten Rückweg und freute mich schon auf den Brunnen, weil ich wieder durstig war. Dort angelangt, sah ich zwei Araberinnen, die bis zu den Knien im Wasser standen und ihre Schmutzwäsche säuberten. Diesmal trank ich nicht aus dem Brunnen. Aber der Entschluss kam zu spät, ich hätte schon am Hinweg nicht daraus trinken sollen, denn tags darauf bekam ich einen Dysenterie-Anfall, von dem ich mich tagelang nicht erholte.

Und die Lehre daraus? Heiligtümer sind immer nur für einen kleinen Teil der Menschheit heilig. Im Zweifelsfall geh ihnen aus dem Weg.

Oder: Der Glaube beginnt dort, wo das Wissen aufhört. Im Zweifelsfall verlass dich mehr auf dein Wissen.

ZWISCHEN DEN TOURNEEN blieb ich daheim und kümmerte mich um meine Frau. Wir gingen aus, versuchten ein geselliges Leben zu führen, ich stellte sie einigen meiner Freunde und Kollegen vor, darunter auch meinem Freund und Mentor Heinz Winter. Der führte ein kurzes Gespräch mit ihr, und anschließend fragte er mich: »Wie alt wart ihr, als ihr geheiratet habt?«

»Achtzehn«, sagte ich, »warum fragst du?«

Statt einer Antwort stellte er mir eine weitere Frage: »Und wie lange gedenkst du mit dieser Frau verheiratet zu bleiben?«

»Darüber habe ich nie nachgedacht.«

»Du wirst nicht umhinkönnen, irgendwann darüber nachzudenken.«

Von diesem Moment an betrachtete ich meine Frau mit anderen Augen. Sie war, wie gesagt, sehr hübsch und äußerst sexy. Mir fiel zum ersten Mal auf, dass viele Männer sie verlangend anblickten. Dazu bemerkte ich, dass sie es sehr genoss, verlangend angeblickt zu werden.

Mehr noch: sie empfand es direkt als eine persönliche Beleidigung, wenn ein Mann sie *nicht* verlangend anblickte. So ein Mann war ihr schlagartig zuwider.

»Wie verbringst du eigentlich deine Tage, wenn ich auf Tournee bin?«, fragte ich sie.

»Das weißt du doch«, erwiderte sie, »ich arbeite tagsüber als Sprechstundenhilfe beim Doktor Buchbinder, und dann kümmere ich mich um die Wohnung.«

»Sonst machst du nichts?«

»Na ja, manchmal kommt mich eine Freundin besuchen, manchmal gehen wir tanzen, oder wir gehen ins Kino.«

»Und wenn du tanzen gehst – mit wem tanzt du da?«

»Das ist doch egal, wer immer mich auffordert, mit dem tanze ich. Du wirst doch nicht vielleicht eifersüchtig sein?« Sie lächelte mich an.

Ich zwang mich, nicht eifersüchtig zu sein, und wir sprachen wieder von unverfänglicheren Dingen. Ich befand mich in einem Dilemma: Ich wäre gern häufiger daheim gewesen, um ein normales Eheleben zu führen, aber ich hatte einen Vertrag unterschrieben, der mich dazu zwang, in regelmäßigen Abständen meine Frau allein zu lassen. Ich dachte sogar daran, meine Anstellung aufzugeben, aber einerseits hätte ich nirgends einen so gut bezahlten Job gefunden, andererseits liebte ich meinen Beruf. Natürlich liebte ich auch meine Frau, daher beschloss ich, mich mehr um sie zu kümmern – soweit es mein Beruf mir erlaubte.

Im April 1942 wurde sie schwanger. Sie wurde panisch, sie bangte um ihre gute Figur: »Wer wird mich anschauen, wenn ich mit so einem Bauch herumrenne?«

»Mach dir keine Sorgen, Liesel, ich werde dich anschauen«, sagte ich.

»Wir sind doch viel zu jung, um ein Kind in die Welt zu setzen – noch dazu in diese Welt! Ich werde mit dem Doktor Buchbinder reden, vielleicht kann er etwas unternehmen.«

»Nein!«, beharrte ich, »du wirst nicht mit Doktor Buchbinder reden, wir werden das Kind bekommen!«

Sie war verzweifelt. Ihre Schwangerschaft war wirklich kein Vergnügen. Sämtlichen Beschwerden, die eine Schwangerschaft begleiten können, fiel sie zum Opfer. Und ich musste sie immer wieder allein lassen.

Die Cliff-Gordon-Show wurde im Herbst 1942 nach Ägypten beordert, um dort Truppen zu betreuen. Wir spielten in Alexandria, in Kairo, und eine Woche vor Beginn der britischen Gegenoffensive spielten wir sogar im Militärlager von El Alamein. Zum Zeitpunkt, als die Gegenoffensive begann, am 23. Oktober 1942, das Datum merkte ich mir, denn es war mein zwanzigster Geburtstag, da waren wir schon wieder in Haifa. An diesem Tag begann die Wende des Zweiten Weltkriegs. Das deutsche Afrika-Korps wurde zurückgedrängt, die Briten setzten nach und fügten den Deutschen die erste große Niederlage dieses Krieges zu.

Winston Churchill prägte damals die markanten Worte:

»Aber das ist nicht das Ende, es ist nicht einmal der Anfang vom Ende – nein, es ist das Ende des Anfangs!«

Er sollte, wie so oft, Recht behalten. Mit dem unbesiegbaren großdeutschen Reich ging es langsam, aber sicher abwärts. Wir durften wieder hoffen. Ein Endsieg der Alliierten, der noch ein Jahr zuvor ein Wunschtraum schien, war plötzlich ein zartes Licht am Ende eines finsteren Tunnels.

IM JÄNNER 1943 kam unser Kind zur Welt. Es war ein Bub, und wir hatten endlose Streitereien, wie das Kind heißen sollte. Ich sagte »Oskar«.

Liesel sagte: »Im ganzen Land gibt es kein Kind, das Oskar heißt.«

»Mag sein, aber mein Kind wird Oskar heißen!«

Sie gab nicht auf: »Wie würde dir David gefallen?«

»Ein sehr schöner Name, aber nicht für mein Kind.«

Sie schlug mir eine Unzahl von biblischen Namen vor, aber ich bestand auf Oskar.

»Warum ausgerechnet Oskar?«

Da erzählte ich ihr zum ersten Mal von meinem toten Bruder. Was er mir bedeutete, wie er mich erzogen hatte und wo er umgekommen war. Da gab sie auf.

Eine ähnliche Diskussion führte ich mit dem Beamten, der die Geburtsurkunde auszustellen hatte. Auch er wollte mir einen biblischen Namen einreden. Als auch er merkte, dass er bei mir auf Granit biss, gab er nach. Aber er bestand darauf, den Namen in der englischen Schreibweise in das Dokument einzufügen, und das ist der Grund dafür, dass mein ältester Sohn nicht Oskar, sondern Oscar heißt.

Nun waren wir eine Familie, nicht nur ein Ehepaar. Ich wollte meinen Freund Heinz Winter davon überzeugen, dass meine Ehe trotz seiner düsteren Voraussagungen funktionieren kann. Und sie funktionierte eine Zeit lang wirklich. Liesel hatte wieder ihre schöne Figur zurückbekommen, sie war sexy wie eh und je, und wir blickten vertrauensvoll in die Zukunft. Ossi, wie wir unseren Sohn nannten, entwickelte sich prächtig. Er war ein besonders liebes und schönes Baby, wer immer ihn sah, war entzückt. Sogar mein Freund Heinz Winter räumte ein: »Kann sein, dass ich mich geirrt habe.«

Er hat sich leider nicht geirrt. Ich musste wieder auf Tournee gehen, und da passierte es. Meine Frau betrog mich mit dem Barmann eines Tanzlokals, in dem sie zu verkehren pflegte.

Wir hatten lange Auseinandersetzungen, sie schlug mir eine Scheidung vor, was zur Folge gehabt hätte, dass ich meinen Sohn hätte aufgeben müssen. Daher lehnte ich entschieden ab. Wir blieben zusammen, aber wir waren kein Ehepaar mehr, sondern bestenfalls ein Elternpaar. Ein Elternpaar, das außer einem Sohn nichts gemeinsam hatte.

DAFÜR GING ES beruflich aufwärts. Meine Band wuchs, weil unsere Show so erfolgreich war. Ich hatte nun ein richtiges Orchester von sage und schreibe vierundzwanzig Mann zu leiten. Das hatte verschiedene Vorteile: Erstens musste ich nicht mehr orchestrieren, weil für diese Besetzung sehr gute, fertige Arrangements aus England geliefert wurden. Zweitens war es wunderschön, mit einem Streicherensemble arbeiten zu können. Und drittens lernte ich von diesem Musikern sehr viel.

Der erste Geiger dieses Ensembles war der ehemalige Konzertmeister der Bukarester Philharmonie. Er hieß Dan Radulescu, und was immer ich bis dahin nicht über Musik wusste, brachte er mir bei. Er wollte mich sogar zum Dirigenten ausbilden, aber ich zog es vor, das Orchester vom Klavier aus zu leiten.

Das Orchester wurde mit der Zeit so gut, dass wir sogar eigene Konzerte geben konnten, die von einem in Haifa stationierten britischen Soldatensender live übertragen wurden. Wir spielten gute Unterhaltungsmusik, etwa Gershwins

»Rhapsody in Blue« (mit mir als Solisten), das damals sehr beliebte »Warsaw Concerto« von Richard Addinsell sowie Kompositionen von Victor Herbert, Jerome Kern, Albert Ketelby und was immer damals in England aktuell war.

Ich war so von meiner Arbeit besessen, dass ich meine häusliche Misere fast vergaß. Ich hatte das Glück, mich in eine unserer Tänzerinnen zu verlieben, ein besonders liebes Mädchen namens Heather, die zwar einen Bräutigam in London hatte, aber in der Zwischenzeit mit mir vorlieb nahm.

Als meine Frau davon erfuhr, war sofort der Teufel los. Auf die Idee, dass das Seitenspringen eigentlich von ihr in unsere Ehe eingebracht worden war, kam sie überhaupt nicht. Sie wollte wieder die Scheidung, weil sie einen englischen Offizier heiraten wollte. Der aber dachte nicht daran, weil er, wie sich herausstellte, schon verheiratet war. Das Problem wurde kurz danach auf möglichst einfache Weise gelöst: Sein Regiment wurde nach Zypern versetzt, und von Scheidung war keine Rede mehr.

Eines Tages kam meine Frau mit einem völlig unerwarteten Vorschlag zu mir: »Glaubst du nicht auch, dass wir es noch einmal miteinander versuchen sollten?«

»Was bringt dich auf diese unerwartete Idee?«

»Weil wir ja eigentlich zusammengehören. Und denk an unser Kind – «

»Hast du auch an unser Kind gedacht, als du mit deinen diversen Herren – ?«

»Sei nicht unfair! Ich möchte, dass wir noch einmal von vorn beginnen. Wir sind beide älter und klüger geworden.«

»Vielleicht auch enttäuschter?«, fragte ich mit Bezug auf ihren Offizier.

»Ja, vielleicht auch das. Wir haben einfach zu jung geheiratet. Ich habe auf einmal das Gefühl gehabt, dass ich zu viel versäume. Du nicht?«

»Ich habe im letzten Jahr vieles erlebt, das ich gern versäumt hätte.«

»Sei nicht nachtragend, wir haben noch ein ganzes Leben vor uns, um unsere Fehler zu vergessen.«

Um es kurz zu machen: Sie hat mich weich gekocht. Ich willigte ein, und wir versuchten es noch einmal. Einzig leidtragend an diesem Entschluss war meine Freundin Heather, aber als ich sie an ihren Londoner Bräutigam erinnerte und von meinem kleinen Sohn erzählte, gab sie auf. Nach ihrer Rückkehr nach England haben wir noch eine Zeitlang korrespondiert. Sie heiratete ihren Bräutigam, tanzte noch eine Weile, und dann eröffnete sie eine Boutique in Kensington.

Ich denke noch manchmal an sie. Ob sie noch lebt? Zum Zeitpunkt, da ich das schreibe, müsste sie dreiundachtzig Jahre alt sein. Sie war etwas älter als ich, und sie war besonders lieb.

Aber das ist lange her…

MEINE EHE wurde nie mehr das, was sie anfangs war – aber welche Ehe ist das schon? Zu viel blieb zwischen uns unausgesprochen, zu vieles wollten wir voneinander gar nicht wissen. Was uns zusammenhielt, war unser kleiner Ossi. Ich musste immer wieder weg von zu Hause, weil die Tourneen immer ausgedehnter wurden. Wenn ich heimkam, stellte ich keine Fragen. Wir taten beide so, als wäre alles in Ordnung. Wer weiß, vielleicht war es das auch.

Die »Cliff-Gordon-Show« bereitete mir mehr Freude als mein Privatleben. Ich fühlte, wie ich ständig etwas dazulernte, ich konnte mit gutem Gewissen von mir behaupten, dass ich einen Beruf erlernt hatte. Obwohl ich innerhalb des Orchesters einer der Jüngsten war, respektierten mich auch die älteren Kollegen, und das machte mich glücklich. Dan Radulescu, unser Konzertmeister, wurde mein Freund, obwohl er fast dreißig Jahre älter war als ich. Vieles an Routine und Erfahrung verdanke ich ihm. Manchmal besuchte er mich mit seiner Geige, und wir musizierten miteinander. Es war eine wahre Freude, ihn zu begleiten. Er improvisierte, und ich folgte, so wie ich es seinerzeit im Soldatenlokal gelernt hatte.

Eines Tages sagte er: »Hast du nichts zum Trinken im Haus?«

Ich verneinte.

Darauf er: »Das ist ein Fehler. Glaube mir, eine wirklich gute Improvisation bringt man erst zustande, wenn man eine halbe Flasche Schnaps im Bauch hat.«

Das war mir neu. Aber ich hatte schon so viel von ihm gelernt, dass ich in meiner jugendlichen Blödheit auch das für bare Münze hielt. Vor unserem nächsten Treffen besorgte ich daher eine Flasche Brandy.

»Endlich wirst du erwachsen«, sagte er befriedigt und nahm einen kräftigen Schluck aus der Flasche. Dann reichte er sie mir. Ich zögerte. »Wovor hast du Angst?«, fragte er lächelnd. »Ein echter Musiker muss Unmengen von Schnaps vertragen können, oder er muss sich einen anderen Beruf wählen!«

Ich wollte keinen anderen Beruf wählen, daher trank ich auch einen Schluck aus der Flasche. Es schmeckte scheußlich, aber ich wollte ja Musiker bleiben und tat so, als ob ich es genoss.

Wir begannen zu improvisieren. Ich weiß nicht, ob das, was wir spielten, besser war, aber in meinem vom Schnaps vernebelten Hirn kam es mir besser vor. Wir machten eine Pause, und Dan trank weiter. Er reichte mir wieder die Flasche, und ich nahm noch einen tiefen Schluck. Dann wies er auf seine Geige.

»Siehst du dieses Instrument? Das ist das Einzige, was ich aus Bukarest gerettet habe. Es ist eine ganz alte und wertvolle Stainer-Geige aus Tirol. Sie ist nicht nur mein Lebensunterhalt, ich liebe sie so, wie man ein Kind liebt.«

Ich bewunderte das Instrument gebührend, dann spielten wir noch eine Weile weiter – und plötzlich gefiel mir nicht mehr, was wir spielten. Ich sagte, dass ich mich um meinen Sohn kümmern müsste, und verließ das Klavier. Mir war übel, aber das sagte ich nicht, weil ich erwachsen sein wollte.

Dan Radulescu packte sorgfältig seine Geige ein und verabschiedete sich.

Nach ein paar Tagen fragte er mich, wann wir uns wieder zum Improvisieren treffen würden, doch ich gab vor, mit irgendwelchen Kompositionen beschäftigt zu sein.

Einige Wochen darauf gastierte unsere Show in Beirut. Es wurde ein schöner Erfolg, wir spielten im Garten der englischen Botschaft, und das Publikum bestand nicht nur aus den üblichen Soldaten, es kamen auch viele Libanesen zu unserer Show.

Nachdem der Zauber vorbei war, gab es noch eine Party für die Mitwirkenden und einige Beiruter Honoratioren. Gegen Mitternacht, als sich die Party aufzulösen begann, lud ein reicher Libanese einige der Künstler in das beste Nachtlokal der Stadt ein. Es hieß »Kit-Kat« und machte seinem Namen alle Ehre. Leicht geschürzte Damen traten auf, eine Bauchtänzerin verschönte unseren Abend, eine Akrobatengruppe turnte, ein Illusionist zauberte, und zwischendurch bestellte unser Gastgeber ein Flasche nach der andern, während er mit zwei Animierdamen knutschte.

Gegen vier Uhr morgens hatte ich genug und ging zum Hotel, in dem unsere Truppe einquartiert war. Der Tag graute schon, es war eine seltsame Stimmung. Unser Hotel war nicht schwer zu finden. Als ich näher kam, sah ich irgendetwas im Rinnstein vor dem Hotel liegen, etwas, das im fahlen Licht des frühen Morgens nicht zu erkennen war. Nach einigen weiteren Schritten erkannte ich, dass das, was da im Rinnstein lag, ein Mensch war.

Und als ich vor dem Menschen stand, erkannte ich meinen Freund Dan Radulescu. Er war verdreckt, sein Kopf lag auf der zerbrochenen Geige, in die er hineingekotzt hatte. Wie das passiert war, habe ich nie erfahren, er konnte sich an nichts erinnern. Ich schleppte ihn ins Hotel, ein Diener half mir, den Bewusstlosen in sein Zimmer zu tragen, wir reinigten ihn notdürftig und ließen ihn seinen Rausch ausschlafen.

Tags darauf brachte uns ein Autobus zurück nach Haifa.

Dan Radulescu saß in der letzten Sitzreihe, den Geigenkasten mit den Trümmern seiner Stainer-Geige auf den Knien, und weinte. Er sprach kein Wort, er weinte nur. Einige Tage später fand man ihn tot in seiner Wohnung. Angeblich waren es Schlaftabletten, und ich glaube, dass er ohne seine Geige nicht mehr leben wollte.

Unter dem Schock, den der bewusstlose Dan Radulescu mit seiner zerbrochenen, angekotzten Geige in mir auslöste, beschloss ich, nie wieder Alkohol zu trinken. Diesen Vorsatz habe ich auch jahrzehntelang durchgehalten. Dann mit den Jahren erschien mir das lächerlich. Da mir jede Art von Fundamentalismus auf die Nerven geht, entschied ich eines Tages, bei feierlichen Anlässen ein Glas mitzutrinken – nicht weil mir der Inhalt schmeckte, sondern weil ich nicht ungesellig sein will. Wenn Sie mich je trinken sehen wollen, können Sie das nur bei Hochzeiten, bei Silvesterfeiern, bei runden Geburtstagen oder bei Beschneidungen erleben.

Aber auch dann schmeckt mir das Zeug nicht.

DIE LAGE IN PALÄSTINA spitzte sich zu. Um die Araber mit ihrem Öl nicht zu verärgern, erließen die Briten eine Einwanderungssperre für Juden. Die wenigen Flüchtlingsschiffe, die noch kamen, wurden auf offener See abgefangen, und die Insassen wurden in irgendwelche britischen Kolonien verbracht. Etliche tausend Menschen wurden auf Mauritius interniert, andere auf Zypern oder in afrikanischen Kolonien.

Eines Tages wurde ein Flüchtlingsschiff namens »Patria« abgefangen und in den Hafen von Haifa geschleppt. Am nächsten Tag sollten die Passagiere deportiert werden, um die Araber nicht zu brüskieren. Doch in der Nacht explodierte eine Bombe auf der »Patria«, das Schiff sank, und alle Insassen sprangen ins Wasser. Niemand weiß, wie viele Menschen dabei ertrunken sind. Viele wurden von der britischen Polizei abgefangen, und verhaftet. Doch einigen Dutzenden ist es tatsächlich gelungen, in Haifa unterzutauchen. Die Hagana nahm sie unter ihre Fittiche und verteilte sie schleunigst in der Stadt.

So wurde auch einer dieser Flüchtlinge bei mir einquartiert, weil er Musiker war. Er hieß Heinz Lamm, stammte ursprünglich aus Deutschland und hatte eine Odyssee hinter sich. Er hatte schreckliche Dinge erlebt, von denen er mir in kargen Worten erzählte.

Er spielte Akkordeon, und zwar sehr gut. Im KZ Sobibor hatte ihm der Kommandant ein Akkordeon zur Verfügung gestellt und gab ihm zwei Aufgaben: Erstens musste Heinz Lamm die Gelage der Wachmannschaft musikalisch untermalen, zweitens musste er bei jeder Hinrichtung vor dem Verurteilten hergehen und ein fröhliches Lied spielen, das ein musischer SS-Mann geschrieben hatte. Dazu sangen die Wachmannschaften: »Wieder einer weniger …!«

Als ihn der Kommandant einmal zu einem Fest mitnahm, wo er »aufspielen« sollte, glückte ihm die Flucht – und zwar mit dem Akkordeon. Sein Weg führte von Polen bis zum Schwarzen Meer. Er lebte davon, dass er Akkordeon spielte. Bei Hochzeiten, bei Begräbnissen, bei Saufgelagen aller Art, manchmal spielte er auf den Straßen, ihm war es egal, wo – solange es keine Hinrichtungen mehr waren. Irgendwie schlug er sich durch, bis er auf die »Patria« gelangte.

Und nun saß er in meiner Wohnung, schlief im Kinderzimmer mit meinem kleinen Sohn und war verzweifelt, weil sein Akkordeon mit dem Schiff untergegangen war und er keine Ahnung hatte, wovon er leben sollte.

Ich besorgte ihm ein Instrument, kleidete ihn ein und ließ ihn bei einem unserer Konzerte ein virtuoses Solo spielen. Gleich danach wurde er von einem Barbesitzer als

Alleinunterhalter engagiert. Zusätzlich bekam er auch einen Reisepass – auf den Namen »Dan Radulescu«. Beim Abschied sagte ich ihm: »Jetzt musst du schnell Rumänisch lernen, damit du nicht auffällst.«

IN MEINER WOHNUNG hatte ich einen besonders guten Kurzwellenempfänger, mit dem ich regelmäßig den großdeutschen Sender abhörte. Es war im Unterschied zum »Dritten Reich« in Palästina nicht verboten, einen »Feindsender« abzuhören. Besonders gern hörte ich die Wehrmachtsberichte, aus denen hervorging, dass von einem Eroberungskrieg längst keine Rede mehr war. Mit größter Befriedigung hörte ich das Wort »Frontbegradigung«. Das war eine euphemistische Umschreibung für »Rückzug.« Und als ich eines Tages vernahm, dass Warschau gehalten werden müsse und den Sowjets riesige Verluste zugefügt wurden, da wusste ich, dass der Krieg nicht mehr lange dauern konnte. Im Juni 1944 landeten die Alliierten in der Normandie und marschierten viel schneller, als es das »Oberkommando der Wehrmacht« eingestehen wollte, auf Paris zu. Die Invasion Italiens wurde zunächst im Deutschlandfunk überhaupt nicht erwähnt, man erfuhr nur durch »Zerstörung eines feindlichen Brückenkopfs« davon.

Luftangriffe auf Haifa gab es schon längst keine mehr. Wir begannen zu hoffen, dass wir, gegen alle Erwartungen, diesen Krieg überleben würden.

In Europa war der Frieden schon in Sichtweite – aber nicht im »Gelobten Land«. Arabische Milizen machten sich immer stärker bemerkbar. Überfälle auf jüdische Siedlungen waren an der Tagesordnung. Autobusse wurden beschossen, mühsam angepflanzte Wälder wurden verbrannt – und die britische »Ordnungsmacht« tat nichts dagegen. So bildeten sich jüdische Kampfgruppen, die Gleiches mit Gleichem vergelten wollten. Sie erwiderten die arabischen Terrorakte. Die Araber schlugen natürlich verstärkt zurück, und plötzlich war ein Bürgerkrieg ausgebrochen – der bis heute noch nicht zu Ende ist.

Wenn die Engländer in diesen Bürgerkrieg eingriffen, dann meist auf Seiten der Araber. Einige Mitglieder der jüdischen Terrororganisationen wurden gefasst und hingerichtet. Die radikalste unter diesen Organisationen war die »Stern Gang«, benannt nach Abraham Stern, der 1942 von der britischen Polizei erschossen worden war. Die Sprengung des King-David-Hotels in Jerusalem, in dem der britische Geheimdienst residierte, geht auf das Konto der Stern Gang. Aber auch viele Überfälle auf arabische Dörfer, Polizeistationen und Offiziere, deren einziges Vergehen war, eine britische Uniform zu tragen.

Ich war damals in einer heiklen Situation, denn ich war als Jude bei den Engländern beschäftigt – bezog von ihnen mein Gehalt und schimpfte über die britische Mandatsregierung, weil sie prinzipiell nur das tat, was den Arabern genehm war. Als Folge davon war ich sowohl von meinen jüdischen Mitbürgern als auch von meinen britischen Brotgebern nicht sehr geschätzt. Beide Seiten hielten mich für einen Verräter.

Damals habe ich gelernt, zwischen den Stühlen zu sitzen. Denn ich habe in meinem ganzen Leben noch keine Ideologie, keine Denkschule, keine politische Richtung kennen gelernt, die in jeder Situation immer Recht hat. Die Wahrheit, und das stellt sich meist immer zu spät heraus, liegt irgendwo in der Mitte. Es muss nicht die arithmetische Mitte sein, aber sie liegt immer ziemlich weit von den beiden Polen entfernt.

Verzeihung, ich komme da ins Philosophieren. Dazu sind andere berufen. Ich wollte nichts weiter tun, als meine Erinnerungen zu Papier bringen. Denn Papier ist viel geduldiger als die meisten Philosophen.

EINES TAGES war es dann so weit. Ich schaltete meinen Radioapparat an, suchte den deutschen Rundfunk, wo ein Sprecher mit bebender Stimme verkündete, dass der »Führer« bei der Verteidigung Berlins den Heldentod erlitten hatte. Dass er in Wahrheit gemeinsam mit seiner Eva Braun Selbstmord begangen hatte, wurde großzügig verschwiegen. Im Anschluss an diese Freudennachricht erklang der Trauermarsch aus der »Götterdämmerung« von Richard Wagner. Seit jenem Tag gehört dieser Trauermarsch zu meinen liebsten Kompositionen – und das, obwohl ich kein wirklich überzeugter Wagnerianer bin.

Von diesem Moment an war es nur noch eine Frage von wenigen Tagen, bis der Krieg zu Ende sein würde. Und damit entfiel auch die Existenzberechtigung der »Cliff-Gordon-Show«.

Kein Wunder also, dass unser Ensemble dem ersehnten Kriegsende mit gemischten Gefühlen entgegensah. Einerseits freuten wir uns natürlich darüber, dass die Pest des Nationalsozialismus ausgelöscht wurde, andererseits machten wir uns Sorgen um unsere materielle Zukunft. Alle Briten unserer Truppe wollten natürlich nach Hause, aber es gab etliche Orchestermitglieder, die im wahrsten Sinne des Wortes nicht wussten, wie es weitergehen sollte. Sofern sie aus Europa gekommen waren, meist aus Osteuropa, so wussten sie, dass sie bei ihrer Rückkehr nur einen Trümmerhaufen vorfinden würden. Ich war auch in so einer Situation. Zwar hatte ich immer wieder an freien Abenden spaßeshalber in einer Piano-Bar gespielt, und ich hätte sicher dort ein ständiges Engagement annehmen können, aber nachdem ich einmal ein richtiges Orchester geleitet hatte, genügte mir das nicht. Ich dachte über alle möglichen Alternativen nach, doch es fiel mir nichts ein.

Ich hatte wieder einmal ein unverschämtes Glück: am V-Day, also am Tag, da die deutsche Wehrmacht endlich kapitulierte, wurde ein großes Konzert angesetzt, bei dem unter anderem eine Komposition von mir gespielt werden sollte. Es handelte sich um ein äußerst pompöses, und nicht sehr gutes, Klavierkonzert in einem Satz, das ich in einem Anfall von Größenwahn »Liberation Concerto« betitelt hatte. Dieses Werk wurde gemeinsam mit mir stürmisch gefeiert. Sicher nicht wegen des musikalischen Gehalts, sondern hauptsächlich wegen des Titels. Das ganze Konzert wurde vom Soldatensender Haifa ins ganze Land übertragen, ich erhielt etliche unverdiente Gratulationen und glaubte, dass der Fall erledigt sei.

Tags darauf rief mich der Kommandant des Soldatensenders zu sich. Es war ein verhältnismäßig junger Captain namens Bruce Elliot, mit dem ich mich schon bei früheren Konzertübertragungen angefreundet hatte. Er bot mir Tee an, dazu eine Zigarette, bedankte sich für das schöne Konzert, dann stockte das Gespräch. Er erkundigte sich nach meinem Sohn, nach meiner Frau, und ich hatte immer noch keine Ahnung, weshalb er mich in sein Büro eingeladen hatte. Dann endlich fragte er mich: »Was sind deine weiteren Pläne, wenn eure Show aufgelöst wird?«

Ich sagte ihm, dass ich keine Ahnung hätte, wie es weitergehen soll. Darauf er: »Du kennst doch sicher den Peter Buckle?« Natürlich kannte ich ihn. Er war der musikalische Programmgestalter des Senders.

»Peter Buckle will abrüsten und nach London zurückkehren, es wurde ihm ein Job bei BBC angeboten.«

»Da kann an ihm nur gratulieren«, sagte ich, noch immer nichts ahnend.

»Hättest nicht vielleicht Lust, seinen Job zu übernehmen?«

Und wie ich Lust hatte! Doch ich äußerte meine Bedenken: »Ich bin noch nicht einmal dreiundzwanzig Jahre alt, ich weiß nicht, ob ich für so eine Aufgabe schon reif bin.«

»Als Peter Buckle diesen Job übernommen hatte, war er kaum älter, als du jetzt bist. Ich glaube daran, dass ein Mensch mit seiner Aufgabe wachsen kann.«

Als musikalischer Leiter der »Cliff-Gordon-Show« hatte ich es selbst gemerkt, wie man mit einer Aufgabe wachsen kann – also sagte ich zu. Einige Tage nach diesem Gespräch unterzeichnete ich einen Anstellungsvertrag, ließ mich von Peter Buckle in meine Aufgaben einweisen und begann meine neue Karriere als Programmgestalter in einer Rundfunkstation.

Es war traumhaft: ich hatte ein Archiv von sechzehntausend Schallplatten zur Verfügung, aus denen ich meine Musikprogramme gestalten konnte. Ich lernte Komponisten kennen, von deren Existenz ich bis dahin nichts wusste. Dort erfuhr ich zum ersten Mal, dass George Gershwin nicht nur die »Rhapsody in Blue« und viele gute Schlager geschrieben hatte, sondern auch die Oper »Porgy and Bess« sowie ein grandioses Klavierkonzert, neben dem mein ärmliches »Liberation Concerto« sofort durch den Papierwolf gedreht werden müsste.

Ich lernte auch sehr gute englische Komponisten kennen, wie Edward Elgar, Gustav Holst, William Walton, Benjamin Britten und Ralph Vaughan-Williams. Namen, die ich in Wien noch nie gehört hatte.

Besonders die »Planeten-Suite« von Gustav Holst hat es mir angetan. Ich konnte sie nicht oft genug hören, entdeckte immer wieder neue Nuancen und musikalische Überraschungen darin, und ich war im siebenten Himmel. In den knapp drei Jahren, die ich dort arbeitete, lernte ich mehr als je zuvor – und danach. Mein musikalischer Horizont wurde um Lichtjahre erweitert, und dafür bin ich Captain Bruce Elliot bis zum heutigen Tage dankbar.

Einmal monatlich wurde uns aus London eine neue Lieferung von Schallplatten geschickt. Meine Aufgabe war es, mit einem Chauffeur zum Hafen zu fahren, um sie in Empfang zu nehmen. Im Sender angekommen, stürzte ich sofort an den Plattenspieler, um das Neue anzuhören. Natürlich war nicht alles gut, was neu war, aber auch dabei lernte ich viel.

An den Abenden war ich frei, und manchmal ging ich wieder in die Piano-Bar und spielte den Gästen vor, was ich im Sender gelernt hatte. Es war eine schöne Zeit. Oder besser: es wäre eine schöne Zeit gewesen, wenn sie nicht im »Gelobten Land« stattgefunden hätte.

KURZ NACH KRIEGSENDE erhielten wir Besuch: Felix Salzmann, ein Cousin meiner Frau, kam aus dem Krieg zurück. Er hatte bei einem Regiment gedient, das aus lauter jüdischen Freiwilligen bestand, die an der Seite der Briten zuerst in Nordafrika, später dann in Italien zu kämpfen hatten. Felix war einer der unkriegerischsten Menschen, die man sich vorstellen kann. Wenn er mit ruhiger Stimme von seinen Kriegserlebnissen erzählte, lief mir ein kalter Schauer über den Rücken, aber er tat so, als gehörte das alles zur Routine des Soldatenlebens. Er wohnte bei uns, schlief mit Ossi im Kinderzimmer und war ein angenehmer Hausgast.

Felix hatte, bevor er sich zum Militär meldete, keinen Beruf erlernt, war aber ein nahezu genialer Mathematiker. So wie andere Leute in ihrer Freizeit Krimis verschlingen oder Kreuzworträtsel lösen, so las Felix Mathematikbücher. Er konnte sechsstellige Zahlen im Kopf multiplizieren, und er konnte jede Primzahl erkennen, egal wie hoch sie war. Darstellende Geometrie war für ihn ein Kinderspiel, Flächenberechnungen waren sein Hobby.

Eines Tages kam er gegen Abend nach Hause und erzählte freudestrahlend, dass er einen schönen Job gefunden hätte. In einem Vorort Haifas gab es die größte Ölraffinerie des Landes, und dort wurde ihm ein Posten in der Rechnungsabteilung angeboten. Er griff sofort zu, weil Rechnen für ihn keine Arbeit war, sondern ein Vergnügen. Wir gratulierten ihm gebührend und feierten ausgiebig bis spät in die Nacht. Felix kündigte an, dass wir bald von ihm erlöst sein werden, weil er beabsichtigte, sich in der Nähe der Raffinerie eine Unterkunft zu suchen. Doch es kam anders.

Eines Nachts überfielen arabische Terroristen wieder einmal eine jüdische Siedlung in der Nähe der Raffinerie.

Als Reaktion auf diesen Überfall erschossen Mitglieder der Stern-Bande einige Araber, die bei einer Autobushaltestelle auf den Heimtransport warteten. Die überlebenden Araber mobilisierten daraufhin eine Schar von Gleichgesinnten, diese bewaffneten sich mit Messern, Sensen und Hacken, drangen in die Büros der Raffinerie ein und massakrierten sämtliche jüdische Angestellte, derer sie habhaft wurden. Man fand in den Büros über dreißig verstümmelte Leichen, darunter auch Felix.

Wir erfuhren von dem Massaker über das Radio. Es wurden die Namen aller Toten verlesen, und eventuelle Angehörige sollten sich melden, um bei der Begräbniszeremonie am nächsten Tag anwesend zu sein. Natürlich gingen wir hin, um Felix die letzte Ehre zu erweisen. Der Friedhof war mit trauernden Familienangehörigen überfüllt. Vor dem Leichenschauhaus stand ein Mann, der den Namen des ersten Toten ausrief, worauf sich die Angehörigen hineinbegaben und den Toten auf seiner Bahre bis zum Grab trugen. Als der Name Felix Salzmann aufgerufen wurde, meldete ich mich, es wurde mir ein Helfer beigestellt, und wir trugen die Bahre mit dem toten Felix, der nur in ein Tuch gehüllt war, in Richtung Grab. Auf dem Weg dorthin stolperte der Helfer, und eine abgehackte Hand fiel zu Boden.

Ich erstarrte. Ich wäre nicht in der Lage gewesen, diese Hand aufzuheben. Mein Helfer tat es für mich, dann gingen wir weiter bis zum offenen Grab. Ein Rabbiner stand dort, der mit gleichgültiger Stimme etwas vor sich hinbetete, dann ließen wir den armen Felix in sein Grab hinab. Er war knapp vierundzwanzig Jahre alt und hätte eigentlich ein Leben vor sich haben sollen. Ein Leben, auf das er sich gefreut hatte. Denn was er bis dahin erlebt hatte, war nur Gefahr, Schrecken und Elend. Ich zählte wieder einmal zu jenen, die davongekommen sind. Wieso gerade ich?

MEIN SOHN OSSI war inzwischen drei Jahre alt geworden. Er war ein besonders liebes Kind, immer gut aufgelegt. Jeder, der mit ihm in Berührung kam, mochte ihn, und wir hätten ihn gern in einen Kindergarten geschickt – aber er wurde nicht aufgenommen, denn er konnte nicht sprechen. Wir versuchten es in allen uns bekannten Sprachen, aber er blieb stumm. Er sah uns freundlich an, manchmal lächelte er weise, aber es war kein Wort aus ihm herauszubringen.

In unserer Wohnung war die Umgangssprache natürlich Deutsch, weil das unsere Muttersprache war; wenn wir ausgingen, war sie – je nachdem wo wir uns befanden – Englisch oder Iwrit. Unseren Sohn interessierte keine der drei Sprachen. Wenn er etwas wollte, stammelte er Unverständliches vor sich hin, und zwar so lange, bis wir begriffen, was er meinte.

Da riss mir eines Tages die Geduld. Ich packte meinen Sohn und schleppte ihn zu einem Kinderpsychologen. Der untersuchte ihn von allen Seiten, dann fragte er: »Wie alt ist das Kind?«

»Er ist drei Jahre alt.«

»Und was haben Sie an ihm auszusetzen?«

»Er ist nicht in der Lage, auch nur ein Wort in irgendeiner Sprache zu reden.«

»In welcher Sprache reden Sie zu ihm?«, wollte der Arzt wissen.

»Meist Deutsch, aber manchmal auch Iwrit oder Englisch.«

»Welche der drei Sprachen wäre Ihnen am wichtigsten?«

»Das ist mir egal, Hauptsache, er beginnt endlich zu reden! Solange er nicht reden kann, nimmt ihn kein Kindergarten auf.«

»Welche Sprache spricht man im Kindergarten?«

»Iwrit natürlich.«

»Dann sprechen Sie mit ihm nur Iwrit, und Sie werden sehen, dass er bald reden wird.«

Während ich mit dem Arzt debattierte, ging mein kleiner

Sohn im Zimmer herum und blieb vor einer großen Topf-
pflanze stehen, die ihm sehr imponierte. Plötzlich zeigte er
mit dem Finger auf die Pflanze und rief begeistert: »Schee –
schee – schee!«

Ich sah erst meinen Sohn, dann den Arzt fragend an. »Was
will er?«

Der Arzt lächelte: »Verstehen Sie nicht Deutsch? Er sagt,
dass die Pflanze schön ist. Und damit hat er auch nicht
Unrecht.«

Ich nickte beschämt, zahlte dem Arzt sein Honorar und
ging mit Ossi davon. Am Heimweg kamen wir bei einem
Blumengeschäft vorbei, er zog mich zum Schaufenster und
rief wieder aus Leibeskräften: »Schee! – Schee!«

Trotzdem befolgten wir den Rat des Arztes und sprachen
mit dem Kind nur noch Iwrit. Nach etwa drei Monaten
konnte er sich so weit verständigen, dass er im Kindergarten
aufgenommen wurde.

Ossi war gerade fünf Jahre alt, als wir nach Wien übersiedelten. Er verstand kein Wort Deutsch. Wann immer er
deutsch angesprochen wurde, wandte er sich hilfesuchend an
mich und fragte: »Each se omrim be Iwrit?« (Wie sagt man das
auf Hebräisch?) Zehn Jahre danach, inzwischen war er fünfzehn Jahre alt geworden, besuchten wir miteinander das Land,
in dem er geboren worden war. Und er konnte nicht ein
einziges Wort Iwrit verstehen, geschweige denn sprechen.

Aus der Geschichte ist keine Lehre abzuleiten. Ich erzähle
sie nur als Kuriosum. Im Unterschied zu meinem Sohn
habe ich als Vierjähriger Ungarisch gelernt, und ich kann
es seltsamerweise heute noch. Mein Sohn konnte sich bis zu
seinem fünften Lebensjahr nur auf Iwrit verständigen und
versteht heute kein Wort mehr.

ZURÜCK INS JAHR 1946. In meinem Beruf als Rundfunk-
Programmgestalter blühte ich richtig auf. Ich fühlte, wie ich
tagtäglich etwas dazulernen konnte, dazu spielte ich regel-

mäßig daheim oder in der besagten Piano-Bar Klavier. Dann traf ich in Haifa einen Mann, der in Wien sehr gute Schlagertexte geschrieben hatte. Er nannte sich Hans Haller, obwohl er in Wahrheit Jakob Bick hieß. Dieser Hans Haller hatte seinerzeit für mein Idol Hermann Leopoldi einige sehr erfolgreiche Liedtexte geschrieben wie zum Beispiel »Schinkenfleckerln« und »Frauen sind zum Küssen da« sowie viele andere

Hans Haller suchte einen Komponisten – und fand mich. Er zeigte mir einige seiner Textentwürfe, die ich nahezu vom Blatt weg in Musik setzte. Er war begeistert und beschloss, mit mir gemeinsam ein Unterhaltungsprogramm für die deutsch sprechenden Bürger von Haifa zu schreiben. Wir fanden sogar einige emigrierte Schauspieler und Sänger, die bereitwillig mitmachen wollten.

Einige Wochen danach spielten wir in einem kleinen Vortragssaal unser neues Programm. Es wurde ein Riesenerfolg, wir mussten das Programm mehrfach wiederholen. Nach einer dieser Vorstellungen kam ein junger Mann namens Joschi Silberfeld zu mir und stellte sich als Textdichter vor.

»Und davon kannst du hier leben?«, fragte ich ihn.

»Natürlich nicht, ich bin hauptberuflich Englischlehrer.«

»Das ist was anderes«, sagte ich und sah seine Texte durch. Er schrieb sowohl englische als auch deutsche Texte, die mir gut gefielen. Besonders die deutschen. Denn die waren wirklich komisch. Ich vertonte einige davon, und sie wurden auch von etlichen Interpreten erfolgreich vorgetragen. Ich hatte plötzlich nicht einen, sondern zwei Textdichter, die einander natürlich überhaupt nicht leiden konnten. Und so wurde ich, ohne es zu merken, in das deutschsprachige Kabarett eingeführt. Bis dahin hatte ich ja nur englische Texte vertont, und solange Krieg war, hätte sich in Palästina kein Mensch getraut, in der Öffentlichkeit deutsch zu reden – geschweige denn zu singen.

Nach diesen Abenden setzte sich irgendwo in meinem Kleinhirn der Gedanke fest, dass es vielleicht ganz schön wäre, so etwas Ähnliches irgendwann einmal in Wien zu versuchen. Natürlich nahm ich den Gedanken nicht ernst, denn Wien war damals für mich so fremd, als ob es auf einem anderen Planeten läge. Außerdem bekam ich ganz andere Sorgen.

Wie schon erwähnt, gehörte es zu meinen Pflichten, jeden Monat einmal zum Hafen zu fahren, um eine neue Lieferung von Schallplatten entgegenzunehmen. Im Dezember 1946 war es wieder einmal so weit. Unsere Rundfunkstation war in einem Vorort Haifas, am Berg Carmel gelegen. Die Fahrt bis zum Hafen dauerte ungefähr eine halbe Stunde und führte auf zum Teil gewagten Serpentinen den Berg hinunter.

An einem Montag sollte ich um acht Uhr morgens beim Sender sein, wo der Chauffeur mit dem Jeep auf mich wartete.

Am Abend davor hatte in meiner Piano-Bar eine Hochzeitsfeier bis in die frühen Morgenstunden gedauert. Meine Verabredung mit dem Chauffeur hatte ich vergessen und feierte am Klavier eifrig mit. Ich kam erst spät ins Bett und verschlief meinen Termin. Ein anderer Mitarbeiter des Senders, ein befreundeter Techniker, der auf den Spitznamen »Titch« hörte, nahm meinen Platz ein.

Auf dem Weg zum Hafen fuhr der Jeep auf eine Bombe, und beide Insassen waren tot. Als ob das nicht schrecklich genug gewesen wäre, bekannte sich die Stern-Bande stolz zu diesem Attentat.

Ich war der einzige Jude, der in dem Sender arbeitete. Ich war auch der Einzige, der außerhalb des Senders wohnte und der ständig mit Juden Kontakt hatte. Es war daher für alle Mitarbeiter des Senders klar, dass ich von dem geplanten Attentat gewusst haben musste. Dass ich gewarnt worden war und die Abfahrt des Jeeps absichtlich versäumt hatte.

Ich war verzweifelt. Ich hatte ein langes Gespräch mit Bruce Elliot, dem Leiter des Senders. Ich schwor beim Leben meines Kindes, dass ich nichts von dem Attentat gewusst haben konnte, weil ich als »Britenknecht« von den Sympathisanten der Terrorbewegung gemieden, ja sogar verachtet wurde. Das gab ihm zu denken. Bruce Elliot bot mir einen Monat Urlaub an, dann würden wir weitersehen. Dieser »Urlaub« war ein Albtraum für mich. Dass ich durch eine Entlassung mein Einkommen verlieren würde, störte mich noch am wenigsten. Ich hätte jederzeit einen gut bezahlten Posten in meiner Piano-Bar antreten können. Aber ich liebte meine Arbeit im Sender. Ich war mit vielen Mitarbeitern befreundet – und nun brachen sie den Kontakt zu mir ab. Manchmal bedauerte ich sogar, nicht mit dem Jeep in die Luft geflogen zu sein. Ein Gedanke, der vom Selbstmord nicht mehr weit entfernt war.

DER MONAT ging vorbei, und Bruce Elliot rief mich an: »Komm heute Nachmittag zu mir!«

»Werde ich entlassen?«

»Nein, wir haben so viele Anfragen aus Hörerkreisen bekommen, warum man dich nicht mehr zu hören bekommt –«

»Heißt das, dass ich wieder arbeiten darf?«

»Ja, die Belegschaft konnte ich auch davon überzeugen, dass du nichts mit den Attentätern zu tun hast. Also komm und reden wir nicht mehr über die Sache.«

Ich kam, und Bruce hielt sein Wort. Über die »Sache« wurde nie wieder gesprochen.

Kurz danach suchte ich einen Mann auf, von dem ich wusste, dass er mit der Stern-Bande sympathisierte. Er hatte seine Frau und zwei Kinder bei einem Überfall der Araber verloren. Ich erzählte ihm von dem Attentat, das mich umgebracht hätte, wenn ich damals pünktlich beim Treffpunkt erschienen wäre. Und ich erzählte ihm ferner, dass einer der beiden getöteten Insassen, mein Freund »Titch«, ein besonders feiner, anständiger Mensch gewesen sei.

Der Mann dachte eine Weile nach, dann fragte er: »Sind die Fahrzeuge des Senders irgendwie besonders gekennzeichnet?«

»Nein«, sagte ich, »es sind ganz normale Militärfahrzeuge.«

»Dann sag deinem Chef, dass er auf seine Fahrzeuge ein Signum anbringen lassen soll. Hat der Sender einen Namen?«

»Die Station hat nur den Code-Namen Radio JCLA«, sagte ich nach einigem Nachdenken.

»Gut«, sagte der Mann, »dann soll er jedes Fahrzeug des Senders damit kennzeichnen!«

»Und das wird helfen?«, fragte ich.

»Wir werden sehen«, sagte er.

Und wir sahen wirklich. Obwohl im ganzen Land immer wieder britische Autos angegriffen wurden, geschah den Fahrzeugen mit der Aufschrift »Radio JCLA« nie wieder etwas. Ich habe natürlich meinem Chef Bruce Elliot von meiner Unterredung mit diesem Mann nie ein Wort erzählt. Wir hatten uns doch schließlich darauf geeinigt, dass über die »Sache« nie wieder gesprochen werden soll ...

DIE LAGE IM LAND verschlechterte sich zusehends. Terrorüberfälle von beiden Seiten waren an der Tagesordnung. Wann immer es der britischen Ordnungsmacht zu bunt wurde – und das war oft der Fall –, wurde ein absolutes Ausgangsverbot verhängt. Wer sich dennoch auf die Straße wagte, konnte und durfte erschossen werden. Man hatte am Tag zwei Stunden Ausgangserlaubnis, um Lebensmittel einzukaufen, und das war's. In diesen zwei Stunden fuhr ich zum Sender und wohnte dort in einer Kammer, bis die Ausgangssperre aufgehoben wurde. Meine Frau und Ossi mussten daheim bleiben, das Kind durfte nicht einmal in den Kindergarten gehen.

Der britische Premierminister Winston Churchill wurde abgewählt, und der Chef der Labour Party, Clement Attlee, nahm seinen Platz ein. Churchill nannte seinen Nachfolger »a sheep in sheepsclothing« (ein Schaf im Schafspelz).

Vielleicht war die Labourregierung für Großbritannien gut; es standen sicher viele soziale Verbesserungen an, die die Konservativen verhindert hatten. Aber für die Entwicklung im britischen Mandatsgebiet Palästina war sie eine Katastrophe.

Alles, was auch nur im Entferntesten mit jüdischer Einwanderung zu tun haben könnte, wurde untersagt. Wohingegen Araber aus den Nachbarländern Palästinas unkontrolliert einwandern durften. Die Briten hatten Angst um ihre Ölgeschäfte und vor allem um ihren Suezkanal. Daher wurde jeder arabischen Forderung nachgegeben.

Der neue Außenminister hieß Ernest Bevin, ein einfacher Mann, der in der Gewerkschaftsbewegung groß geworden war. Sein Horizont reichte bestenfalls von heute bis morgen. Eine durchdachte Zukunftsplanung war ihm fremd. Er glaubte allen Ernstes daran, dass man mit Arabern einen Vertrag abschließen kann – wohingegen unter der jüdischen Bevölkerung Palästinas längst der Grundsatz galt: »Einen Araber kann man nicht kaufen, den kann man nur mieten.«

Mit anderen Worten: ein Araber wird einen Vertrag genau so lange einhalten, wie er ihm dienlich ist, und dann tut er so, als hätte es nie einen Vertrag gegeben.

Als England wirklich in Gefahr war, von Hitlerdeutschland vernichtet zu werden, waren es im ganzen Vorderen Orient einzig die Juden Palästinas, die an der Seite Englands kämpften. Die Muslime hingegen bildeten eine moslemische SS-Legion. Es gibt sogar ein Foto, auf dem eine stramme moslemische SS-Truppe zu sehen ist, die vom Großmufti aus Jerusalem besucht wird.

Das alles nahm Mr. Bevin überhaupt nicht zur Kenntnis, er tat nur das, was den Arabern genehm war. Als wieder einmal ein Flüchtlingsschiff illegal unterwegs war, ließ er es außerhalb der Hoheitsgewässer abfangen, und sämtliche

Insassen wurden interniert. Das Lager, in dem sie interniert waren, wurde »Bevingrad« genannt.

Im Jänner 1947 ging vor dem Polizeihauptquartier von Haifa eine Autobombe hoch. Es gab fünf Tote und über hundert Verletzte. Die Stern-Bande bekannte sich stolz zu diesem Anschlag.

Churchill forderte im britischen Unterhaus, das Mandat über Palästina aufzugeben, weil es für England nur noch eine Belastung sei. Im April desselben Jahres wurde in Jerusalem das Kriegsrecht verhängt, nachdem die Stern-Bande einen Anschlag auf die britische Offiziersmesse verübt hatte. Es hatte zwölf Tote gegeben. Die über den jüdischen Teil der Stadt verhängte Ausgangssperre führte zu Arbeitslosigkeit und weiterer Verbitterung gegen die Engländer.

Es dauerte nicht lange, und es sprach sich sogar bis zur UNO herum, dass die Lage in Palästina eine andere werden müsse. Es wurde eine Kommission nach Palästina entsandt, um einen Lösungsvorschlag zu erarbeiten für den Fall, dass die Briten tatsächlich ihr Mandat zurückgaben. Nach einigen Wochen legte sie tatsächlich einen Plan vor. Und zwar einen Teilungsplan. Es wurde vorgeschlagen, zwei unabhängige Staaten zu gründen, einen für die Juden und einen für die Araber. Wo immer die Mehrheit der Bevölkerung jüdisch war, sollte es jüdisches Staatsgebiet werden, wo immer die Araber in der Mehrzahl waren, sollte der arabische Staat entstehen.

Das klang von weitem besehen vielleicht vernünftig, aber es gab Städte, zum Beispiel Haifa, wo die Bevölkerung gemischt war. Etwa ein Drittel von Haifa war arabisch, die beiden übrigen Drittel waren jüdisch. Natürlich protestierte die Arabische Liga aus Leibeskräften gegen den Teilungsplan. Vergeblich. Die Teilung wurde beschlossen, die USA waren sich ausnahmsweise mit der Sowjetunion einig, eine Mehrheit von Staaten schloss sich bei der Abstimmung den beiden Großmächten an – nur Großbritannien enthielt sich.

Die enttäuschten Araber kündigten an, die Juden ins Meer zu treiben, wenn der Plan umgesetzt werden sollte. Es roch nach Krieg. Aus dem arabischen Teil Haifas wurden ständig die jüdischen Wohnviertel beschossen, Waffenstillstandsverhandlungen gab es fast jede Woche, aber es wurde fleißig weitergeschossen.

Ich wohnte damals unweit der Radiostation in einem Vorort Haifas am Berg Carmel. Am Fuße des Berges, etwa zwei Kilometer entfernt, lag ein arabisches Dorf, von dem aus immer wieder unsere Siedlung beschossen wurde. Glücklicherweise flogen die Geschosse weit über unsere Köpfe hinweg und landeten irgendwo, wo sie keinen Schaden anrichteten. Doch eines Nachts kam ein Stoßtrupp aus dem Dorf heraufgekrochen, überfiel ein allein stehendes Haus, tötete die Bewohner und steckte das Haus in Brand.

Die Hagana organisierte daraufhin einen Wachdienst. Jeder Bewohner unserer Siedlung musste einmal in der Woche bewaffnet auf einem Pferd am Rand der Siedlung entlangreiten, um den Weg zum arabischen Dorf zu beobachten und notfalls mit drei Schüssen die schlafenden Mitbürger zu alarmieren. Das Pferd sollte den Wächter im Katastrophenfall schnell in Sicherheit bringen.

Natürlich musste auch ich zu diesem Dienst antreten. Zunächst hatte ich den Umgang mit dem Pferd zu lernen, dann das Schießen mit Gewehr und Revolver. Und als ob das alles nicht genug gewesen wäre, machte ich auch noch einen Sanitäts-Schnellkurs mit. Sechs lange Kriegsjahre war ich in der glücklichen Lage gewesen, keine Waffe anrühren zu müssen. Erst nachdem der Friede ausgebrochen war, musste ich Schießen lernen.

Meine erste Nachtwache ging reibungslos vorüber. Ich hatte kein gutes Gefühl, nachts durch unwegsames Gelände zu reiten und ein gutes Ziel abzugeben. Aber die Nacht verlief ohne besondere Ereignisse. Einer meiner Nachbarn hatte nicht dieses Glück. Er wurde angeschossen, gab die drei Warnschüsse ab und konnte die Siedlung alarmieren.

Alle Männer sprangen aus den Betten, ergriffen ihre Waffen und vertrieben die arabischen Angreifer. Der angeschossene Wächter wurde notdürftig verbunden und ins Spital gebracht. Seinen linken Arm konnte er nie wieder bewegen.

IN DER RADIOSTATION herrschte Aufbruchstimmung. Der Sender würde noch vor dem Abzug der Briten seinen Betrieb einstellen. Ich wusste, dass ich in Kürze keinen Job mehr haben würde. Die Zukunftsaussichten waren düster. Ich hätte in der Piano-Bar unterkommen können, aber mit geringen Aufstiegschancen. Meine Gage hätte vielleicht genügt, unseren Lebensstandard zu halten, dennoch machte ich mir Sorgen um die Zukunft. Da kam ein Brief aus London. Ein Musiker aus meinem ehemaligen Orchester schrieb mir, dass einige Kollegen eine Band für ein großes Tanzlokal in London zusammenstellen wollten und einen Pianisten bräuchten, der auch arrangieren konnte: Ob ich vielleicht bereit wäre, nach London zu übersiedeln, um diese Tätigkeit aufzunehmen?

Ich war Feuer und Flamme, schrieb noch am selben Tag zurück, dass ich gerne käme, doch nicht sofort, weil ich noch meine Wohnung zu liquidieren hätte, eine Reisemöglichkeit nach England organisieren müsste, was in diesen Tagen nicht so einfach ging. Ich bekam prompt Antwort: Es wäre nicht so dringend, das Engagement beginne erst im Herbst, aber wir müssten eine ausführliche Probenzeit einplanen. Ich sollte in spätestens zwei Monaten in London sein.

Im Gegensatz zu mir war meine Frau nicht sehr begeistert. »Wir kennen doch keinen Menschen in London, was soll ich dort machen?«

»Das Gleiche, was du hier machst. Ein Kind erziehen und ein Heim bereiten.«

»Schon, aber ich habe gelesen, dass London völlig zerbombt ist. Man bekommt keine Wohnungen, und es ist noch alles chaotisch dort.«

»Und hier in Palästina ist es vielleicht nicht chaotisch?«

»Lass uns das noch überlegen –«, sagte sie und ging in ihr Zimmer.

Am nächsten Tag war schlagartig alles anders. Die Eltern meiner Frau hatten den Krieg in Shanghai verbracht. Sobald es wieder normalen Postverkehr gab, schrieben sie an die Mädchenschule in Jerusalem. Sie wollten erfahren, was aus ihrer Tochter geworden war. Die Schule schrieb zurück und schickte ihnen die Adresse meiner Frau. So kam also ein Brief, nicht aus Shanghai, sondern aus Wien. Der Absender war Fritz Kreutzer, mein Schwiegervater. Er schrieb, dass er mit seiner Frau aus Shanghai zurück nach Wien gekommen sei, und wollte wissen, was aus seiner Liesel geworden war. Liesel antwortete, sie hätte geheiratet, dass sie einen fünfjährigen Sohn namens Ossi hätte und sich freuen würde, die Eltern wiederzusehen.

»Hör zu«, sagte sie mir, »wenn es sein muss, fahren wir halt nach London, aber bitte über Wien, weil ich meine Eltern wiedersehen möchte, und die würden gerne ihren Enkel kennen lernen.«

Das war eine unerwartete Wendung. Nach allem, was ich in Wien gesehen und erlebt hatte, hielt sich meine Sehnsucht nach dieser Stadt in sehr engen Grenzen. Aber nach kurzem Überlegen gab ich nach: »Einverstanden. Ich sehe ein, dass du deine Eltern wiedersehen willst, also fahren wir über Wien. Aber eines sag ich dir: Länger als maximal einen Monat halte ich es dort nicht aus!«

Aus dem einen Monat wurden vierzig Jahre.

ICH BEGANN den Umzug vorzubereiten, fand einen Käufer für meine Wohnung, hob mein ganzes Vermögen von der Bank ab. Was ich nicht mitnehmen konnte oder wollte, verschenkte ich an Freunde. In der Piano-Bar gab es eine große Abschiedsfeier, zu der auch einige Freunde vom Sender kamen. Der Abschied von Bruce Elliot fiel mir besonders schwer, wir beschlossen, Kontakt zu halten. Er gab mir seine Londoner Adresse, und ich versprach, mich zu melden, sobald ich in London ankäme. Ich habe ihn leider nie wieder gesehen, und das tut mir wirklich leid.

Tags darauf brachten uns Freunde zum Schiff, das uns nach Genua bringen sollte. Es war wieder einmal ein griechisches Schiff, das unverdienterweise »Aphrodite« hieß. Der Gestank auf diesem Gefährt war so schrecklich, dass ich davon seekrank wurde.

Wir landeten Mitte Februar 1948 in Europa, und das Erste, das uns auffiel, war die Kälte, die wir längst nicht mehr gewohnt waren. Natürlich besaßen wir keine Winterkleidung, also gingen wir frierend mit unserem Reisegepäck in ein Kleiderhaus, um uns einzukleiden. Ich schimpfte vor mich hin: »Wir hätten doch lieber gleich nach London fahren sollen!«

»Glaubst du, dass es dort wärmer ist?«, fragte meine Frau.

Ich musste ihr widerwillig Recht geben, und das war ein Novum für mich.

Mit warmen Kleidern setzen wir uns in einen überheizten Zug, der uns nach Wien brachte. Wir kamen am Südbahnhof an, und das Erste, was ich beim Aussteigen sah, war das Haus, in dem ich zuletzt mit meinen Eltern gewohnt hatte. Es war von Bomben zerstört. Seltsamerweise ließ mich das kalt, Wien war für mich nur eine Durchgangsstation, die mich nichts anging.

Ich wechselte einige Pfund in Schilling um, wir nahmen ein Taxi zu Liesels Eltern. Die hatten noch keine Wohnung, sie wohnten einstweilen in einem Hotel in Gersthof. Liesels Wiedersehen mit ihren Eltern verlief recht dramatisch. Ihr Vater umarmte und küsste sie, und damit war die Begrüßung erledigt. Aber die Mutter bekam einen hysterischen Anfall. »Mein Kind!«, rief sie aus, »ich hab schon geglaubt, dass wir uns nie wieder sehen werden! Es gibt also doch noch einen Gott, der meine Gebete erhört hat!« Und so ging das eine Viertelstunde weiter. Inzwischen stand ich mit

Ossi in der Tür und wartete darauf, dass uns irgendjemand beachten würde. Mein Schwiegervater erbarmte sich unser, schüttelte mir die Hand, dann wandte er sich an Ossi: »Du bist also mein goldiger Enkel!«

Ossi wandte sich an mich und fragte auf Iwrit: »Was hat er gesagt?«

Ich übersetzte und fügte hinzu: »Das ist dein Großvater.«

Ossi reagierte darauf mit dem bedeutenden Satz: »Großvater? Wozu braucht man so was?«

Das konnte ich ihm in der Geschwindigkeit nicht erklären. Jetzt bin ich selbst schon dreifacher Großvater, und ich weiß es, wenn ich ehrlich bin, immer noch nicht genau.

ICH WAR ALSO WIEDER in Wien, ohne es wirklich gewollt zu haben. Mein Schwiegervater mietete uns ein Zimmer im gleichen Hotel. Die Unterkunft war nicht sehr einladend, aber das störte mich nicht, denn wir wollten ohnehin in einigen Wochen in London sein.

Mein Schwiegervater war ein wohlhabender Mann, er handelte mit Diamanten. Meine Schwiegermutter war krank, sie hatte Krebs – zumindest bildete sie sich das ein. Sie lag den ganzen Tag im Bett und jammerte. Jeden Abend kam eine Ärztin, die ihr eine Morphiumspritze verpasste. Ein Gespräch mit ihr zu führen war ein aussichtsloses Unterfangen, weil sie außer ihren ständigen Schmerzen kein Gesprächsthema hatte. Mein Schwiegervater saß täglich im Diamanten-Klub und machte dort seine Geschäfte, die mich nicht interessierten. Meine Frau kümmerte sich um unseren Sohn, und ich ging durch Wien, um meine Heimatstadt wieder kennen zu lernen.

Es war eine höchst triste Atmosphäre, wo immer ich hinkam. Vergrämte und verhärmte Menschen überall, keiner hatte genug zu essen, die Leute gingen in schäbiger Kleidung durch verwahrloste Gassen. Ich konnte es nicht erwarten, endlich nach London zu kommen. Irgendwo im siebenten Bezirk hörte ich plötzlich jemanden meinen Namen rufen. »Bronner!« Ich wandte mich erstaunt um und suchte den Menschen, der meinen Namen gerufen haben könnte.

Es war Joschi Silberfeld, der Englischlehrer aus Haifa, dessen Texte ich manchmal vertont hatte. Er kam auf mich zu, und wir schüttelten uns die Hände. »Seit wann bist du in Wien?«, wollte er wissen.

»Seit ein paar Tagen. Und du?«

»Ich bin schon seit über einem Jahr hier«, sagte er stolz.

»Und gefällt es dir in Wien?«

»Eigentlich schon. Ich habe einen sehr interessanten Job gefunden.«

»Was machst du?«

»Ich bin Programmdirektor im Sender Rot-Weiß-Rot.«

»Was ist das für ein Sender? Von dem hab ich noch nie gehört«, sagte ich.

»Das ist der Sender der amerikanischen Besatzungsmacht. Die Radiostation, die es bis Kriegsende in Wien gab, liegt in der russischen Zone und strahlt jetzt kommunistische Propaganda aus. Deshalb haben die Amerikaner einen eigenen Sender gegründet.«

»Und wie bist du dort Programmdirektor geworden?«

»Ganz einfach: Die Amis haben einen Menschen gesucht, der Englisch kann und garantiert kein Nazi war. Da hab ich mich beworben, und jetzt bin ich es.«

»Unglaublich!«

»Willst du mit mir in den Sender kommen? Er ist ganz in der Nähe.«

Natürlich wollte ich mitkommen. Wir gingen ein paar Schritte zur Seidengasse Nummer 13, in den ersten Stock, und ich betrat zum ersten Mal den Sender Rot-Weiß-Rot. Joschi Silberfeld wurde vom Portier ehrerbietig begrüßt. Joschi nickte nur freundlich. Dann wandte es sich an mich und flüsterte mir zu: »Übrigens – ich heiße nicht mehr Silberfeld, sondern Joseph M. Sills.«

»Sills lass ich mir gerade noch einreden«, sagte ich, »aber was bedeutet das M?«

»Was du willst, von mir aus ›Mischpoche‹, oder ›Meineidbauer‹«, sagte er. »Bei den Amis ist es üblich, zwischen Vor- und Zunamen einen Buchstaben zu haben. Da ist man gleich um einen Kopf größer.«

Er führte mich im Sender herum. Alles wirkte sehr professionell. Besonders seine Sekretärin. »Übrigens«, sagte er, »du hast doch lange genug in Haifa beim Rundfunk gearbeitet, hättest du nicht Lust, etwas für uns zu machen? Wir suchen Mitarbeiter und finden keine – außer ein paar alten Nazis.«

»Was stellst du dir vor?«

»Wir haben da eine Sendereihe mit dem Titel ›Das bunte Samstag-Varieté‹ begonnen, aber die gefällt mir nicht so recht. Würdest du versuchen, die Sendung besser zu machen?«

»Schon«, sagte ich, »aber ich bin nur vorübergehend in Wien, in ein paar Wochen geh ich nach London, wo ich ein Engagement habe.«

»Das macht ja nichts, du kannst jederzeit aufhören, aber bis dahin versuch's einmal. Vielleicht wird was daraus!«

Ich versuchte es, und es wurde was daraus. Ich übersetzte etliche Scherze und Schnurren, die ich von Cliff Gordon gehört habe, ins Deutsche, spielte dazwischen teils am Klavier, teils von Schallplatten gute Unterhaltungsmusik, und alle waren begeistert – außer mir, denn ich wusste, dass man das mit etwas mehr Sorgfalt und Hirnschmalz viel besser machen könnte.

Ich besorgte mir ein Buch mit alten Kabarett-Szenen. Nicht um sie zu stehlen, sondern um zu lernen, worauf es bei einer Pointe ankommt und wie man einen Knoten schürzt, der sich mit einem befreienden Lachen löst. Das Studium hat sich gelohnt, denn die nächste Sendung war um einiges besser, und dementsprechend wurde ich auch gelobt.

Eines Abends ging ich in der Innenstadt spazieren, und es

begann zu regnen. Ich suchte das nächste offene Lokal auf, um dem Regen zu entkommen. Ich setzte mich an die Bar und wollte nichts anderes tun, als den Regen abzuwarten. In dem Lokal standen zwei Klaviere, und davor stand eine Frau, die Akkordeon spielte und dazu sang. Der Gesang riss mich zwar nicht mit, aber das unbesetzte Klavier interessierte mich. In einer Gesangspause der Sängerin fragte ich sie, ob ich vielleicht ein bisschen Klavier spielen dürfte.

»Wenn Sie es können, dann dürfen Sie«, sagte sie lächelnd.

Ich setzte mich hin und fragte den Mann am anderen Klavier, ob er die Rhapsody in Blue spielen könnte.

»Das möchte ich gern, aber leider …«, sagte er.

»Dann muss ich sie leider allein spielen«, sagte ich und begann.

Als ich fertig war, gab es wilden Applaus. Ich wollte aufstehen, um an die Bar zurückzukehren, aber die Dame mit dem Akkordeon hielt mich zurück. »Sie müssen mich unbedingt begleiten«, sagte sie und begann etwas zu singen, das ich noch nie gehört hatte. Wie ich es in den diversen Soldatenlokalen gelernt hatte, spielte ich mit, und die Dame war begeistert.

»Wer sind Sie eigentlich?«, wollte sie wissen.

»Ich bin Musiker«.

»Das merke ich, aber wo spielen Sie?«

»Derzeit im Sender Rot-Weiß-Rot.«

»Wieso hab ich noch nichts von Ihnen gehört?«

»Weil ich erst einige Tage in Wien bin.«

»Und wo waren Sie vorher?«

Ich erzählte ihr kurz meine Geschichte.

Wir gingen gemeinsam zur Bar, und sie stellte mich einem Herrn vor. »Das ist mein Mann, der Chef des Hauses. Und das ist … wie war Ihr Name?«

Ich sagte meinen Namen.

»Sehr erfreut«, entgegnete sie, »Ich bin die Marietta Mackh, und das ist mein Mann, der Kurt Mackh.«

Ein allgemeines Händeschütteln begann. Wir sprachen über alles Mögliche, und nachdem wir mit dem Reden aufhörten, war ich in der »Marietta-Bar« engagiert. Wie ich das mit meinen Londoner Plänen vereinen könnte, wusste ich nicht. Ich dachte mir: Schlimmstenfalls komme ich erst im Sommer nach London, da regnet es nicht so viel.

Kurt Mackh, der Chef, besaß etwas, das im Wien des Jahres 1948 eine Rarität war, nämlich ein eigenes Auto. Er fragte mich, wo ich wohnte, ich sagte in Gersthof, also ziemlich weit von der Innenstadt.

»Wenn Sie noch ein bisschen Klavier spielen, bringe ich Sie mit meinem Auto nach Hause.«

Also spielte ich ein bisschen Klavier, und zwar bis drei Uhr früh. Meine Frau hatte natürlich keine Ahnung, wo ich so lange war, sie machte mir einen Krach − doch als ich ihr sagte, dass ich einen neuen Job als Pianist in einer Bar angenommen habe, war sie glücklich.

»Heißt das, dass wir nicht nach London fahren?«

»Nein«, sagte ich, »das heißt, dass ich bis auf weiteres einen Job angenommen habe, sonst nichts.«

Zu diesem Zeitpunkt konnte ich nicht wissen, dass ich − abgesehen von einigen Unterbrechungen − in der »Marietta-Bar« vierzig Jahre lang arbeiten würde.

Und dabei wollte ich gar nicht in Wien bleiben…

DIE FAMILIE MACKH wurde ein nicht unbedeutender Teil meines Lebens. Daher möchte ich im Folgenden die Geschichte des Ehepaars Mackh erzählen: Kurt Mackh stammte aus München. Er war ein aufstrebender Geschäftsmann, dem es ganz gut ging, bis er sich in ein Mädchen namens Marietta Roth verliebte. Das Mädchen war schön und intelligent, es erwiderte Kurts Liebe − doch gab es da einen Haken: Sie war Jüdin. Und das war zur Nazizeit ein Haken, den man nicht ignorieren konnte.

Dem Kurt Mackh war aber seine Marietta wichtiger als die Nürnberger Gesetze, daher beschloss er, etwas gegen diesen Makel zu unternehmen. Er fuhr in die finsterste bayerische Provinz zu einem Pfarrer, der ihm von Freunden empfohlen worden war, und erwarb von diesem eine gefälschte Geburtsurkunde, aus der hervorging, dass Marietta Roth als Kind katholischer Eltern in dieser Pfarre getauft worden war.

Zusätzlich übersiedelte das Brautpaar nach Wien, wo Marietta sicher sein konnte, von niemandem erkannt zu werden. Kurt ging seinen Geschäften nach, und Marietta begann in einem Nachtlokal in der Innenstadt als Akkordeonistin zu spielen und zu singen. Sie war keine große Sängerin, doch sie hatte die Gabe, Leute zu unterhalten. Das sprach sich herum, und das Lokal, in dem sie arbeitete, die »Steffl-Diele«, wurde bald zum Treffpunkt aller Nazibonzen Wiens. Unter anderem war Wiens Gauleiter Bürckel, im Volksmund Bierleiter Gaukel genannt, einer ihrer größten Bewunderer. Marietta wurde mit der Zeit eine lokale Berühmtheit und verdiente ziemlich viel Geld, das ihr Mann verwaltete und vermehrte.

Als nach dem Fiasko von Stalingrad die Vergnügungslokale gesperrt wurden, war es allein die »Steffl-Diele«, die wegen ihrer prominenten Gäste immer noch geöffnet blieb. Eines der vielen gesperrten Wiener Nachtlokale kaufte Kurt Mackh zu einem Spottpreis. Kurz danach fiel das Haus, in dem sich die Steffl-Diele befand, einem Bombenangriff zum Opfer, und die Nazibonzen hatten kein Lokal mehr, in dem sie ihre Sauf- und sonstigen Orgien feiern konnten.

Da bot ihnen Marietta ihre neu erworbene Bar als Ausweichlokal an. Die Konzessionierung war nur eine unbedeutende Formalität. Das Lokal hatte keinen Namen, da es nur als Privatklub geführt werden konnte, aber in der Sprachpraxis wurde es die »Marietta-Bar«. Marietta unterhielt die Nazibonzen, Kurt leitete das Geschäft. Und das blühte. Mit einem Teil des Geldes erwarb er ein Hotel am Wörthersee, als Kapitalanlage für spätere Zeiten.

1944 erfuhr Kurt von zwei jüdischen Familien, die im Haus der »Marietta-Bar« wohnten, dass sie deportiert werden sollten. Am Tag vor der Deportierung besuchte er die Leute und bot ihnen ein Versteck an. Unter der »Marietta-Bar« befand sich ein Keller, der nur von dort aus zugänglich war. Dahin brachte man alles, was zum Überleben nötig war, und die beiden Familien lebten bis zum Kriegsende in diesem Keller.

Die Situation wäre grotesk, wenn sie nicht so einen tragischen Hintergrund hätte: Im Keller vegetierten versteckte Juden, und einen Stock darüber spielte eine Jüdin für den Gauleiter und sein Gefolge Nazilieder. Das ging eine Zeit lang gut, doch eines Tages bekam Kurt Mackh einen Drohbrief:

»Geschätzter Herr Mackh!

Wir wissen, dass Sie seit Jahren mit einer Jüdin zusammenleben, der Sie auf betrügerische Weise einen gefälschten Taufschein verschafft haben. Wir sind bereit, von einer Anzeige abzusehen, wenn Sie an eine Kontonummer, die wir Ihnen noch bekannt geben werden, den Betrag von RM 500 000 einzahlen. Zum Zeichen Ihres Einverständnisses bringen Sie im Schaufenster Ihres Lokals eine rote Lampe an. Dann hören Sie wieder von uns.«

Abgesehen davon, dass Kurt Mackh keine 500 000 Reichsmark flüssig hatte, dachte er nicht im Traum daran, sich dieser Erpressung zu beugen. Er beschloss, in sein Hotel am Wörthersee zu fliehen, besorgte eine größere Menge konservierter Lebensmittel, die er den versteckten Juden brachte, dann lud er, was ihm wichtig war, in sein Auto und fuhr mit Marietta nach Kärnten.

Zunächst ging alles gut, aber im Februar 1945 kam auch dort ein Erpresserbrief an. Kurt wurde panisch. Er ließ alles liegen und stehen, setzte seine Frau ins Auto und fuhr nach Südkärnten, wo sich in den Wäldern slowenische Partisanen aufhielten. Diesen schloss er sich an und verbrachte die restlichen Wochen des Krieges als Partisan.

Als Anfang Mai britische Truppen Kärnten besetzten, befand sich Kurt Mackh auf dem ersten britischen Tank, der in Klagenfurt einzog. Ein Faktum, das ihm die Kärntner Bevölkerung nie verziehen hat.

Jahre später, genau genommen an meinem sechzigsten Geburtstag, veranstaltete der damalige Präsident der Wiener Kultusgemeinde, mein Freund Dr. Ivan Hacker, zu meinen Ehren ein Fest im jüdischen Gemeindezentrum. Ich erhielt einen Orden als Kämpfer für »Völkerversöhnung und Menschenwürde«, es wurden Reden gehalten, und dann musste ich auch etwas sagen.

Ich stand auf und erzählte von meiner langjährigen Beziehung zur »Marietta-Bar«, die mir vor allem deshalb so sehr ans Herz gewachsen war, weil sich im Keller darunter zwei jüdische Familien bis zum Ende des Kriegs verstecken konnten. Ehrfurchtsvolle Stille im Raum. Da plötzlich hob eine etwa vierzigjährige Dame die Hand auf und sagte: »Ja, das kann ich bestätigen. Ich war damals ein kleines Kind von einer dieser beiden Familien. Diesen Keller werde ich nie vergessen.«

AN EINEM meiner freien Abende drehte ich das Radio auf und hörte eine Sendung von Alexander Steinbrecher. Dieser Name sagte mir zunächst gar nichts, doch die Unterhaltungssendung, die er gemeinsam mit einem Mann namens Hans Weigel geschrieben hatte, gefiel mir ungeheuer. Es steckte so viel Intelligenz und Wiener Charme darin, Charme, den ich nirgends in der Stadt finden konnte, dass ich beschloss, den Mann kennen zu lernen. Das geschah schneller, als ich es erwartet hätte. Ich war wieder einmal im Sender Rot-Weiß-Rot, um mit Joseph M. Sills meine nächste Sendung zu besprechen, da ging die Tür auf, und zwei Herren traten ein. Sills stellte vor: »Das sind die Herren Steinbrecher und Weigel!«

Ich sprang auf, stürzte auf Steinbrecher zu, schüttelte ihm die Hand und sagte: »Sie wollte ich sofort kennen lernen, nachdem ich Ihre Sendung ›Der rote Faden‹ gehört hatte!«

»Warum? War sie so schlecht?«, fragte er lächelnd.

»Im Gegenteil, ich fand sie großartig!«

Hans Weigel mischte sich ein: »Großartig sind die ›Meistersinger‹. Was wir machen, ist Unterhaltung zum schnellen Verzehr. Übrigens: mit wem haben wir das Vergnügen?«

Ich stellte mich vor.

Darauf Steinbecher: »Sind Sie nicht der Mann, der das ›Bunte Samstag-Varieté‹ macht?«

Ich nickte verschämt.

»Auch nicht schlecht«, sagte Steinbrecher.

»Wo kommen Sie plötzlich her?«, wollte Weigel wissen.

Sills mischte sich ein und erzählte den Herren, wo er mich kennen gelernt hatte, und dass er mich für diese Sendung angeheuert hatte, solange ich in Wien bliebe.

»Soll das heißen, dass Sie nur vorübergehend in Wien sind?«, fragte Weigel.

»Ja, ich gehe im Sommer nach London, um dort Musik zu machen.«

»In London gibt es genug gute Musiker«, sagte Steinbrecher, »Leute wie Sie brauchen wir in Wien!«

»Danke für das Kompliment, aber …«

»Kein ›aber‹«, rief Weigel, »Sie bleiben in Wien, und damit basta!«

Auf dem Heimweg dachte ich über dieses Gespräch nach. Die beiden Herren haben mir Wien mit einem Schlag viel erträglicher gemacht. Sollte ich wirklich meine Londoner Musikerkarriere dieser verwahrlosten Stadt opfern?

An diesem Abend spielte ich wieder in der »Marietta-Bar«. Dort hatte ich in den wenigen Tagen einen Stammgast kultiviert. Es war ein gut aussehender Mann, Anfang vierzig, der sehr musikalisch war, immer mit einer hübschen Stimme mitsang, wenn ich eines seiner Lieblingslieder spielte, und das hatte zur Folge, dass wir uns anfreundeten. Übrigens hieß er auch Gerhard.

Er saß auf seinem Stammplatz neben dem Klavier, ich spielte ihm alles Mögliche vor, doch an diesem Abend nahm er von seinen Lieblingsmelodien keine Notiz, er saß nur übelgelaunt da und trank seinen Wein.

»Was ist heut los mit dir?«, fragte ich ihn. »Ist dir was über die Leber gelaufen?«

»Ja, was Scheußliches«, sagte er. »Der Jud, dem meine Wohnung früher gehört hat, ist zurückgekommen und will sie wiederhaben.«

Ich schwieg.

Nach einigem Brüten stellte er sein Weinglas resolut auf den Tisch und sagte: »Stell dir vor – so viele Juden haben's erschlagen, und ausgerechnet meiner muss zurückkommen!«

Zunächst blieb mir die Sprache weg. Dann sagte ich: »Ich bin ja auch zurückgekommen.«

»Aber du bist doch kein Jud!«

»Oh doch.«

Er sah mich scharf an, warf sein Weinglas zu Boden, stand wortlos auf, verließ das Lokal und kam nie wieder.

Ich rief Hans Weigel an und erzählte ihm von dem Gespräch.

»Komm morgen Nachmittag in mein Stammcafé, dann reden wir darüber«, sagte er.

Sein Stammcafé war das Café Raimund. Ich setzte mich an seinen Tisch und sagte ihm, dass ich von Wien genug hätte und vorhatte, nach London zu gehen.

»Das kann ich einerseits verstehen«, sagte er, »aber andererseits denk doch daran, dass es in dieser Stadt viele junge Menschen gibt, die es wert sind, mit neuen Gedanken konfrontiert zu werden. Wenn wir sie mit den alten Nazis allein lassen, wäre das ein Fehler, den man uns nie verzeihen würde.«

»Was können wir schon ausrichten? Wir sind doch machtlos als Minderheit.«

»Mag sein«, sagte Weigel, »aber unterschätze nicht die Macht des Wortes. Du hast das Glück, im Rundfunk gehört zu werden. Nütze diese Chance. Gib nicht auf, deine Arbeit ist zu wichtig.«

Das Gespräch dauerte viel länger, als ich es hier darzustellen versuche. Am Ende hat mich Hans Weigel überzeugt. Ich beschloss, London endgültig aufzugeben und in Wien eine Aufgabe zu finden.

»Wieso gerade ich?«, fragte ich mich immer wieder und wusste keine Antwort.

Vierzig Jahre später musste ich feststellen, dass ich mich vergeblich gemüht habe. Aber in diesen vierzig Jahren habe ich viel gelernt. Und vieles davon würde ich gerne vergessen.

VON DEM MOMENT AN, da ich beschlossen hatte, in Wien zu bleiben, begann ich die Stadt mit anderen Augen zu sehen. Ich suchte mein Geburtshaus auf, das wenn möglich noch scheußlicher war als zur Zeit meiner Geburt. Über dem Gasthaus gegenüber gab es die tschechische Aufschrift »Hostinec« nicht mehr. Offensichtlich gab es im Großdeutschen Reich, was tschechische Aufschriften betrifft, einen Abschuppungsprozess. Zwar prangten noch über Geschäften und Werkstätten Namen wie Prohaska, Beranek und Wokurka, aber ich vernahm keinen böhmischen Akzent mehr. Die Nachkommen der Ziegelböhmen sprachen perfektes Wienerisch.

Es gab viele Kriegsversehrte. Beim Resslpark, unweit der Karlskirche, standen einbeinige Männer und boten amerikanische Zigaretten an. Keiner fragte, woher die Zigaretten stammten, man kaufte sie zu einem Schwarzmarktpreis und ging. Im Grabencafé in der Innenstadt saßen die Schwarzgeldwechsler, bei denen man Dollars und Schweizer Franken zu Überpreisen kaufen konnte. Lebensmittel gab es auch auf dem schwarzen Markt, aber die Preise konnten nur Schwarzmarkthändler bezahlen. Der Normalverbraucher war auf Lebensmittelkarten angewiesen, mit denen er das Notwendigste erstehen konnte – vorausgesetzt, dass es gerade erhältlich war.

Mein Schwiegervater, der Diamantenhändler, kaufte so ziemlich alle Lebensmittel schwarz. Daher hatten wir keine Nahrungssorgen. Aber nachdem ich einmal beschlossen hatte, in Wien zu bleiben, wollte ich mich möglichst bald mit Frau und Kind unabhängig machen und eine eigene Wohnung finden. Das Erste, worum ich ansuchen musste, waren Lebensmittelkarten. Ich ging auf das zuständige Magistratsamt, suchte den für mich zuständigen Beamten auf und bekam von ihm das für mich zuständige Formular.

Namen und Familienangehörige waren kein Problem, auch Alter und Adresse füllte ich bereitwillig aus. Doch in der nächsten Zeile stieß ich auf das Wort »Religionszugehörigkeit«. Das machte mich nachdenklich. Was hat die Religionszugehörigkeit damit zu tun, ob ein Mensch zu vernünftigen Preisen Lebensmittel kaufen darf oder nicht? Und wenn, bekommen Christen dann größere Rationen als Juden? Oder umgekehrt? Ich war so verärgert, dass ich in diese Rubrik die Buchstaben GSASA eintrug. Ich reichte dem Beamten das Formular, er blickte kurz darauf: »Was heißt GSASA?«, wollte er wissen.

»Das ist eine Abkürzung«, sagte ich.

»Eine Abkürzung wofür?«, fragte er streng.

»Eine Abkürzung für ›geht Sie an Scheißdreck an‹«, erklärte ich höflich.

»Das ist Beamtenbeleidigung«, brauste er auf.

»Wieso? Sie hätten mich ja nicht fragen müssen, was GSASA heißt.«

»Was haben Sie für einen Grund, Ihre Religion zu verbergen?«

»Der Grund ist einfach der, dass Religion Privatsache ist. Zumindest seit 1945. Oder hat sich das bis zu Ihnen noch nicht herumgesprochen?«

Der Beamte machte ein grimmiges Gesicht, dann stempelte er mit Karacho mein Formular ab, legte es in ein Fach und gab mir meine Lebensmittelkarten.

Dass Religion nichts mit der Genehmigung, essen zu dürfen, zu tun hat, ist bis dahin niemandem aufgefallen. Keiner hat dagegen protestiert.

WIR GINGEN auf Wohnungssuche, was im Wien dieser Zeit kein Vergnügen war. Die Stadt war in vier Besatzungszonen eingeteilt, und kein Mensch wollte in der russischen leben. Ich bekam zum Beispiel das Angebot, eine alte Villa mit großem Garten für 30 000 Schilling zu kaufen. Der Haken war nur, dass diese Villa in der russischen Zone lag, und jeder, den ich fragte, riet mir dringend ab. Nach dem Abzug der Russen stieg dann der Preis um das Zwanzigfache.

Also nahmen wir eine Atelierwohnung in der Innenstadt. Sie war schön, hatte aber den Nachteil, dass sie sich im sechsten Stock eines Hauses befand, das zwar einen Aufzug hatte, der aber irreparabel kaputt war. Ein weiterer Nachteil war, dass das Dach leckte und bei jedem Wolkenbruch unser Wohnzimmer überschwemmt war.

Wir kauften uns Möbel, teils neu, teils gebraucht und zogen ein. Die erste Zeit in dieser Wohnung ließ unsere Ehe wieder erblühen. Die neue Situation veränderte uns beide zum Vorteil. Wir fanden wieder Gefallen aneinander, Ossi gedieh prächtig, sein Deutsch wurde täglich besser, wir konnten ihn sogar schon in die Volksschule schicken.

Natürlich schaffte ich sofort ein Klavier an. Klaviere gab es in dieser Zeit zu Spottpreisen, denn viele Menschen, die Hunger hatten, verschleuderten ihre Besitztümer. Ich erwarb einen alten, aber guten Steinwayflügel für umgerechnet 20 Stangen Chesterfield-Zigaretten.

Und ich begann wieder zu komponieren. Bei einem Spaziergang, der mich zu meinem alten Gymnasium führte, fiel mir eine Melodie ein. Ich wollte sie notieren, hatte jedoch kein Notenpapier bei mir. Also betrat ich die Papierhandlung gegenüber der Schule, in der ich seinerzeit gerne Bücher, Hefte, Füllfedern und Ähnliches gekauft hätte, wenn wir Geld gehabt hätten. Ich erstand ein Notenheft und einen Bleistift. Die Besitzerin des Ladens fragte mich, ob ich ein neuer Lehrer wäre.

»Nein«, sagte ich, »eher ein ehemaliger Schüler.«

»Und Sie schreiben Noten?«

»Manchmal.«

»Haben Sie das auch da drüben im Gymnasium gelernt?«, wollte sie wissen.

»Nur die Anfangsgründe«.

»Wieso? Haben Sie denn nicht maturiert?«

»Leider nein. Man hat mich hinausgeschmissen.«

»Warum? Sind Sie vielleicht …«, sie suchte das Wort, »… mosaisch?«

»Das auch. Aber mich hat man schon vor 1938 hinausgeschmissen.«

»Aha«, sagte sie und betrachtete mich wie einen Kriminellen.

Ich ging wortlos hinaus und notierte die Melodie. Dann stand ich eine Weile vor meiner alten Schule. Längst vergessene Dinge fielen mir wieder ein, ein Geschichtsprofessor namens Wolf, ein Deutschnationaler, der uns Schülern die Geschichte des Ersten Weltkriegs von einer seltsamen Warte aus darlegte. Er erzählte uns vom Schandfrieden von Versailles, vom Verrat der Italiener, vom Dolchstoß aus dem Hinterland. Vor allem sagte er uns, dass moralisch gesehen Deutschland den Krieg gewonnen hätte und dass das beim nächsten Mal ganz anders aussehen würde.

Ich erinnerte mich auch an einen Mitschüler namens Franz Schindlwick, der nicht nur einen Kopf größer war als ich, er war auch um einiges stärker – und dazu ein eingefleischter Judenhasser. Wann immer sich Gelegenheit bot, pöbelte er mich an, provozierte mich, und wenn ich versuchte, mich zu wehren, verprügelte er mich nach Strich und Faden. Vor allem aber erinnerte ich mich an meine zerfetzten oder gar nicht existenten Schulbücher, an die Peinlichkeit, dass mein Vater immer mit dem Schulgeld im

Rückstand war. Ich beschloss, mich nicht mehr erinnern zu wollen, und ging stadteinwärts.

Ich kam zum Resslpark, denn ich wollte Zigaretten kaufen. Einer der Invaliden, die die Zigaretten verkauften, sprach mich an: »Bist du nicht der Bronner?«

Ich erschrak, blickte ihn an und sah einen großen Mann, der sich auf eine Krücke stützte, weil ihm ein Bein fehlte.

»Kennst mich nimmer? Ich bin der Schindlwick!«

Ich erkannte ihn vor allem an seiner Stimme. Der Mann musste ein Jahr älter sein als ich, sah aber mindestens zehn Jahre älter aus.

»Ja, jetzt erkenne ich dich«, ich zeigte auf seinen Beinstumpf: »Wie ist dir das passiert?«

»Im Scheißkrieg an der Ostfront – dabei muss ich noch froh sein, dass ich überhaupt noch leb, von unserer Schulklasse haben im Ganzen vier überlebt. Mit dir sind's jetzt fünf.«

Ich murmelte irgendetwas Bedauerndes. Dann sprach mein ehemaliger Schulkollege Schindlwick die denkwürdigen Worte: »Jetzt frag ich dich: Haben wir das nötig gehabt?«

Ich zuckte die Achseln, kaufte ihm eine Schachtel Zigaretten ab und ging.

Also von fünfunddreißig Buben, die mit mir in der Klasse des Rainergymnasiums saßen, lebten nur noch fünf. Einer von ihnen mit einem Bein. Eine Bilanz des Schreckens. Der Jahrgang 1922 wurde arg mitgenommen. Etliche »Idealisten« meldeten sich schon 1939, siebzehnjährig, als Freiwillige. Der Rest kam 1941 neunzehnjährig an die Ostfront. Die jungen Menschen wurden zwar als Soldaten ausgebildet, waren aber in der Regel viel zu jung, um in Extremsituationen – und ein Krieg besteht fast nur aus Extremsituationen – den Überblick zu bewahren. Sie starben viel zu schnell und viel zu jung.

Wann immer ich einem Menschen meines Jahrgangs begegnet bin, war ich skeptisch. Ich habe kaum irgendwo im deutschen oder englischen Sprachraum Männer meines Jahrgangs getroffen, deren Mentalität unversehrt geblieben ist. Das schließt auch mich ein. Zwar versuchte ich, zu vergessen, wo immer es möglich war, aber manchmal gelang es mir nicht. Besonders in den ersten Jahren nach meiner Rückkehr hatte ich Hemmungen, Menschen in Wien zu akzeptieren. Immer wieder musste ich mich fragen, wie der Mensch die Kriegsjahre verbracht haben, wie viele Menschenleben er ausgelöscht haben, wie viel Verrat er an sich und seinen Mitbürgern begangen haben mochte und wie er mit seinem Gewissen leben konnte.

Ein seltsames Gedankenspiel spielte ich damals mit mir selbst: Ich stellte mir vor, ich sitze in einem Kaffeehaus, und am Nebentisch sitzt der Mann, der meine Eltern getötet hat. Ich habe auf meinem Tisch einen Knopf, auf den ich nur drücken müsste, um den Menschen am Nebentisch zu vernichten. Würde, nein, könnte ich auf den Knopf drücken? Ich weiß, dass ich es nicht zustande gebracht hätte. Und das wäre nicht Feigheit oder eine Hamletsche Unentschlossenheit, sondern schlicht Respekt vor dem menschlichen Leben.

Ich bin seit jeher ein Gegner der Todesstrafe. Auch als nach den Nürnberger Prozessen etliche Naziverbrecher aufgehängt wurden, war ich gegen die Todesstrafe. Lebenslängliche Zwangsarbeit unter ähnlichen Bedingungen, wie sie ihren Opfern in den Konzentrationslagern zugemutet wurden, wäre nach meiner Ansicht eine gerechtere Strafe gewesen.

Aber ich bin es seit jeher gewohnt, mit meinen Ansichten zwischen den Stühlen zu sitzen, und das ist vermutlich in unserer Zeit der einzig richtige Platz für einen anständigen Menschen. Und ich habe mich immer bemüht, ein solcher zu sein.

ZURÜCK ZUR CHRONOLOGIE: Ich pendelte zwischen der »Marietta-Bar« und dem Sender Rot-Weiß-Rot und war an beiden Orten recht erfolgreich. Ich schrieb einige Lieder, die über den Rundfunk ausgestrahlt wurden, eines davon war sogar von Joseph M. Sills getextet worden, was zur Folge hatte, dass mein Prestige im Sender beträchtlich anstieg; und das, obwohl der Text gar nicht wirklich gut war. Das Lied, das mir vor meinem alten Gymnasium eingefallen war, wurde von einer damals sehr populären Diseuse gesungen und kam beim Publikum sehr gut an. Natürlich hätte ich von meinen Kompositionen nicht leben können, aber ich hatte einen Fuß in der Tür.

Dann kam der Sommer. Im Sender wurde mir gesagt, dass während der Sommermonate nichts produziert werde, auch die »Marietta-Bar« wurde in dieser Zeit geschlossen. Ich war auf einmal arbeitslos und zweifelte, ob es nicht doch ein Fehler gewesen war, nicht nach London zu gehen.

Ich stand gerade im Begriff, meinen Freunden in London zu schreiben, da erhielt ich das Angebot, im damals nobelsten Nachtlokal namens »Casanova« als Pianist aufzutreten. Die Gage war besser als erwartet, also sagte ich zu. Das wurde mein Einstieg in das Wiener Nachtleben. In der »Marietta-Bar« musste ich zwar auch nachts Klavier spielen, aber das war ein Familienlokal. Ohne Bardamen, Eintänzer, Separées und Schwarzhändler im Publikum.

Im »Casanova« traten allerlei Zauberer, Jongleure, Akrobaten, Equilibristen, (was immer das sein mag) und Tänzerinnen auf, die ich als Pianist eines Sechsmannorchesters zu begleiten hatte. Als Höhepunkt des Abends kam noch eine so genannte »Schönheitstänzerin« dazu. Mit dieser euphemistischen Bezeichnung wurden damals Damen tituliert, die nie im Leben Tanzen gelernt hatten, als Ausgleich jedoch willens waren, ihren Busen unverhüllt zur Schau zu stellen. Heute würde man einfach »Stripperin« zu so einer Dame sagen und zur Tagesordnung übergehen. Damals aber galt das noch als höchst anrüchige Sensation.

Die diesbezügliche Dame unseres Ensembles nannte sich »Phryne«, was ihr gutes Recht war. In Wirklichkeit trug sie irgendeinen polnischen Namen. Sie war nicht mehr die Jüngste, auch nicht die Zweitjüngste, ihr Busen jedoch konnte sich sehen lassen, und das tat er auch. Allabendlich mindestens zweimal.

Phryne fiel aber auch anderweitig aus dem Rahmen des üblichen Programms, denn sie legte Wert darauf, ihre Schönheitstänze zu klassischer Musikbegleitung zu vollführen. Christian Sindings »Frühlingsrauschen« war eine ihrer Paradenummern. Das machte mir keine Mühe, weil ich dieses Werk irgendwann in meiner Kindheit zu spielen gelernt hatte. Eines Tages aber kam sie auf die Schnapsidee, ein Nocturne von Chopin vortanzen zu wollen, was zur Folge hatte, dass ich ernsthaft Klavier üben musste. Zu allem Überfluss hatte sie auch noch Sonderwünsche, von denen der arme Frédéric Chopin nichts hatte ahnen können. So musste ich etwa an gewissen Stellen, wenn sie ihre riesigen Pfauenfedern vom Busen abhob, ein unmotiviertes Ritardando einflechten, bei gewissen Drehungen musste ich ebenso unmotiviert schneller werden, und als ob das alles nicht genügt hätte, musste ich an einer bestimmten Stelle Blickkontakt zu ihr suchen, denn wenn ihr das Publikum nicht zusagte, dann hatte ich das letzte Drittel des Nocturnes zu überspringen und gleich auf den Schluss zuzugehen. In solchen Fällen pflegte sie den Musikern während ihrer Darbietung zuzuraunen: »Heute wollen sie mich alle am Arsch lecken, die Schweine – aber ich lass sie nicht!« Sie war eben eine sehr empfindsame Künstlerin, die Phryne.

Am Abend der Premiere hatte ich die Stelle vergessen, an der ich den besagten Blickkontakt suchen sollte, daher wollte ich kurz vor ihrem Auftritt in ihre Garderobe gehen, um die Szene abzusprechen. Ich klopfte zwar an ihre Tür, trat aber gleich ein, denn die Zeit drängte. Eine Schrecksekunde lang sah ich das Hinterteil der nackten Phryne, die gerade im

Begriff war, sich ihre Stöckelschuhe anzuziehen. Sie stieß einen Schrei des Erschreckens aus, und ich schloss, mindestens ebenso erschreckt, die Tür von außen. Gleich darauf hörte ich die Stimme der Künstlerin: »Wer war das?!« Ich nannte verlegen meinen Namen. Darauf sagte sie: »Ach so, komm nur herein, ich hab geglaubt, es ist ein Mann.«

UM DAS KAPITEL »Casanova« abzuschließen, muss ich noch die Geschichte erzählen, die mich bewog, aus dem seltsamen Nachtleben wieder auszuscheiden. Irgendwo in den Weichteilen des Lokals gab es die Separées. Sie wurden von den Animierdamen als »Bleibergwerk« bezeichnet – und das nicht durch Zufall, denn die »Arbeit« im Separée war kein Honiglecken.

Eine der Animierdamen erklärte mir auch den Grund:

»Wenn ein Gast mit einem Mädel ins Separée geht, dann stimmt etwas nicht mit ihm: ein anständiger Mensch zwickt sich am Strich eine Hur auf, geht mir ihr ins Stundenhotel, zahlt, erledigt sein Geschäft und geht nach Haus zu seiner Alten. Aber einer, der im Separée galante Konversation führen muss, für den Champagner dreimal soviel bezahlt, als die Hur am Strich verlangt, der ist entweder ein Trottel oder er ist pervers oder impotent. Meistens ist er alles zusammen!«

Im Allgemeinen hatten wir Musiker keinen wie immer gearteten Kontakt zu den Geschehnissen in den Separées. Mit einer denkwürdigen Ausnahme, die ich dem hoffentlich geneigten Leser nicht vorenthalten möchte.

Das Sechsmannorchester des »Casanova« wurde von einem so genannten »Stehgeiger« geleitet, Wie schon der Name sagt, musste ein solcher den ganzen Abend lang stehen, während die übrigen Musiker sitzen durften. Dafür hatte der Stehgeiger ein gewaltiges Prestige in der Halbwelt des »Casanova«. Er wurde kaum jemals mit seinem bürgerlichen Namen angesprochen, sondern immer nur mit einem Titel. Dieser pendelte völlig unberechenbar zwischen »Herr

Professor«, »Herr Kapellmeister« oder einem schlichten »Maestro« hin und her.

In Wirklichkeit hieß er Herbert Mitheis. Er war ein gut aussehender Gauner um die Fünfzig, der es wohl verstand, einen Frack zu tragen, seine weiße Künstlermähne effektvoll zur Schau zu stellen sowie Damen aller Altersklassen zu verführen.

Zwischendurch spielte er auch Geige, und wenn man genau hinhörte, konnte man ahnen, dass er irgendwann die Chance gehabt hätte, ein brauchbarer Musiker zu werden. Eine Chance, die er leider nicht genutzt hatte. Aber für die Gäste des »Casanova« spielte er gut genug. Wenn hin und wieder etwas zu spielen war, das über sein Können hinausging, dann begann er einfach zu dirigieren, was dem Publikum ohnehin mehr imponierte, als wenn er nur gegeigt hätte.

Die wesentlichste Aufgabe des Maestro aber war das so genannte »Anstrudeln« der Gäste nach dem offiziellen Show-Programm. Er ging so lange zwischen den Tischen umher, bis er einen möglichst zahlungsfähigen Gast entdeckte, der irgendwelche Sonderwünsche äußerte. Und diesem fiedelte er so lange ins Ohr, bis eine größere Banknote ihren Besitzer wechselte. Nach Arbeitsschluss wurden in Gegenwart aller Musiker sämtliche Taschen des Maestro geleert, und die Beute wurde nach einem wohl durchdachten Schlüssel mehr oder weniger redlich geteilt.

Ein älterer Stammklient unseres Maestros war der so genannte »Schifferlbaron«. Ob er wirklich ein Baron war, das wusste niemand, aber degeneriert war er mindestens für einen Erzherzog. Das »Schifferl« hingegen rührte daher, dass er die Gepflogenheit hatte, die jeweilige Banknote, die er bereit war, für seine musikalischen Wünsche springen zu lassen, zu einem Papierschiff zusammenzufalten, ehe er sich von ihr trennte. Er war fast jeden Abend da, bestellte eine Flasche Sekt, eine Dame sowie etliche alte Schnulzen, die ihm unser Maestro mit ungeheurer Grandezza vorgeigte.

Von der Dame an seinem Tisch nahm er kaum Notiz, er zahlte nur für ihre Getränke, und das genügte ihm.

Eines Abends aber geschah etwas völlig Unvorhersehbares: die Dame, die dem »Schifferlbaron« zugewiesen wurde, entwickelte plötzlich amouröse Ambitionen.

Der »Schifferlbaron« reagierte darauf auf höchst unerwartete Weise: er trug dem Ober auf, den Sekt und die Gläser in ein freies Separée zu übersiedeln, dann reichte er der Dame galant den Arm und folgte dem Ober zum größten Erstaunen aller Stammgäste ins »Bleibergwerk«.

»Wenn das arme Mädel mit dem alten Trottel da drinnen bleiben muss, bis es bei dem so weit ist, dann sehen wir sie nie wieder«, sagte eine der Animierdamen.

Der »Schifferlbaron« aber hatte anderes im Sinn: er ließ unserem Maestro durch den Ober bestellen, dass er den Wunsch habe, Musik im Separée zu haben.

Herbert Mitheis fand es unter seiner Würde, ohne Begleitung zu fiedeln, also bat er mich, ihm auf dem Akkordeon zu assistieren.

Wir betraten den engen Raum und fanden das erwartete Bild vor: der Herr Baron saß in korrekter Haltung am Tisch und sprudelte seinen Sekt, während seine Tischdame gelangweilt daneben saß und versuchte, sexy auszusehen.

»Ich möchte wissen, wozu der Alte das Mädel ins Separée geschleppt hat«, raunte mir der Maestro zu, während er sich vor dem Baron tief verneigte.

Er sollte es bald erfahren. Zunächst ging alles seinen gewohnten Gang. Der Baron begann, eines seiner Banknotenschiffe zu falten, und bestellte den »Mädi-Walzer«, ein zu Recht längst vergessenes Kunstwerk.

Das Schifferl verschwand im Frack des Künstlers, und wir wandten uns dem Ausgang zu.

»Halt!«, befahl der Baron, »wir sind noch nicht fertig miteinander…«

»Haben Herr Baron noch einen Wunsch«, fragte der Maestro mit devoter Verbeugung.

»Jawohl, und zwar einen Spezialwunsch.«

Mit diesen Worten zog er einen Tausender hervor – damals ein ungeheure Summe – und begann, ein Schiff zu falten. Der Maestro verneigte sich fast bis zum Boden und fragte:

»Was darf's denn sein, Herr Baron?«

»Dieses Tausenderschiff, geschätzter Maestro, steht Ihnen zur Verfügung. Allerdings werden Sie mit meiner Gesellschafterin teilen müssen – wie, das ist Ihre Sache.«

»Ich verstehe nicht ganz ...«

»Sie werden gleich verstehen, Verehrtester. Während Sie mir die Toselli-Serenade vorspielen, wird diese junge Dame – darf ich übrigens vorstellen: sie heißt Elvira –, also dieses gefällige Wesen wird an Ihnen eine kunstvolle Fellatio vollführen. Wie sie mir versichert hat, ist sie eine absolute Spezialistin auf diesem Gebiet.«

»Was soll ich vollführen?«, mischte sich die Tischdame ein.

»Du sollst mir einen blasen«, verdeutschte der Maestro dem gefälligen Wesen, dann wandte er sich an den adeligen Gast.

»Aber warum soll ich dazu geigen?«

»Es war immer schon mein geheimer Wunsch«, erklärte der Musikfreund, »einem Geiger zu lauschen, der die Sinnlichkeit nicht simuliert, sondern wirklich erlebt.«

Herbert Mitheis warf einen sehnsüchtigen Blick auf das Tausenderschifferl, dann fragte er: »Ist die Dame einverstanden?«

»Die Dame kann es kaum erwarten«, versicherte der Gast, der, einem weit verbreiteten Aberglauben zufolge, immer Recht hat.

»Also dann ...«, der Maestro seufzte tief, dann wandte er sich verlegen an mich:

»Könntest du mich nicht vielleicht von draußen begleiten?«

Ich konnte. Etliche Takte lang klang die Toselli-Serenade so wie immer. Nicht unbedingt, wie sie Enrico Toselli komponiert hatte, aber zumindest so, wie sie unser Maestro normalerweise zu spielen pflegte.

Dann aber setzte eine interessante Metamorphose ein. Er begann mitzusingen, wobei der Gesang nach und nach in ein unkontrolliertes Stöhnen überging, in das die gefällige Elvira aus voller Kehle mit einstimmte. Auch das Saitenspiel des Maestro wurde immer unkontrollierter, bis es ganz aussetzte.

»Weiterspielen!«, kommandierte der Schifferlbaron, »ohne Musik kein Geld!«

Die Geige ertönte wieder, wenn auch ziemlich verwahrlost.

»So ist es brav«, ließ sich der Herr Baron vernehmen, »nur ja nicht aufhören, ich möchte endlich einmal in der Praxis erleben, was ein orgiastischer Klang ist.«

Er sollte ihn bald zu hören bekommen. Es war ein scheußliches Gekratze auf der Geige, begleitet von diversen »Ahs« und »Ohs« der beiden Protagonisten.

Und ich stand draußen und begleitete auf dem Akkordeon den ganzen Vorgang bis zum bitteren Ende.

Kurz danach kam mein Kapellmeister aus dem Separée hervor, strich sich die Kleidung zurecht, seufzte tief und sagte: »Jetzt weiß ich endlich, was ein Stehgeiger ist.«

Nach Arbeitsschluss gab es noch eine längere Diskussion zwischen dem Maestro und dem gefälligen Wesen. Es ging um den Verteilungsschlüssel des Tausenders. Jeder der beiden Kontrahenten behauptete, den wesentlicheren Teil der Arbeit getan zu haben. Die Diskussion ging allmählich in wüste Verbalinjurien über. Den Ausgang der Streiterei habe ich nicht abgewartet. Ich ging zum Geschäftsführer und kündigte.

Ich beschloss, dem Wiener Nachtleben für immer fernzubleiben.

Dem Nachtleben fernbleiben? Es gelang mir, wenn auch nicht ganz.

Ein Stockwerk unter der »Casanova-Bar« gab es eine

Bühne, auf der Revuen mit leichtgeschürzten Damen und Komikern aufgeführt wurden. Einmal sah ich mir eine solche Revue an und stellte fest, dass das nicht mein Geschmack war. Doch ich musste widerwillig gestehen, dass mir die Musik gefiel. Ich sah ins Programmheft und las dort zum ersten Mal den Namen Peter Wehle. Einige Tage danach lernte ich ihn kennen. Er war ein klein gewachsener, quirliger Mensch, der ständig in Bewegung zu sein schien. Ich machte ihm Komplimente für seine Musik, doch er wehrte ab: »Das ist Routinearbeit. Fürs ›Casanova‹ genügt es. Aber eigentlich habe ich etwas anderes vor.«

»Was, zum Beispiel?«

»Ich möchte mit einigen Kollegen ein kleines Ensemble gründen und damit auf Tournee gehen.«

»Was wollen Sie in dem Ensemble machen?«

»Erstens Lieder schreiben, zweitens Klavier spielen und drittens dazu singen.«

»Interessant«, sagte ich, »das ist ziemlich das Gleiche, was auch ich tun möchte.«

»Sie schreiben auch Lieder?«

»Ja, wenn man mir Aufträge gibt und wenn mir was einfällt.«

»Da sind wir ja eigentlich Konkurrenten!«

»Stimmt.«

»Dann frag ich mich, warum ich eigentlich so freundlich bin zu Ihnen.«

So ungefähr verlief unser erstes Gespräch. Kurz danach erhielt ich vom Sender Rot-Weiß-Rot den Auftrag, die musikalische Leitung bei einer großen Unterhaltungssendung zu übernehmen. Dabei hatte ich nicht nur einiges zu komponieren, sondern auch Lieder von anderen Komponisten zu instrumentieren. Ich sah mir die Lieder durch, die ich bearbeiten sollte. Sie waren meist unter dem Durchschnitt. Dann aber fiel mir ein Lied auf, das wirklich gut war. Ich sah nach, von wem es stammte, und las wieder den Namen Peter Wehle.

Da es eine gute Komposition war, gab ich mir Mühe dabei. Peter Wehle erschien bei der Aufnahme, hörte, was ich aus seiner Melodie gemacht hatte, und bedankte sich: »Für einen Konkurrenten so ein schönes Arrangement zu schreiben – Respekt!«

»Es war auch eine schöne Melodie, die Ihnen da eingefallen ist.«

»Was halten Sie davon, häufiger mit mir zusammenzuarbeiten?«

»Sehr viel. Da bräuchten wir nicht mehr Konkurrenten sein.«

»Also Servus, Gerhard!« Er hielt mir seine Hand hin, ich schlug ein und sagte: »Servus, Peter! Womit fangen wir an?«

»Komm morgen zu mir – es wird uns schon was einfallen.«

Ich kam, und es fiel uns erstaunlich viel ein. In den nächsten achtunddreißig Jahren schrieben wir gemeinsam über zweitausend Lieder. Zu unserem letzten gemeinsamen Lied diktierte er mir den Text durch das Telefon. Dann sagte er: »Geh, schreib das allein fertig, ich fühl mich heute nicht gut.« Eine Stunde später erlitt er einen Gehirnschlag, dem er eine Woche später erlag. Das war 1986. Er fehlt mir sehr, der Peter Wehle. Er war mehr als ein Kollege, mehr als ein Partner. Er war mein Freund.

IM HERBST DIESES JAHRES arbeitete ich wieder in der »Marietta-Bar« und im Sender Rot-Weiß-Rot. Mein Publikum vergrößerte sich zusehends. Ich schrieb einige neue, komische Lieder, die ich selbst vortrug. Nicht etwa, weil ich so eine schöne Gesangsstimme hatte, ich trug sie selbst vor, weil kein anderer diese Lieder singen wollte.

Ein Mann von einer großen Schallplattenfirma tauche eines Abends in der Bar auf, hörte mir aufmerksam zu und fragte mich, ob ich schon einmal Plattenaufnahmen gemacht hätte.

Ich verneinte.

»Na, hätten Sie vielleicht Lust, einmal so etwas zu versuchen?«

Natürlich hatte ich Lust. Er lud mich in sein Büro ein, um die Details zu besprechen. »Also, spielen Sie mir einmal vor, was Sie alles anzubieten haben.«

Ich spielte ihm etliche komische Lieder vor. Seine Reaktion war: »Nein, das ist alles zu kabarettistisch, das verkauft sich nicht gut.«

Also spielte ich ihm einige Schnulzen vor, die ich zwischen Tür und Angel geschrieben hatte.

»Ja!«, sagte der Fachmann, »das ist es! Das nehmen wir auf.«

Eines der beiden Lieder war ein Schmachtfetzen mit dem Titel »Muss Liebe schön sein«, und das zweite war ein dümmlicher Foxtrott mit dem Text »Mein schwaches Herz erlaubt es nicht, dass man mit mir von Liebe spricht«.

Als ich meine Zweifel äußerte, wurde ich belehrt, dass ich ein Neuling in der Branche sei, wohingegen er seit Jahren Schallplatten produziere und wisse, was das Publikum hören wolle. Ein Laie darf bekanntlich nicht mit einem Fachmann streiten, also gab ich nach.

Ich suchte mir einen Gitarristen und einen Bassisten, mit denen ich die beiden Lieder einstudierte. Einige Tage danach wurden wir in das Tonaufnahmestudio beordert. Dort empfing mich ein älterer Tonmeister mit einer Aufnahmeapparatur, die noch aus den dreißiger Jahren stammte. Als er mich die Anlage misstrauisch begutachten sah, sagte er unwirsch: »Schaun's nicht so blöd! Das ist noch echte Vorkriegsqualität.«

Sogar der bescheidene Soldatensender in Haifa hatte modernere Apparaturen. Es gab kein Magnetophon in diesem Schallplattenstudio, es wurde dort noch auf Wachsmatrizen aufgenommen.

Wir probten die beiden Nummern, der Tonmeister hörte sich meinen Gesang mit Kopfhörern an, dann verkündete er: »Sie wissen ja, bei jedem Fehler, den einer von euch macht, muss ich eine Matrize wegwerfen. Wir nehmen zwei Nummern auf, daher investiere ich in Ihr G'sangel vier kostspielige Wachsmatrizen. Wenn die verbraucht sind, schmeiß ich euch raus!«

Das nenne ich gute Stimmung im Studio verbreiten. Dementsprechend unsicher begannen wir zu spielen. Nicht etwa auf den Vortrag bedacht, sondern nur darauf, keinen Fehler zu machen. Die langsame Nummer »Muss Liebe schön sein« spielten wir ohne Fehler durch, und der Tonmeister sagte: »Geht in Ordnung, das bleibt so!«

»Könnte ich das einmal anhören?«, fragte ich schüchtern.

»Zu was? Wenn ich sag, das bleibt so, dann bleibt es so!«

Auch die schnelle Nummer wurde vom Fachmann nach der ersten Aufnahme akzeptiert. Ich kam mir sehr gut vor, bedankte mich bei meinen Kollegen und ging stolz nach Hause. Einige Wochen später rief mich der Produzent an und fragte mich, ob ich die erste Probepressung meiner neuen Platte hören wolle.

»Natürlich«, rief ich erfreut und eilte in sein Büro. Er legte stolz die Platte auf, und ich hörte sie schweigend an.

»Na, wie gefällt's Ihnen?«, fragte er, überzeugt, eine begeisterte Antwort zu erhalten.

Ich sagte ihm nicht, dass ich die Platte furchtbar fand, ich redete belangloses Zeug, um ihn nicht zu kränken. Die Aufnahmequalität war ebenso aus den dreißiger Jahren wie die Apparatur, mit der sie aufgenommen wurde. Meine Stimme klang verzerrt, Bass und Gitarre waren kaum zu hören, dazu kam noch, dass mir die beiden Lieder von vornherein nicht gefallen hatten.

»Sie werden sehen, mein Lieber, das wird ein Verkaufsschlager!«, versicherte mir der Fachmann. Ich bedankte mich höflich und ging. Nach einem halben Jahr bekam ich die Abrechnung. Von meiner ersten Platte wurden insgesamt 104 Stück verkauft. Das hat man davon, wenn man sich auf Fachleute verlässt.

IM JAHR 1949 hatte ich meine erste Begegnung mit dem echten Wiener Kabarett. Für das »Kleine Haus der Josefstadt«, heute befindet sich dort das »Theater im Zentrum«, schrieb Hans Weigel ein neues Programm mit dem Titel »Abziehbilder«. Es war gerade kein Pianist aufzutreiben gewesen, der auch komponieren und arrangieren konnte, also schlug Hans Weigel mich vor. Ich nahm das Angebot an, ohne nachzudenken. Ich erkundigte mich nicht einmal nach der Gage, so sehr war ich darauf erpicht, diesen Job anzunehmen. Und das war gut so, denn in dem Ensemble befanden sich einige Leute, von denen ich wirklich gelernt habe, was mit gutem Kabarett alles zu bewerkstelligen ist.

Der Titel »Abziehbilder« bezog sich auf den Abzug der alliierten Beatzungstruppen, der zwar immer wieder in Aussicht gestellt wurde, aber nicht stattfand. Das Finale der Show war ein parodistisches Requiem, ausgehend von der Annahme, dass die Besatzungstruppen endlich abgezogen seien, und die Kabarettisten trauerten, weil sie nun niemanden mehr beschimpfen könnten.

Dieses Requiem zu komponieren, war eine echte Aufgabe für mich. Ich studierte zunächst das Requiem von Mozart, dann das von Verdi. Ich entlieh diesen Werken zwar keine Melodien, versuchte aber, den Stil zu imitieren. Das Ergebnis war überraschend. Alexander Steinbrecher nach der Premiere zu mir: »Diese Komposition hätte sich eigentlich einen Text verdient, der auch noch in zwanzig Jahren aktuell sein könnte.«

Ein solches Kompliment von einem Großmeister dieses Gewerbes machte mich nicht nur stolz, sondern auch glücklich. Hans Weigel hingegen, der den Text des Requiems verfasst hatte, war weniger zufrieden. Er sagte: »Das hast du brav komponiert, aber deine Musik lenkt zu sehr von meinem Text ab!«

Und somit habe ich wieder was gelernt. Wenn man einen Text vertont, dann soll man es so tun, dass der Text besser zur Geltung kommt. Das klingt gut, aber wie stellt man es an? Soll man einen wirklich guten musikalischen Einfall verwerfen, nur damit man nicht vom Text ablenkt? Soll man den zweit- oder drittbesten Einfall verwenden? Bertolt Brecht hat sich einmal darüber beklagt, dass die melodischen Einfälle Kurt Weills von der Aussage seiner Texte ablenkten. Daher ließ er seine späteren Bühnenwerke nicht mehr von Weill, sondern von Hanns Eisler oder Paul Dessau vertonen. Mit dem Erfolg, dass diese Lieder völlig vergessen sind, während die Weill-Vertonungen der Brecht-Lieder Klassiker wurden. Ich versteigere mich sogar zu folgender Behauptung: so wie Hugo von Hofmannsthal für künftige Generationen nur noch als Librettist von Richard Strauss überleben wird, so wird Brecht nur noch als Texter der Kurt-Weill-Songs bekannt bleiben. Gute Musik hat nämlich ein zäheres Leben als Texte.

Halt! Ich merke gerade, dass ich ins Fachsimpeln gerate, daher schleunigst Themenwechsel!

IN DIESEM JAHR machte ich noch eine bedeutende Bekanntschaft. Eines Abends ging in der »Marietta-Bar« die Tür auf, und herein kam der britische Schauspieler Trevor Howard. Wir kamen ins Gespräch, er war froh, in der für ihn fremden Stadt einen Menschen getroffen zu haben, der mit ihm Englisch sprechen konnte, er setzte sich zu mir ans Klavier, ich spielte ihm seine Lieblingslieder vor, und nach einer Stunde waren wir Freunde. Ich fragte ihn, was er in Wien machte, und er sagte, dass er an irgendeinem Krimi mitwirkte, dessen Arbeitstitel »The Third Man« wäre.

Das Buch sei von Graham Greene, den er sehr schätzte, aber was der für diesen Film zusammengebraut hätte, das gefiel ihm überhaupt nicht. Doch er tröstete sich mit dem Gedanken, dass man nicht immer nur bei Filmklassikern mitmachen kann. Man müsste froh sein, wenn man regelmäßig ein Engagement bekäme.

Er kam fast jeden Abend, manchmal brachte er Kollegen

aus seiner Filmcrew mit, so lernte ich Alida Valli kennen, einmal kam sogar Carol Reed, der Regisseur, etliche Techniker kamen, nur Orson Welles kam nie, denn Trevor Howard und Orson Welles konnten einander nicht leiden. Der Mann, mit dem Trevor Howard am liebsten zusammensaß, war ein älterer Journalist namens Nigel Hearns, der für die PR zuständig war. Und jetzt beginnt das, was ich eigentlich erzählen will: Eines Abends kam Howard mit seinem Freund Hearns in die Bar, ich hatte gerade Pause und setzte mich zu den beiden. Es fiel mir auf, dass Nigel an diesem Abend besonders schlecht gelaunt war, daher fragte ich ihn, ob irgendetwas Besonderes passiert wäre.

»Und ob!«, rief er, »Unser faschistischer Regisseur (er meinte Carol Reed) ist total verrückt geworden. Gestern war er in irgendeinem Gartenlokal, wo dieser saure Wein ausgeschenkt wird (er meinte einen Heurigen), und dort hörte er einen Musiker, der auf so einem Brett mit Saiten gespielt hat (er meinte eine Zither), und jetzt will er den ganzen Film nur von diesem einen Instrument musikalisch untermalen lassen. Das halte ich für blanken Wahnsinn! Mir könnte es ja egal sein, weil ich mir den Film ohnehin nicht ansehe, aber der blöde Kerl verlangt von mir, dass ich für dieses unmögliche Instrument eine internationale Werbekampagne starten soll. Wenn ich das hinter mir habe, suche ich mir einen anderen Beruf!«

Der Zitherspieler, den Carol Reed beim Heurigen verpflichtete, hieß Anton Karras, und er wurde mit dieser einen Filmmusik ein reicher Mann. Von Nigel Hearns hat man nie wieder gehört. Ich kann nur hoffen, dass er in seinem neuen Beruf etwas mehr Weitsicht entwickeln konnte.

MEIN ZUNÄCHST so gutes Verhältnis zu den Besitzern der »Marietta-Bar« kühlte allmählich ab. Der Grund war ein seltsamer: Da immer mehr Gäste in das Lokal kamen, um mich zu hören, stellte ich höhere Gagenforderungen. Kurt

Mackh, der Chef, machte mir daher folgenden Vorschlag: Ich sollte zehn Prozent vom Umsatz erhalten statt einer höheren Gage. Ich war einverstanden. Doch es ergab sich bei der ersten Abrechnung ein unerwarteter Haken: Das Geschäft florierte so sehr, dass mein lieber Chef sein Angebot zurückzog, denn meine Gage wäre bei einer zehnprozentigen Beteiligung seiner Ansicht nach ins Blitzblaue gestiegen. Er bot mir nun zwar einiges mehr an, als ich vorher bekommen hatte, aber der Wortbruch ärgerte mich so sehr, dass ich kündigte.

Ich war nur ein paar Tage arbeitslos, denn ich erhielt ein Angebot des Besitzers der »Sansibar«. Dort traten wirkliche Stars auf, Künstler wie Hans Moser, Hermann Leopoldi, Hans Lang, Maria Andergast und viele andere, deren Namen heute nicht mehr so geläufig sind. Der Besitzer wollte mich als Klavier spielenden und singenden Conférencier verpflichten, der über jeden auftretenden Star ein einleitendes Lied zu singen hatte. Das reizte mich natürlich, und ich sagte zu. Ich schrieb einige musikalische Conférencen, die sehr gut ankamen.

Als Hermann Leopoldi meine für ihn geschriebene Conférence zum ersten Mal hörte, sagte er: »Hörst, die Einleitung von dir ist so gut, dass ich direkt Angst hab, nach dir abzustinken!«

Überflüssig zu vermerken, dass er nicht »abstank«. Aber es ergab sich aus seinem schmeichelhaften Eröffnungsgambit eine Freundschaft, die bis zu seinem Tode anhielt. Wenn mir damals, in meinen finsteren Favoritner Kindertagen, jemand prophezeit hätte, dass ich einmal mit meinem Idol nicht nur gemeinsam auftreten, sondern auch noch mit ihm per Du sein würde, ich hätte ihn vermutlich für verrückt erklärt.

Der Hermann, der ursprünglich nicht Hermann, sondern Herschel hieß und natürlich nicht Leopoldi, sondern Kohn, wurde einer meiner wichtigsten Lehrmeister. Er brachte mir Grundbegriffe seines Berufes bei, die ich bis an mein Lebensende beherzigen werde:

Auch wenn das Publikum einmal nicht mitgehen sollte, ignoriere das. Du kannst nie wissen, ob in der vermiesten Menge nicht vielleicht ein Hollywood-Agent sitzt, dem es besonders gut gefällt, was du machst.

Beim Vortrag immer lächeln. Und wenn du was Ernstes singst, distanziere dich vom Ernst. Denk immer daran, dass dein Publikum Geld ausgibt, um unterhalten zu werden.

Wenn du ein Lied singst, behalte im Auge, dass du den Text zwar auswendig kennst, aber deine Zuhörer nicht. Sie müssen jedes Wort verstehen können, daher nie zu schnell werden beim Vortrag.

Das Wichtigste: egal, wie gut du Klavier spielst, spiele niemals lauter, als du singen kannst. Wenn die Leute einen Pianisten hören wollen, dann kommen sie nicht zu dir, sondern zum Horowitz. Am Klavier bist du nur dein Begleiter, und den darfst du nicht so wichtig nehmen.

Wenn du etwas komponierst, versuche immer volkstümliche Musik zu schreiben. Für ernste Musik ist der Strawinsky da oder der Bartók. Wenn du mit denen konkurrieren willst, wünsch ich dir viel Glück, aber ich kann dir jetzt schon versprechen, du wirst es nicht haben. Die zwei haben es auch nicht.

Er gab mir eine Reihe weiterer Ratschläge, die ich nicht befolgte:

»Nimm dir beizeiten eine Gesangspartnerin, mit der du zusammenlebst.«

»Warum?«, wollte ich wissen.

»Weil du mit der deine Gage teilst.«

»Welchen Vorteil hat das?«

»Ein blöde Frage! Wenn du, so wie ich, regelmäßig dein Geld beim Rennen verlierst, dann hast du daheim eine wohlhabende Frau, die dich standesgemäß erhalten kann.«

»Also bei mir hat das keinen Sinn: Erstens spiel ich nie um Geld, zweitens bin ich schon verheiratet.«

»Deine Frau kann doch mit dir auftreten!«

»Leider nein, sie ist völlig unmusikalisch«.

»Was, sie kann überhaupt keinen richtigen Ton singen?«

»Leider.«

»Wie alt warst du, als du sie geheiratet hast?«

»Achtzehn.«

Hermann Leopoldi schüttelte den Kopf und sagte: »Und ich hab dich für einen gescheiten Burschen gehalten.«

Ich befolgte Hermanns Ratschläge nur teilweise. Ich suchte mir eine Gesangspartnerin. Nicht um mit ihr zu leben, sondern um mit ihr zu singen. Ich erinnerte mich an jene Diseuse, die mein erstes, in Wien entstandenes Lied gesungen hatte, »Manchmal glaub ich an Wunder«, sie hieß Liane Augustin. Ich fragte sie, ob sie mit mir einige Duette einstudieren möchte. Sie sagte zu und wurde meine erste Partnerin.

Ich arrangierte einige damals aktuelle Schlager zu unserem Gebrauch, dann aber fragte sie mich, ob ich nicht vielleicht etwas Neues für uns schreiben könnte. Ich schrieb ein nettes Chanson, »Die zehn Gebote der Liebe«, das in der »Sansibar« sehr gut ankam. Dann suchte ich nach einer Nummer für die Rückseite der Platte und fand keine. Doch da kam mir wieder einmal der Zufall zu Hilfe.

Eines Abends tauchte im Lokal ein gut aussehender älterer Herr auf, der unseren Darbietungen aufmerksam zuhörte. Als unser Auftritt beendet war, kam ein Kellner zu mir und sagte: »Der Herr am Fünfertisch möchte, dass du an seinen Tisch kommst.«

Es war der aufmerksame Zuhörer, der mich sprechen wollte. Er begrüßte mich freundlich und stellte sich vor. »Mein Name ist Fritz Rotter, vielleicht haben Sie schon einmal von mir gehört.«

Ich nickte. Natürlich hatte ich von ihm gehört. Er schrieb zum Beispiel in den späten zwanziger Jahren den Welterfolg »Ich küsse Ihre Hand, Madam«, und viele andere Klassiker der deutschen Schlagerliteratur.

»Der Grund, warum ich Sie an meinen Tisch gebeten habe«, setzte er fort, »ist folgender: Ich habe einen Text geschrieben, der nach meiner bescheidenen Ansicht wirklich gut ist, aber kein Mensch will ihn singen.«

»Warum nicht?

»Ich weiß es nicht. Vielleicht ist er zu gut oder zu realistisch oder zu kitschig, wer kann schon seine eigenen Texte objektiv beurteilen?«

»Kann ich den Text sehen?«

»Dazu habe ich Sie ja hergebeten.«

Er reichte mir ein Papier, und ich las: »Ich hab mich so an dich gewöhnt / An die Art, wie du beim Küssen deine Augen schließt / Und mir dennoch, ach so tief in meine Seele siehst …« Und so weiter. Ich wagte nicht zu entscheiden, ob der Text zu gut oder zu kitschig sei, ich sagte einfach: »Wenn Sie mir dieses Lied anvertrauen wollen, werde ich es mit meiner Partnerin aufnehmen.«

»Einverstanden«, sagte Fritz Rotter. Wir besiegelten die Sache mit einem Handschlag, und ich hatte die gesuchte Rückseite – dachte ich. Aber es wurde keine Rückseite, sondern ein Evergreen. Ich machte ein Duett aus der Nummer, nahm sie mit Liane Augustin auf, und das Lied wurde ein Hit. Wir verkauften in Österreich und Deutschland über hunderttausend Platten. Meine »Zehn Gebote der Liebe« wurden die gerade noch geduldete Rückseite der Platte. Zum ersten Mal in meiner Karriere spürte ich den zarten Duft eines großen Erfolges. Das Lied wurde anschließend von vielen deutschen Schlagerstars nachgesungen, und Fritz Rotter sagte: »Auf meine Nase konnte ich mich immer schon verlassen!«

Wir haben uns noch öfter getroffen. Immer wieder zeigte er mir neue Texte, aber es war keiner darunter, der mich inspirierte. Rotter war nicht zu entmutigen: »Hören Sie zu, Bronner, Sie singen doch immer gerne so komische Texte. Wie gefällt Ihnen die Zeile: ›Ein kleines Guthaben muss jeder Jud haben‹ …«

»Sehr komisch«, sagte ich, »aber wie geht das weiter?«

»Weiter müssen Sie es schreiben, ich schenk Ihnen nur die Anfangszeile!«

»Danke«, sagte ich, »ich werde darüber nachdenken.«

Natürlich dachte ich nicht darüber nach, denn auch wenn es mir gelungen wäre, die Zeile gut weiterzuführen – wem hätte ich das Lied vorsingen können? Fünf Jahre nach dem Holocaust.

Fritz Rotter war schon betagt, als ich ihn kennen lernte. Daher ließ sein Gedächtnis nach. Wann immer wir einander in den kommenden Jahren trafen, sagte er: »Bronner, ich habe eine wunderbare Zeile für Sie, wie gefällt Ihnen das: ›Ein kleines Guthaben muss jeder Jud haben …‹ das sollten Sie ausarbeiten!«

Ich habe die Zeile nie »ausgearbeitet«. Ich verzieh dem Fritz Rotter auch seine senilen Anwandlungen, schließlich habe ich ihm meinen ersten wirklichen Erfolg zu verdanken.

UNSERE PLATTE wurde sehr oft im Rundfunk gespielt, sie wurde sogar eherner Bestandteil der diversen Wunschkonzerte, und das hatte zur Folge, dass mich manche Leute mit einem Schlagersänger verwechselten. So rief mich der Bandleader Johannes Fehring an und fragte, ob ich bereit wäre, einige Lieder aufzunehmen, die er mit seinem großen Tanzorchester begleiten würde. Ich sagte sofort zu, und das erwies sich als großer Fehler. Denn die Lieder, die ich da zu singen bekam, waren unterstes Schlagerniveau. Zum Beispiel erinnere ich mich an einen »Eskimo-Samba« mit dem Text: »Jeder Eskimo tanzt schon Samba aber so!« Und gerade dieses schreckliche Lied wurde tagtäglich im Rundfunk getrommelt. Hans Weigel fragte mich: »Was hast du Böses verbrochen, dass du Eskimos besingen musst?«

Ich schämte mich in Grund und Boden, suchte Johannes Fehring auf und fragte, ob ich nicht, quasi zur Rehabilitierung, ein paar Lieder aufnehmen dürfte, die nicht nur dem breiten Publikum, sondern auch mir gefallen.

»Was hast du gegen das breite Publikum?«, fragte er mit Unschuldsmiene.

»Mich stört am breiten Publikum, dass es keinen eigenen Geschmack hat. Die Leute denken sich, wenn die Fachleute im Rundfunk etwas für so gut befinden, dass man es auch ausstrahlen kann, dann muss was dran sein. Auch wenn es in Wirklichkeit beschissen ist!«

»Du findest also den ›Eskimo-Samba‹ schlecht?«

»Ja, und das ist zurückhaltend formuliert.«

Damit endete, vorläufig, meine Zusammenarbeit mit Fehring. Es endete leider auch meine Arbeit in der »Sansibar«. Der Besitzer, der sich nur als Pächter erwies, verschwand plötzlich und hinterließ einen gewaltigen Schuldenberg. Der ganzen Belegschaft hatte er zwei Monate lang keine Gagen, sondern nur Wechsel gegeben, die sich natürlich als wertlos erwiesen. Das gesamte Inventar wurde gepfändet, das Lokal polizeilich geschlossen.

Ich war also wieder einmal arbeitslos. Es war kein Trost für mich, dass auch Hermann Leopoldi zwei Monate lang in einem vollen Lokal gearbeitet hatte, ohne einen Groschen zu sehen. Hans Moser hatte als Einziger den Braten beizeiten gerochen und schon bei der Überreichung des ersten Wechsels gekündigt.

Ich arbeitete zwar noch immer gelegentlich im Sender Rot-Weiß-Rot, aber das war immer nur die Butter aufs Brot. Das Brot war nicht mehr da. Ich war bereit, jede Arbeit anzunehmen, die in irgendeiner Form mit Musik zu tun hatte. Ich dachte an Orchestrieren, Klaviersätze schreiben, mit Sängern korrepetieren, an alles Denkbare dachte ich, nur nicht an Filmmusik. Und dann ohne irgendeine Vorwarnung rief mich der beliebte Volkskomiker Paul Löwinger an. »Der Hermann Leopoldi hat mir erzählt, dass Sie ein brauchbarer Komponist sind. Stimmt das?«

»Ich versuche mein Bestes ...«

Löwinger unterbrach mich: »Würden Sie sich zutrauen, eine Filmmusik zu komponieren?«

»Schon, aber ...«

»Gut, dann kommen Sie morgen Mittag zu mir ins Büro!« Klick, abgehängt.

Ich war pünktlich.

»Also passen Sie auf, lieber Freund: Ich drehe einen Heimatfilm, der wird heißen ›Valentins Sündenfall‹. Da brauche ich ein paar gute Lieder und die ganze Musik, die man immer so im Hintergrund hört. Wissen Sie, was ich meine?«

»Schon, aber ...«, ich wollte ihm sagen, dass ich so etwas noch nie gemacht hätte, aber ich kam nicht dazu.

»Meine Sekretärin wird Ihnen ein Buch mitgeben, und wenn Sie die ersten paar Lieder fertig haben, melden Sie sich bei mir. Auf Wiedersehen!«

Ich stand auf und wollte zur Sekretärin gehen, doch er rief mich noch einmal zurück:

»Als Gage bekommen Sie fünftausend Schilling.«

Ich nickte, ließ mir von der Sekretärin das Drehbuch geben, ging nach Hause und las es. Es war furchtbar. Sämtliche schlechten Klischees aller Heimatfilme waren in dem Buch zu finden. Die Späße, soweit vorhanden, waren nicht nur derb, sondern auch alt, der Handlungsknoten so dümmlich geschürzt, dass es dem Zuschauer egal sein musste, ob und wie er jemals aufgelöst würde.

Trotzdem beschloss ich, die Musik zu dem Film zu schreiben. Denn ich wollte auch das lernen. Und ich dachte mir, dass die Leute, die sich so einen blöden Film ansehen, die Musik überhaupt nicht bemerken würden. Also begann ich zu schreiben. Erst einige Lieder, darunter eines mit einer hübschen Melodie, die sich einen besseren Film verdient hätte. Als ich sie fertig hatte, spielte ich sie Paul Löwinger vor.

»Nicht schlecht«, sagte er, »ich werd mich beim Leopoldi bedanken, dass er Sie empfohlen hat. Wie schaut die Begleitmusik aus?«

»Die habe ich noch nicht geschrieben.«

»Dann tummeln Sie sich, nächste Woche ist schon Drehbeginn.«

Ich wusste, dass ich überfordert war. Ich war nicht imstande, all das in einer Woche zu komponieren und dazu noch den Orchestersatz zu schreiben. Ich rief Johannes Fehring an und fragte, ob er mitarbeiten wolle.

»Was ist das für ein Film?«

»Ein Heimatfilm, ›Valentins Sündenfall‹ mit dem Paul Löwinger«, sagte ich ein bisschen verschämt.

»Aha«, Fehring lachte plötzlich, »der ›Eskimo-Samba‹ war dir zu blöd, aber eine Filmmusik für einen Löwinger-Film hältst du für eine kulturelle Aufgabe.«

»Das nicht, aber ich will etwas lernen bei der Sache«, sagte ich kleinlaut

»Lernen? Von mir vielleicht?«

»Von jedem, der mehr kann als ich.«

»Also gut, ich bin dabei. Komm morgen zu mir.«

Ich kam, und wir schlossen wieder Freundschaft. Eine Freundschaft, die mittlerweile über ein halbes Jahrhundert anhält.

Wir arbeiteten wie die Besessenen. Hin und wieder ging ich in den Schneideraum und sah mir die Muster an. Sie waren, wie nicht anders zu erwarten, zum Steinerweichen. Ich stoppte die Zeit der fertigen Szenen und eilte wieder zu Fehring zurück, der fleißig Partituren schrieb. Wir wurden zu unserem eigenen Erstaunen pünktlich fertig, und ich lieferte die kompletten Noten beim Produzenten ab. Er nahm sie wohlwollend in Empfang, ich wollte schon gehen, da fiel mir noch eine Frage ein: »Was für ein Orchester bekomme ich eigentlich für die Aufnahme?«

»Die Philharmoniker«, sagte er.

»Was für Philharmoniker?!«, wollte ich wissen.

»Blöde Frage. Die Wiener Philharmoniker natürlich!«

»Was?! Für einen simplen Bauernfilm die Wiener Philharmoniker?«

»Natürlich, die sind bei uns im Jahresvertrag, die spielen alles, was wir ihnen vorsetzen.«

Ich war verzweifelt. Wie konnte ich es nur verantworten, diesen kostbaren Klangkörper mit meiner schäbigen Pseudomusik zu belästigen?

Die Aufnahme sollte am kommenden Montag um acht Uhr früh beginnen. Am Sonntag drehte ich mein Radio auf und hörte ein philharmonisches Konzert. Die Wiener Philharmoniker spielten unter der Leitung von Wilhelm Furtwängler die europäische Erstaufführung von Béla Bartóks »Konzert für Orchester«. Ich verbrachte, wie nicht anders zu erwarten, eine schlaflose Nacht.

Montag in der Früh war ich als Erster im Synchronstudio. Ich sah die Orchesternoten nach eventuellen Kopistenfehlern durch, dann studierte ich noch einmal die Partitur, kaute an meinen Fingernägeln und harrte der Dinge.

Die Herren Philharmoniker trudelten langsam ein, setzten sich auf ihre Plätze und harrten ihrerseits der Dinge. Als alle Musiker versammelt und die Noten ausgeteilt waren, fasste ich mir das Herz, das mir vorher in die Hose gerutscht war, betrat das Podium und stellte mich vor: »Meine Herrn Professoren, ich bin der Komponist dieser ... äh ... Filmmusik. Ich kann nichts dafür ... ich meine, den Film hab ich nicht geschrieben ... es ist ein simpler Bauernfilm, und es ist mir peinlich, ein weltberühmtes Orchester mit dieser Musik belästigen zu müssen ... überhaupt nachdem ich gestern im Radio gehört habe, wie Sie das ›Konzert für Orchester‹ von Béla Bartók gespielt haben ...«

Da unterbrach der Konzertmeister Professor Eduard Larisz mein Gestammel mit folgenden denkwürdigen Worten:

»Scheiß di' net an, Burschi! Der Quargel von dir spielt sich viel leichter als der Quargel von gestern!« Das ganze Orchester lachte, mit der Zeit lachte auch ich, und das Eis war gebrochen. Die Aufnahme der gesamten Filmmusik war in sechs Stunden abgeschlossen.

Auf diesem Wege möchte ich, wenn auch um Jahre verspätet, den Wiener Philharmonikern für ihre Geduld und Hilfsbereitschaft meinen aufrichtigen Dank ausdrücken. Ich weiß, den Philharmonikern ist es wurscht, aber mir ist es wichtig.

Das filmische Kulturgut »Valentins Sündenfall« spielte eine Woche lang in einem obskuren Wiener Kino, dann verschwand es – aber nur aus Wien. In der Provinz erwies sich der Film als Riesengeschäft. Er spielte in Österreich und in Bayern nicht nur seine Kosten ein, er brachte den Herstellern sogar einen ansehnlichen Profit.

Ich bekam, wie vereinbart, 5000 Schilling, die ich mit Johannes Fehring teilte. Die Kosten für die Notenkopisten, die die Orchesterstimmen aus der Partitur ausschreiben mussten, teilten wir uns, es blieben Fehring und mir etwa 1200 Schilling über, und das für eine lange, konzentrierte Arbeit. Manchmal bekomme ich noch irgendwelche Groschenbeträge als Tantiemen, wenn der Film in einem Nachtprogramm eines deutschen Fernsehsenders läuft, und dann denke ich mir: »Der Film sollte eigentlich nicht ›Valentins‹, sondern ›Bronners Sündenfall‹ heißen.«

ENGAGEMENT HATTE ICH immer noch keines. Ich schlug mich mit Gelegenheitsarbeiten durch, schrieb schlecht bezahlte Orchester-Arrangements für schlechte Orchester, schrieb Klaviersätze für einen Komponisten, der nicht Klavier spielen konnte, finanziell kam ich irgendwie durch, aber ich langweilte mich entsetzlich. Ich überlegte einige Male, ob ich nicht vielleicht wieder Kontakt mit der »Marietta-Bar« aufnehmen und kleinlaut zurückkehren sollte, aber Kurt Mackh kam mir zuvor. Er rief an: »Ich hätte einen interessanten Vorschlag für dich.«

»Soll das heißen, dass du mich wieder engagieren willst?«

»Keineswegs.«

Ich war enttäuscht und fragte: »Was willst du mir denn vorschlagen?«

»Hättest du vielleicht Lust, mein Lokal zu pachten?«

»Warum? Geht es so schlecht?«

»Das auch, aber ich habe ein Wintersporthotel in den Tauern gekauft, daher können wir im Winter nicht mehr in Wien sein.«

»Was verlangst du?«

Er nannte eine vernünftige Summe, und ich akzeptierte sofort. Als Übernahmetermin wurde der erste Dezember 1950 festgesetzt. Ich kontaktierte meine Kollegin Liane Augustin, die sofort bereit war, mitzumachen. Dann engagierte ich einen Gitarristen und einen Bassgeiger und dachte angestrengt nach, wen ich sonst noch als Attraktion verpflichten könnte. Es fiel mir ein junger Schauspieler aus dem Bürgertheater ein. Sein Name war Peter Neumayer. Er hatte nicht nur eine sehr gute Gesangsstimme, er konnte auch komisch sein. Er konnte alle Stars der damaligen Zeit glänzend parodieren, Hans Moser, Johannes Heesters, Theo Lingen und viele andere, die man heute nicht mehr kennt.

Ich machte ihm den Vorschlag, bei mir aufzutreten. Er war einverstanden, hatte aber gewisse Bedenken: »Hast du vor, meinen Auftritt öffentlich anzukündigen?«

»Natürlich, das Publikum soll wissen, was es zu erwarten hat.«

»Dann möchte ich unter einem Pseudonym auftreten, sonst kann es passieren, dass ich mit dem Bürgertheater Schwierigkeiten bekomme.«

»Einverstanden«, sagte ich, »wie soll ich dich ankündigen?«

»Nenn mich einfach bei meinen beiden Vornamen: Peter Alexander; den Neumayer lassen wir weg.«

Die Eröffnung der »Marietta-Bar« unter meiner Leitung wurde ein Riesenerfolg. Liane Augustin sang neue Lieder von mir, wir trugen Duette vor, die ich eigens für die Eröffnung geschrieben hatte, aber der Höhepunkt des Abends war Peter Alexander, wie er fortan heißen sollte.

Das Lokal war jeden Abend gesteckt voll, ich konnte meinen Kollegen gute Gagen zahlen, und ich verdiente wieder einmal über meine Verhältnisse. Der Betrieb an der Bar wurde so rege, dass eine Bardame damit überfordert war. Da hatte ich die Idee, ihr meine Frau Liesel zur Seite zu stellen. Liesel genoss diese Tätigkeit. Sie konnte allabendlich mit allein stehenden Herren nach Herzenslust plaudern, neue Bekanntschaften machen, Henne im Korb sein, schließlich war sie immer noch sehr sexy, und sie war auch sehr stolz darauf.

Ich beobachtete sie, wie sie mit ihren Gästen freundlich war, manchmal zu freundlich für meinen Geschmack, aber es stellte sich nach einiger Zeit heraus, dass sie mit keinem der Gäste näheren oder gar intimen Kontakt pflegte. Dafür aber mit einem meiner beiden Kellner, einem gut aussehenden Blondschopf namens Josef. Ich kannte meine Frau inzwischen gut genug, um zu wissen, dass das nichts mit Liebe zu tun hatte. Sie wollte einfach ihre Wirkung erproben. Ich überlegte ernsthaft, ob ich den Kellner hinauswerfen sollte oder nicht. Dann entschloss ich mich, ihn zu behalten. Den neuen Kellner würde meine Frau sicher auch probeweise vernaschen wollen, nur um sich und ihren Sex-Appeal zu bestätigen. Daher behielt ich den Josef und fing etwas mit seiner Frau an, die auch sehr hübsch war. Als Liesel davon erfuhr, versuchte sie mir einen Riesenkrach zu machen. Den erstickte ich: »Die arme Frau vom Josef hat sich bei mir darüber beschwert, dass er sie so vernachlässigt, weil er ihr immer fremdgeht.«

»Weiß sie auch, mit wem?«, fragte Liesel.

»Natürlich weiß sie das.«

»Und hat sie es dir verraten?«

»Es war nicht notwendig, ich hab es vorher schon gewusst.«

Liesel sah mich lange prüfend an, dann sagte sie lächelnd: »Dann wollen wir es dabei belassen und reden wir von etwas anderem.«

Ich lächelte zurück, obwohl ich wusste, dass unsere Ehe endgültig gescheitert war.

NOCH EINEN MANN, der in meinem Leben eine bedeutende Rolle spielen sollte, lernte ich in diesem Jahr kennen
– den Helmut Qualtinger. Zwar hatte ich ihn schon auf der
Bühne erlebt, und er hatte einen starken Eindruck auf mich
gemacht. Er trat damals in einem winzigen Studententhea-
ter auf, in einem Nestroy-Stück. Er war noch keine 22 Jahre
alt und spielte einen älteren Mann. Und zwar so glaubhaft,
dass ich mich wunderte, wie ein armseliges Studenten-
theater es sich leisten konnte, einen älteren Schauspieler
dieser Qualität zu engagieren. Dabei machte er keine Maske,
hängte sich keinen Bart um, nein, er brachte es zustande, in
die Psyche eines älteren Menschen hineinzuschlüpfen, so
dass er beim Publikum tatsächlich den Eindruck erweckte,
dass es mit einem älteren Mann konfrontiert war. Wie er das
zustande brachte, weiß ich nicht. Ich erlebte an diesem
Abend einen Zipfel des gewaltigen Phänomens, das später
den Qualtinger so berühmt machen sollte.

Wirklich kennen gelernt haben wir einander erst später,
und zwar seltsamerweise in einer Sauna. Es war die höchst
mondäne »Sauna im Grünen«. Dort gab es eine Holzhütte,
in der die Sauna war, sowie die Umkleidekabinen und eine
Bar, der Rest war ein wunderschöner Garten, in dem sich
ein Swimmingpool befand. Dort fiel mir ein schlanker, junger Mensch in einer schlecht sitzenden Badehose auf, der
mit einer prall gefüllten Aktentasche herumging und einen
freien Liegestuhl suchte. Er setzte sich neben mich. Obwohl
ich ihn erst vor wenigen Wochen auf einer Bühne gesehen
hatte, erkannte ich ihn nicht. In der Badehose sehen Menschen bekanntlich anders aus als auf der Bühne in einem
Kostüm.

ER LEGTE SICH HIN und hielt seine prall gefüllte Aktentasche noch immer in der Hand. Ich fragte ihn verwundert:
»Warum lassen Sie die Aktentasche nicht in Ihrer Um-
kleidekabine?«

»Weil da meine sämtlichen Werke drin sind.«

»Ah, Sie sind Schriftsteller?«

»Ich schreibe. Ob ich Schriftsteller bin, wird die Nachwelt entscheiden.«

Das war ein großes Wort, gelassen ausgesprochen.

»Und was pflegen Sie so zu schreiben?«, wollte ich wissen.

»Wenn ich Peter Altenberg wäre, würde ich sagen: ›Was mir der Tag so zuträgt‹.«

Die Antwort imponierte mir. Im Allgemeinen hatten Menschen seines Alters, die in der Nazizeit aufgewachsen waren, von Peter Altenberg noch nie gehört. »Ah, Sie kennen Peter Altenberg?«

»Natürlich, ich bin ja kein Analphabet.« Damit schien das Gespräch für ihn beendet. Doch ich sollte mich irren. Er öffnete seine Aktentasche, zog nach einigem Suchen einige Blätter heraus und fragte: »Soll ich Ihnen etwas aus meinen Schriften vorlesen?«

»Wenn Sie wollen – bitte.«

»Ich lese Ihnen eine Szene aus einem Stück vor, das voriges Jahr in Graz aufgeführt wurde und einen ungeheuren Theaterskandal hervorgerufen hat.«

Was er las, erinnerte mich ein bisschen an Ödön von Horvath, der Text war durchaus hörenswert, doch was mir am meisten gefiel, war nicht der Text, sondern sein Vortrag. Die Art, wie er für jeden seiner Charaktere eine andere Stimme fand, wie er in der Lage war, in der Badehose auf einem Liegestuhl sitzend, eine Szene zum Leben zu erwecken, das faszinierte mich. Als er fertig war, sah er mich fragend an.

»Sie lesen großartig vor, mein Kompliment. Sind Sie Schauspieler?«

»Nur nebenberuflich«, sagte er, »manchmal trete ich im Studio der Hochschulen auf.«

»Dann habe ich Sie vor einigen Wochen in einem Nestroystück gesehen!«

»Stimmt«, sagte er, »die Schauspielerei macht manchmal Spaß, aber das Schreiben interessiert mich viel mehr.«

»Wie heißen Sie?«

»Helmut Qualtinger, und Sie?«

Ich nannte meinen Namen. Er dachte einen Moment nach, dann sagte er: »Sind Sie der, der diese schrecklich kitschige Schnulze gesungen hat, dieses ...›Ich hab mich so an dich gewöhnt‹?«

»Ja, der bin ich«, sagte ich etwas beschämt.

»Dafür müssen Sie viel Geld kassiert haben!«

»Ich kann nicht klagen.«

»So etwas Ähnliches möchte ich auch einmal versuchen.«

»Können Sie denn singen?«

»Wenn es Geld bringt, kann ich alles!«

Noch ein großes Wort gelassen ausgesprochen. Im Laufe der nächsten Jahre musste ich feststellen, dass er nicht übertrieben hatte. Er konnte wirklich alles, was man von ihm verlangte. Er konnte sogar meine Lieder so überzeugend vortragen, dass jeder glaubte, sie wären von ihm. Das Seltsamste daran war, dass er es mit der Zeit selbst glaubte.

ZUNÄCHST war unsere Zusammenarbeit eher uninteressant. In den frühen fünfziger Jahren brach in Wien eine schreckliche Theaterkrise aus, weil die Wiener mit dem bisschen Geld, das sie hatten, Wichtigeres zu tun wussten, als Theaterkarten zu kaufen. Etliche gute Theater mussten zusperren, viele Schauspieler wurden arbeitslos, es war eine trübe Theaterzeit. Eines der zugesperrten Theater war jenes »Kleine Haus der Josefstadt«, in dem ich mir meine ersten Sporen als Komponist für Kabarettnummern verdient hatte. Es stand einige Monate lang leer, dann kam ein seltsamer Vorarlberger namens Geiger auf die Idee, dieses Haus wieder zu eröffnen.

Vor dem Krieg hieß das Haus »Femina« und war eine Art Revue-Bar. Dort traten leichtgeschürzte Damen auf, und dazwischen machten Komiker ihre derben Späße. Ich war natürlich vor 1938 nie in der »Femina«, aber die Geschichten, die ich später über das Lokal vernahm, die waren höchst pikant – um es vorsichtig auszudrücken. Bei Einbruch der Nazizeit wurde das Haus »arisiert«, wie so vieles andere auch, und es wurde das einzige Kabarett Wiens, in dem Satire gespielt werden durfte. Der Direktor war ein SS-Mann namens Adolf Müller-Reizner, und es gibt das Gerücht, dass er immer wieder Krach mit dem Propagandaministerium oder mit dem Gauleiter hatte, weil die Satiren den Nazibonzen manchmal zu scharf erschienen. Der Name des Hauses wurde von »Femina« auf »Wiener Werkel« geändert, und soweit mir berichtet wurde, florierte das Unternehmen, bis es nach dem Fall von Stalingrad endgültig zugesperrt wurde.

Der oben erwähnte Vorarlberger Geiger setzte es sich in den Kopf, das »Wiener Werkel« wieder zum Leben zu erwecken, indem er die Erfolgsprogramme der Kriegszeit wieder spielen wollte. Eine Schnapsidee fürwahr, denn das Publikum hatte inzwischen ganz andere Sorgen, als sich über die Differenzen zwischen Preußen und Österreichern zu amüsieren.

Herr Geiger aber ließ sich von der Idee nicht abbringen. Er ging sogar noch einen Schritt weiter: Er wollte jede Vorstellung von einem Wiener Werkelmann eingeleitet haben, der das Publikum zu begrüßen hatte, um dann die Meriten des »Wiener Werkels« zu besingen. Und als Werkelmann engagierte er den Helmut Qualtinger. Der hatte natürlich an dem Geschäft wenig Freude, denn erstens interessierte ihn das »Wiener Werkel« nicht im Mindesten, und zweitens mochte er den Herrn Geiger nicht. Da er aber zu dieser Zeit nichts zu tun hatte und dementsprechend pleite war, nahm er den Job an. Also kam er zu mir und ersuchte mich, ihm ein Werkelmann-Lied für seinen Auftritt zu schreiben.

»Wer wird das bezahlen?«, wollte ich wissen.

»Der blöde Geiger natürlich!«, sagte Qualtinger im Brustton der Überzeugung.

Um es vorwegzunehmen, ich habe für das Lied nicht

einen Groschen gesehen. Unter anderem deshalb, weil der Qualtinger seinem Chef erzählte, dass er das Lied selbst geschrieben hatte.

Ich wohnte der Eröffnung des Hauses bei und darf berichten, dass das Lied des Werkelmannes der einzige Erfolg des Abends war – und das, obwohl ich mir beim Schreiben wahrlich keine sonderliche Mühe gegeben hatte. So sah meine erste Zusammenarbeit mit dem Helmut Qualtinger aus.

EINIGE TAGE nach der feierlichen Eröffnung des »Wiener Werkels« läutete es an meiner Wohnungstür, und der Qualtinger stand vor mir.

»Was ist passiert?«, fragte ich ihn.

»Der Scheißgeiger hat mich hingeschmissen!«

»Warum?«

»Weil das Theater überhaupt nicht geht, gestern haben wir vor zweiundzwanzig Menschen gespielt, und da waren sicher noch ein paar Freikartler dabei!«

»Schon«, sagte ich, »aber warum hat er ausgerechnet dich herausgeschmissen?«

»Weil ich der Einzige war, der keinen Vertrag hat! Allen anderen muss er zahlen, bis er schwarz wird – und das ist das Einzige, was mich daran freut.«

»Was wirst du jetzt machen?«

»Ich muss jetzt ein paar Tage bei dir schlafen!«

»Warum, um Gottes willen?!«

»Weil mein Vater mich auch herausgeschmissen hat, der alte Nazi will mit mir nichts mehr zu tun haben, hat er gesagt.«

»Was hat er gegen dich?«

»Er behauptet, dass ich ein Kommunist bin.«

»Wie kommt er auf die Idee?«

»Er hat eine Filmkritik gefunden, die ich einmal für eine kommunistische Zeitung geschrieben habe.«

»Wie bist du dazu gekommen?«

»Weil mir keine andere Zeitung einen Job angeboten hat. Da kann doch ich nichts dafür, oder?!«

Tatsache ist, dass Qualtingers Vater ein höchst aktiver Nazi gewesen war und bis an sein Lebensende ein solcher geblieben ist. Vielleicht einer der Gründe für Qualtingers ausgeprägten Nihilismus. Ich biss in den sauren Apfel und führte Qualtinger in das Kinderzimmer, wo ein Bett für unvorhergesehene Gäste stand. Ossi, er war damals etwa sieben Jahre alt, fragte mich:

»Wer ist der Onkel?«

Statt mir antwortete Qualtinger: »Ich bin der Weihnachtsmann in Zivil. Ich muss mich jetzt gut ausruhen, damit ich nicht zu müde bin, wenn ich durch den Schornstein zu dir kommen muss.«

Mein Ossi hatte noch nie etwas von einem Weihnachtsmann gehört oder gesehen, daher machte diese Meldung überhaupt keinen Eindruck auf ihn.

Er fragte mich auf Iwrit: »Ist das ein Verrückter?«

Ich beruhigte den Kleinen und sagte ihm, dass der Mann nur ein paar Tage bleiben würde. Und das war das erste Mal, dass ich meinen Sohn belogen habe.

Qualtinger hatte überhaupt kein Geld, das Einzige, was er hatte, war Durst. Ich bot ihm ein Glas Wasser an. »Wasser? Ich will ja nicht schwimmen gehen, ich will trinken!«

Er borgte sich von mir zehn Schilling und kam mit zwei Flaschen Bier zurück, die er öffnete und neben sein Bett stellte. Dann lieh er sich noch einen Pyjama von mir, zog sich um, legte sich ins Bett und schlief sofort ein. Ossi betrachtete ihn eine Weile, dann sagte er: »Das ist ein komischer Onkel!«

Am nächsten Morgen sah ich ins Kinderzimmer. Ossi war schon wach, weil er in die Schule gehen musste, aber Qualtinger schlief immer noch fest. Neben seinem Bett standen zwei leere Bierflaschen.

Wann und wie er die im Schlaf ausgetrunken hat, habe

ich nie in Erfahrung bringen können. Ich glaube, er wusste es auch nicht,

MIT DER ZEIT wurde ich es müde, ihn mit seinem vollen Namen anzusprechen. »Helmut« passte überhaupt nicht zu ihm, denn einen Menschen mit »hellem Mut« hatte ich mir immer ganz anders vorgestellt. »Qualtinger« hingegen war mir zu lang, daher erfand ich für ihn den Kurznamen »Quasi«, und nach einiger Zeit wurde er in ganz Wien so genannt.

Er wohnte auch weiterhin mit Ossi im Kinderzimmer. Manchmal ging er aus, ich weiß nicht, wohin, aber es konnte vorkommen, dass er mit etwas Geld zurückkam. Das merkte ich daran, dass er mich nicht anschnorrte. Aber meistens kam er ohne Geld zurück, und dann musste ich wieder herhalten, was mir sehr auf die Nerven ging. Da kam mir eine Idee, dem Quasi eine Verdienstmöglichkeit zu schaffen:

Er kam allabendlich in die »Marietta-Bar«, setzte sich hin und wartete, bis ich eine bestimmte amerikanische Nummer spielte und sang. Da stand er auf und begann möglichst laut auf Russisch zu schimpfen. Dann »übersetzte« er sein russisches Geschimpfe in gebrochenes Deutsch: »Dieses formalistische, unkultivierte Getöse ist nicht auszuhalten! Es ist höchste Zeit, dass die armen Österreicher mit wirklicher Kultur konfrontiert werden!«

Er entriss mir das Mikrophon und brüllte ein sowjetisches Kampflied hinein, das wurde mit der Zeit so komisch, dass das zunächst erschreckte Publikum befreit lachte und am Ende der Darbietung stürmisch applaudierte.

Dafür bekam er pro Abend hundert Schilling, und er musste mich nicht mehr anschnorren. Eines Tages aber tat er es doch. Allerdings wollte er nicht Geld, sondern: »Kannst du mir vielleicht einen Anzug borgen?«

Das war damals noch möglich, denn der Quasi war noch ganz mager. »Wozu brauchst du einen Anzug?«

»Ich hab mir eine Freundin aufgezwickt, und die will ich ausführen.«

»Was ist das für eine Freundin?«

»Sie ist ein bissel älter als ich, aber …«

»Um wie viel ist sie älter?«

»Um zehn Jahre, aber das ist mir wurscht, weil sie eine eigene Wohnung hat, und dort könnte ich einziehen.«

Diesem Argument konnte ich nicht widerstehen. Ich borgte dem Quasi einen Anzug, ein frisches Hemd, eine Krawatte, frische Socken und Schuhe. Meine Großzügigkeit war nicht vergebens, denn nach einigen Tagen übersiedelte er zu seiner neuen Freundin, und unsere Wohnung war wieder ungestört bewohnbar. Nur Ossi bedauerte den Abgang seines Zimmergenossen, denn die beiden hatten sich wirklich angefreundet. Mehr noch: Sie sind Freunde geblieben, solange es den Quasi gab, was ich von mir nur bedingt behaupten kann.

Nach einigen Tagen brachte Qualtinger seine Freundin in die Bar. Sie erwies sich als eine Brillenträgerin Anfang dreißig mit einer guten Figur und schlechten Manieren. Sie hieß Leomare, aber sie wurde immer nur Mädi genannt. Sie war frisch geschieden und daher auf Männersuche. Dass sie den Quasi als Jagdtrophäe ergatterte, schien sie sehr zu befriedigen, und sie behandelte ihn auch wie eine Jagdtrophäe. An diesem Abend trank er mehr als sonst – und schon das wäre zu viel gewesen.

Ich fragte ihn: »Sag mir, warum trinkst du so viel?«

»Ich brauch viel Flüssigkeit, weil ich ununterbrochen Durst hab«, sagte er.

»Hast du dich schon einmal untersuchen lassen?«

»Nein, ich mag keine Ärzte.«

»Aber es könnte etwas Ernstes sein, das im Anfangsstadium leicht zu beheben wäre. Später aber nicht mehr.«

Da mischte sich die neue Freundin ein: »Nur weil Sie dem Helmut einen Anzug geschenkt haben, heißt das noch nicht, dass Sie bei ihm Gesundheitsapostel spielen dürfen.«

»Also dann nicht«, sagte ich und ging. Bei dieser Gelegenheit erfuhr ich, dass ich dem Quasi meinen Anzug nicht geborgt, sondern geschenkt hatte. Inzwischen bestellte das Liebespaar noch eine Flasche Wein. Zu meinem Erstaunen wurde sie sogar bezahlt, und zwar von Mädi.

ICH HATTE RECHT GEHABT mit meiner Vermutung, dass der überhöhte Flüssigkeitsbedarf ein Symptom für etwas Ernstes war. Es stellte sich heraus, und zwar viel zu spät, dass Qualtinger an einer Unterfunktion der Schilddrüse litt. Das war die Ursache für seine rapide anwachsende Korpulenz. Er nahm in einem Jahr über dreißig Kilogramm zu. Ich warnte ihn: »Quasi, es kann nicht gesund sein, dass du so zunimmst. Geh endlich zu einem Arzt und frag ihn, was da los ist mit dir!«

»Das ist ein Blödsinn«, sagte er, »die Mädi steht auf dicke Männer, hat sie gesagt, und die ist mir wichtiger als jeder Arzt.« Also nahm er im nächsten Jahr noch mehr zu.

Inzwischen passierte etwas völlig Unerwartetes: der Leiter der Unterhaltungsabteilung des sowjetisch kontrollierten Rundfunks tauchte eines Abends in der »Marietta-Bar« auf und genoss unsere Darbietungen, besonders die von Qualtinger. Er bat mich an seinen Tisch und fragte, ob ich bereit wäre, für ihn eine ständige Unterhaltungssendung zu gestalten.

»Werden sich da die Russen nicht einmischen?«, fragte ich skeptisch.

»Nein, die Zeit ist vorbei, es gibt zwar noch jeden Abend die ›russische Stunde‹ im Abendprogramm, aber ansonsten lassen sie uns freie Hand.«

»In welchen Abständen soll diese Sendung laufen?«

»Mindestens einmal im Monat, aber lieber wäre es mir, wenn wir sie vierzehntäglich produzieren könnten.«

Der Mann wirkte seriös. Sein Name war Marcel Bernard, er war Abkomme von Hugenotten, wollte eigentlich

Schauspieler werden, aber er beschied sich mit dem Posten eines Abteilungsleiters im Rundfunk, was im Wien dieser Jahre das sicherere Geschäft war.

Ich besprach das Angebot mit Quasi, der sofort dafür war. »Allerdings«, sagte er, »werden wir noch Autoren brauchen. Wir beide können nicht alle zwei Wochen ein gutes Programm schreiben.«

»Richtig«, sagte ich, »kennst du wen, den wir da einspannen könnten?«

Quasi sagte nach einigem Nachdenken: »Ja, ich hab einmal mit dem Michael Kehlmann zusammengearbeitet, der ist ganz gut ...«

Am nächsten Tag saßen wir mit Michael Kehlmann zusammen, der Schauspieler war und Ambitionen als Regisseur hatte. Er war sofort dabei, aber: »Ich glaube nicht, dass wir drei alle vierzehn Tage ein gutes Programm schreiben können, wir brauchen noch einen Autor ...«

»Wen schlägst du vor?«

»Den Carl Merz«, sagte Kehlmann, ohne nachzudenken. Carl Merz war wesentlich älter als wir. Geboren 1906 in Kronstadt, übersiedelte er nach dem Ersten Weltkrieg nach Wien. Zunächst wollte er Schauspieler werden, was ihm nur bedingt gelungen ist, dann lernte er Karl Kraus kennen, wurde einer seiner anhänglichsten Anhänger und begann zu schreiben. Nie sehr erfolgreich, aber immer sehr gut. Sein Sinn für Satire war an Kraus geschult, ihn im Team zu haben, war ein Glücksfall.

Und so entstand im Jahr 1950 ein Autorenteam, das in dieser oder jener Kombination Texte entstehen ließ, die inzwischen Klassiker geworden sind. Der Titel unserer Unterhaltungsserie lautete: »Aproportionen«. Ein nichts sagender Titel, unter dem man sich viel oder gar nichts vorstellen konnte. Als Darsteller fungierten die vier Autoren und eine Schauspielerin, und zwar keine Geringere als Susi Nicoletti vom Burgtheater.

Die Sendung schlug ein. So sehr, dass unser Produzent

Marcel Bernard beschloss, selbst mitspielen zu wollen. Das war natürlich ein gewisses Handikap, weil er einen ganz anderen Stil verkörperte, aber wer will schon mit einem Produzenten streiten? Wir schrieben ihm für jede Sendung irgendeine Belanglosigkeit, und er war's zufrieden.

Star des Ensembles war natürlich der Quasi. Er konnte jede gewünschte Stimme nachmachen und gleichzeitig parodieren. Dazu kam, dass er als Autor sehr gute Beiträge lieferte. Er war ein scharfer Beobachter des Zeitgeschehens, er fand nahezu instinktiv bei jedem Thema den schwachen Punkt; daher waren die von ihm geschriebenen Beiträge ein wahres Vergnügen. Doch was für ihn das Wichtigste war: Er hatte zum ersten Mal in seinem Leben ein geregeltes Einkommen und musste nicht mehr schnorren gehen.

Nach einigen Sendungen der »Aproportionen« rief mich mein Gönner Joseph M. Sills vom Sender Rot-Weiß-Rot an: »Sag einmal, wieso bist du mir untreu geworden? Ich höre, du machst eine Unterhaltungssendung bei den Russen?«

»Wir arbeiten nicht für die Russen, sondern für den österreichischen Rundfunk!«

»Aber dieser Sender ist doch von den Russen besetzt und wird von ihnen kontrolliert.«

»Das ist mir noch nicht aufgefallen, bisher ist uns nichts zensiert worden.«

»Mach dir keine Sorgen, das kommt noch, dafür garantiere ich. – Aber das ist nicht der Grund meines Anrufs. Ich wollte dich fragen, ob ihr nicht so eine ähnlich geartete Sendung auch in unserem Sender machen wollt.«

»Glaubst du, dass das geht? Bei den Amis und den Russen gleichzeitig Satire zu schreiben?«

»Mach dir keine Sorgen, die Russen werden euch bald hinauswerfen, wenn ihr einmal bei uns arbeitet.« Es sollte anders kommen, aber das war nicht vorauszusehen.

Ich versammelte unser Autorenteam und erzählte von dem Angebot. Helle Begeisterung brach aus. Wir besprachen gleich den Aufbau einer wirklich zeitkritischen Kabarettsendung. Alles war festgelegt, bis auf einen guten Titel. Carl Merz kam mit dem ersten Vorschlag:»Wie gefällt euch ›Die Rot-Weiß-Rot-Käppchen‹?«

»Nicht schlecht, aber vielleicht fällt uns was Besseres ein«, sagte Kehlmann.

»Die Rot-Weiß-Rottweiler«, schlug Quasi vor.

»Das Rot-Weiß-Rote Brettl«, lautete Kehlmanns Vorschlag.

Allgemeines Schweigen. Wir wussten, dass noch etwas Besseres kommen würde. Und plötzlich hatte ich es:»Brettl vor dem Kopf!«

»Warum hast du das nicht gleich gesagt? Das ist es!«, sagte Merz, und dabei blieb es.

DAMIT BEGANN ETWAS, das es im Wien der Besatzungszeit weder vorher noch nachher gegeben hat: Ein Ensemble spielte sowohl im russisch als auch im amerikanisch kontrollierten Sender Kabarett. Unsere Hörer wunderten sich zwar, aber sie genossen es.

Nach einigen Wochen passierte das Unvermeidliche: Es wurde uns von den Russen eine Nummer zensiert: Daimler-Benz brachte ein Luxusmodell auf den Markt mit der Bezeichnung »Mercedes 300«. Dieser Wagen kostete ein Vermögen, und daher gab es in ganz Wien nur zwei Exemplare. Eines davon gehörte dem Großindustriellen Manfred Mautner-Markhof, das zweite gehörte dem Präsidenten des österreichischen Gewerkschaftsbundes, Johann Böhm. Darüber schrieben wir eine ziemlich böse Glosse, denn wir vertraten die Ansicht, dass es nicht die vornehmliche Aufgabe des Gewerkschaftsbundes sei, das Prestige seines Präsidenten aufzuwerten, sondern den Lebensstandard der arbeitenden Bevölkerung zu verbessern.

Diese Glosse wurde also gestrichen. Mir fiel die Warnung von Joseph M. Sills ein, und das verstärkte meinen Ärger noch um ein Erhebliches. Ich rannte wutschnaubend in die russische Kommandatura und verlangte nach dem Mann, von dem ich wusste, dass er für Zensur zuständig war. Es handelte sich um einen Major Goldenberg, der aus Kiew stammte.

Ich wurde bei ihm vorgelassen und begann mit einer wilden Suada: »Dieses Land musste sieben Jahre lang unter dem Faschismus vegetieren, es gab überhaupt keine Meinungsfreiheit, ihr habt dieses Land unter großen Opfern befreit, wir glaubten schon, frei zu sein, und jetzt wird uns von den Befreiern wieder die Meinungsfreiheit genommen ...«

Major Goldenberg hörte sich diese Suada bis zum Ende an, dann sagte er: »Du musst ein Jud sein, oder?«

»Ja«, schrie ich, »aber das hat nichts damit zu tun. Mir geht es hier um ganz andere Dinge ...«

Er ließ mich nicht weiterreden. Er fragte: »Spielst du Schach?«

»Ja, aber ...«, ich stockte. »Warum fragen Sie?«

»Weil ich keinen Schachpartner habe. Wo wohnst du?«

Ich gab ihm meine Adresse.

»Du hörst von mir!«

Ich wollte schon gehen, da fiel mir der Grund meines Kommens ein.

»Und was ist jetzt mit dieser gestrichenen Nummer?« Ich wies auf das Manuskript.

»Komm her damit«, sagte er und kritzelte etwas darauf. Ich las: »Zur Sendung freigegeben, Major Goldenberg.«

Ich rannte zurück ins Studio und zeigte allen das freigegebene Manuskript. Marcel Bernard, der Produzent, schüttelte ungläubig den Kopf: »Also das hat es noch nie gegeben.« Er ging ans Telefon und rief Major Goldenberg an, der ihm bestätigte, dass dies seine echte Unterschrift sei. Bernard kam zurück und sagte immer wieder: »Das hat es noch nie gegeben!«

Die Nummer wurde aufgenommen, ausgestrahlt, und der Präsident des Gewerkschaftsbundes bekam ein anderes Auto – ein billigeres.

Einige Tage später rief mich Major Goldenberg an: »Bist du zu Hause?«

»Ja, warum?«

»Ich komm gleich!«

Kurz darauf hielt ein russischer Jeep vor meinem Wohnhaus. Major Goldenberg stieg aus, erklomm mit einem Schachbrett unter Arm die sechs Stockwerke, und wir begannen Schach zu spielen. Überflüssig zu vermerken, dass er jede Partie gewann, erst als er mir einen Turm vorgab, konnte ich ein Remis erzielen. Ihm ging es in Wahrheit nicht ums Schachspielen. Er wollte mit einem Wiener Juden bekannt werden, weil er sich in seinem sowjetischen Umkreis nicht wohl fühlte. Wir kamen noch häufiger zusammen, führten stundenlange Gespräche – und plötzlich hörte ich nichts mehr von ihm. Vorsichtige Erkundungen ergaben, dass Major Goldenberg in seine Heimat zurückgekehrt sei.

Ich weiß, dass er sich von mir verabschiedet hätte, wenn er freiwillig in seine Heimat zurückgekehrt wäre. Und ich weiß, dass er mir aus seiner Heimat geschrieben hätte. Ich habe nie wieder von Major Goldenberg gehört.

KURZ nach der Zensurgeschichte im »russischen« Sender geschah etwas Ähnliches im Ami-Sender. Der Generaldirektor einer großen verstaatlichten Bank war plötzlich verschwunden – und der Bank fehlten einige Millionen. Carl Merz schrieb mit Qualtinger gemeinsam einen sehr bösen Sketch zu diesem Thema, in dem der verschwundene Direktor, der natürlich der schwarzen Reichshälfte angehörte, gehörig durch den Kakao gezogen wurde.

Nun begab sich's aber, dass dieser Direktor ein Duz-Freund des damaligen Bundeskanzlers war. Und der Bundeskanzler protestierte beim Sender gegen die unverschämten und unbegründeten Angriffe auf seinen lieben Freund, den verschwundenen Bankdirektor. Die leitenden Herren des Senders gingen in sich und begannen über den Fall zu beraten.

Der oberste Chef des Senders war ein Amerikaner, dem alles, was in irgendeiner Form gegen Konservative aufzutreten wagte, höchst suspekt war. Wir müssen bedenken, dass sich dieser Vorfall zur schlimmsten McCarthy-Zeit begab.

Irgendwer, ich werde nie erfahren, wer das war, hinterbrachte im Sender die Nachricht, dass ein sowjetischer Offizier regelmäßig bei mir zu Besuch wäre. Ich bekam Auftrittsverbot im Sender Rot-Weiß-Rot. Als ich dagegen protestierte, traf ich überall auf kalte Schultern. Keiner der leitenden Herren war bereit, mit mir über den Fall zu sprechen. Sie bangten alle selbst um ihre Posten.

Ich war also verfemt, doch meine Kollegen hielten zu mir. Sie gaben die Sendereihe »Brettl vorm Kopf« auf, und wir beschlossen gemeinsam, etwas Neues zu machen, wo uns kein Zensor, kein McCarthy und keiner seiner Speichellecker dreinreden konnte.

Michael Kehlmann hatte eine glänzende Idee: »Schreiben wir doch eine Paraphrase über den ›Reigen‹ von Arthur Schnitzler.«

»Wie stellst du dir das vor?«, fragte Carl Merz.

»Versetzen wir die Handlung in die Gegenwart. Hätte Schnitzler den ›Reigen‹ heute geschrieben, dann sähen die Personen der Handlung ganz anders aus.«

»Das hat was für sich«, räumte Merz ein.

Also sahen die Personen der Handlung folgendermaßen aus: Die Hure blieb Hure. Soldaten gab es damals nicht in Österreich, also wurde aus dem Soldaten ein Freistilringer. Die Dame der besseren Gesellschaft blieb Dame, aber aus der Wiener Gesellschaft von 1951. Ihr Gatte wurde Abgeordneter des Nationalrats. Das süße Mädel wurde ein Mannequin. Der junge Herr wurde ein unangenehmer Film-Mensch. Dann gab es noch eine kleine Sekretärin, einen unbedarften Dichter, eine Schauspielerin, einen Ritterkreuzträger sowie die Hure, von der er lebte. Ich spielte einen Barpianisten, der von einer Szene zur anderen überleitete und am Schluss ein eigens dafür geschriebenes Lied zu singen hatte.

Das Publikum war begeistert, ebenso die Kritiken. Das kleine Theater war jeden Abend überfüllt, und wir hätten das Stück vermutlich jahrelang spielen können, aber nach etwa zweihundert Vorstellungen hatten wir genug. Wir setzten den »Reigen 51« bei vollem Haus ab und kamen mit einem neuen Kabarett-Programm heraus. Dieses nannten wir in Anlehnung an unser Radio-Kabarett »Brettl vor dem Kopf«.

Doch bevor ich darauf näher eingehe, muss ich noch ein wichtiges Intermezzo einfügen: Kurz nach dem Erfolg von »Reigen 51« wurde mein Auftrittsverbot im Sender Rot-Weiß-Rot wieder aufgehoben. Den Grund dafür habe ich nie erfahren. Sills fragte mich, ob wir wieder Rundfunk-Kabarett machen wollten, doch der »Reigen 51« nahm uns so in Anspruch, dass ich das ablehnte.

Darauf bot mir Sills an, das kleine Orchester des Senders zu übernehmen, weil sein musikalischer Leiter in die Schweiz gegangen war. Das reizte mich, denn ich hatte schon lange nicht mehr mit einem Orchester gearbeitet. Es handelte sich um zwölf Musiker, die den Kern des Orchesters bildeten, doch wenn man zusätzliche Instrumente benötigte, konnten die jederzeit hinzugefügt werden. Mit einem Orchester kann man nichts improvisieren, da muss geprobt werden, ehe man ins Studio geht. Der Haken aber war, dass im Sender kein Probenraum vorhanden war. Denn der ganze Sender kam in einem Stockwerk eines Wohnhauses im siebenten Wiener Gemeindebezirk unter.

Ich bestand auf einem Probenraum, und nach einigen Debatten wurde ein solcher angemietet. Das war der tagsüber leer stehende Saal der Tanzschule Thumser auf der Neulerchenfelder Straße. Eines Tages hatte ich dort eine Orchesterprobe zu leiten, und so betrat ich zum ersten Mal in meinem Leben eine leibhaftige Tanzschule. (Jede Dame, die jemals das zweifelhafte Vergnügen hatte, mit mir tanzen zu müssen, wird bereitwillig bestätigen können, dass ich niemals in einer Tanzschule gewesen sein kann.)

Ich leitete die Probe, und als wir nach einigen Stunden fertig waren, ging ich eilig davon. Doch noch ehe ich zur Straßenbahn kam, merkte ich, dass ich meine Aktentasche mit dem Notenmaterial in der Tanzschule vergessen hatte. Ich rannte zurück, aber das Lokal war schon verschlossen. Ich läutete beim Hauswart, doch der hatte keinen Schlüssel. »Da müssen Sie halt am Abend wiederkommen«, sagte er mit schadenfrohem Lächeln.

Also kam ich am Abend wieder und wurde mit etwas konfrontiert, das mir bis dahin völlig verborgen geblieben war: In der Tanzschule Thumser fand an diesem Abend eine so genannte »Perfektion« statt. Was das ist? »Perfektion« bedeutet, dass es an diesem Abend keinen Tanzunterricht gab, sondern dass den Tanzschülern Gelegenheit geboten wurde, das bisher Erlernte zu »perfektionieren«. Es war, mit anderen Worten ausgedrückt, eine ganz normale Tanzveranstaltung. Oder wie das damals in Wien genannt wurde: »Man ging auf den Schwung!«

Ich betrat also den Vorraum des Etablissements und fragte die Garderobiere nach meiner Aktentasche. Während sie sich erkundigte und mich warten ließ, brach plötzlich hinter mir eine Streiterei zwischen zwei »Perfektionisten« aus. Worum es ging, habe ich nie erfahren, ich weiß nur, dass die Verbalinjurien bald in Tätlichkeiten ausarteten. Einige weitere Besucher mischten sich ein, und kurz danach war eine wilde Massenrauferei im Gange. Ich registrierte einen lauten Aufschrei: »Pass auf, G'schupfter, die Sau hat a Messer!«

Wer oder was diese »Sau« war, habe ich auch nie in Erfahrung bringen können. Ich weiß nur, dass die Band im Saal einen lauten Boogie-Woogie zu spielen begann, um das Publikum von der Rauferei abzulenken, und dass die Garderobiere mit meiner Aktentasche erschien. Ich drängte mich durch die Raufenden dem Ausgang zu.

Ich ging Richtung Stadtbahn, doch das eben Erlebte arbeitete in mir: Der Boogie-Woogie begann sich in mir selbstständig zu machen. Ich hörte im Geiste wieder die kreischenden Mädchenstimmen, die wilden Gesichter der Raufenden erstanden vor meinem geistigen Auge – kurz, noch ehe ich die Stadtbahn bestieg, was die erste Strophe meines bekanntesten Schlagers »Der g'schupfte Ferdl« fertig. Öffentlich aufgeführt wurde er erstmals im Herbst 1952 im großen Saal des Wiener Konzerthauses. Ich begleitete mich am Klavier und war sehr nervös. Doch die Reaktion des Publikums war so enthusiastisch, dass ich wusste: Hier ist mir etwas Besonderes gelungen.

Die Fachleute allerdings waren anderer Meinung. Einige Verleger, denen ich die Nummer anbot, lehnten die Veröffentlichung mit dem Hinweis ab, dass das Lied zu lang war. Ein »normaler« Schlager wurde auf zwei, maximal drei Seiten gedruckt, der »G'schupfte Ferdl« hingegen nahm acht Seiten in Anspruch. Einer der Verleger sagte, dass es unmöglich sei, mit dieser Nummer die hohen Druck- und Papierkosten jemals einzuspielen. Weitere Reaktionen in Kürze: »Für so eine Nummer gibt es kein Publikum, und ich lebe davon, dass ich den Publikumsgeschmack kenne.« – »Das ist kein echtes Wiener Lied und kein wirklicher Boogie. Mit der Nummer sitzen Sie zwischen den Stühlen im Dreck.« – »Der Text ist so ordinär, dass man die Nummer nie im Rundfunk spielen wird. So etwas können Sie höchstens im Kabarett bringen.« Also gab ich die »ordinäre Nummer« dem Qualtinger, und der sang sie über zweihundert Mal mit größtem Erfolg in einem täglich überfüllten Theater.

DAS »BRETTL VOR DEM KOPF« wurde ein noch größerer Erfolg als unser »Reigen 51«. Unser winziges Theater, das für 49 Zuschauer konzipiert war, war jeden Abend stopfvoll. Die höchste Zuschauerzahl, die wir je erzielten, war 107 Personen. Wir stellten an Stühlen dazu, was nur irgendwie als Sitzgelegenheit anzusprechen war, und dazu kamen noch etliche Stehplätze für Leute, die sich absolut nicht abweisen lassen wollten.

Star des Abends war natürlich unser Quasi, der brillierte wie nie zuvor. Seine Interpretation des »G'schupften Ferdl« war der Höhepunkt des Programms. Viele Besucher fragten, ob es davon schon eine Schallplatte gäbe, und wir mussten bedauernd verneinen. Da beschloss ich, davon eine Schallplatte aufzunehmen. Ich besuchte einige Plattenfirmen und spielte ihnen die Nummer vor. Die Reaktion war noch dümmer als die der Musikverleger: »Der Text ist so Wienerisch, dass man ihn schon in Sankt Pölten nicht mehr verstehen kann.« – »Die Nummer ist über drei Minuten lang, die geht nicht auf eine Plattenseite. Man kann sie natürlich schneller singen, aber dann versteht man noch weniger vom Text. Am besten wird's sein, wenn Sie die Nummer wegschmeißen und was Neues schreiben.« – »Ich find die Nummer geschmacklos, weil über Brutalität Witze zu machen, das ist überhaupt nicht komisch.«

Schließlich fand sich ein Außenseiter der Plattenbranche, der zögernd bereit war, dem Projekt näher zu treten. Allerdings stellte er zwei Bedingungen: Erstens müsste ich die Produktionskosten bezahlen, und zweitens dürfe die Nummer nicht vom Qualtinger gesungen werden, weil »den kennt kein Mensch«. Aber weil ich bei diesem Außenseiter im Jahr zuvor »Ich hab mich so an dich gewöhnt« aufgenommen hatte, bestand er darauf – weil ich schon einen Bestseller zustande gebracht hatte –, dass ich den »Ferdl« selbst singen solle.

Obwohl ich mich nicht als den idealen Interpreten dafür betrachtete, willigte ich ein, unter anderem deshalb, weil dadurch die von mir zu entrichtenden Produktionskosten sanken.

Einige Wochen später kam die Platte mit einer Auflage von tausend Stück auf den Markt. Doch kaum waren die ersten vierhundert verkauft, geschah etwas, mit dem kein Mensch rechnen konnte. Die Tanzschule Thumser verklagte den Produzenten und mich auf Verleumdung und Rufmord, und zwar mit der Begründung, dass es im Etablissement Thumser noch nie zu tätlichen Ausschreitungen in der von mir geschilderten Form gekommen sei. Das Gericht erließ prompt eine einstweilige Verfügung, die zur Folge hatte, dass sämtlich noch in den Geschäften vorrätige Platten beschlagnahmt und vernichtet werden mussten.

Die Zeitungen berichteten ausführlich, und plötzlich entstand ein ungeheures Publikumsinteresse an der Platte. Doch die war nirgends zu haben. Da hatte ich die Idee, den »Ferdl« noch einmal aufzunehmen, allerdings ohne Nennung des Namens »Thumser«. Die Tanzschule sollte in der neuen Version »Wimmer« heißen, allerdings vergewisserte ich mich vorher, dass es in ganz Wien keine Tanzschule dieses Namens gab. Die zweite Version des »Ferdls« kam kurz vor Weihnachten 1952 auf den Markt und wurde schlagartig ein Bestseller. In wenigen Wochen waren über hunderttausend Platten verkauft, und die »Fachleute« wunderten sich. Und wenn sie nicht gestorben sind, dann wundern sie sich noch heute.

NEBEN ALL diesen Aktivitäten leitete ich noch meine »Marietta-Bar«. Die Kollegen, mit denen ich dort angefangen hatte, Peter Alexander oder Liane Augustin etwa, hatten längst Karriere gemacht, daher musste ich mich nach neuen Künstlern umsehen. Statt Peter Alexander kam der junge Ernst Stankovski vom Theater in der Josefstadt, der mit eigenen Chansons seine zweite Karriere als Liedermacher startete. Liane Augustin heiratete einen ungarischen Grafen, mit dem sie ein eigenes Lokal eröffnete. Statt ihr kam zunächst Charlotte Rank, und dann kam ein ganzer Schwarm von guten Sängerinnen, die auch ihre Karriere in meiner Bar begannen. Manche machten wirklich Karriere, andere wieder fanden in meiner Bar ihre Gatten und gaben die Karriere auf.

Etwa um diese Zeit kehrte der Schriftsteller Friedrich Torberg aus seiner amerikanischen Emigration zurück. Er sah unser Programm »Brettl vor dem Kopf«, schrieb eine begeisterte Kritik darüber und wollte mich kennen lernen. Er kam in die Bar, wir sprachen eine Weile miteinander, und es entstand eine Freundschaft, die bis zu seinem Tode andauerte. Als Hans Weigel erfuhr, dass Torberg bei mir verkehrte, kam er auch, setzte sich dazu, und es gab Gespräche, die oft bis in die frühen Morgenstunden andauerten.

Eines Abends sagte mir Torberg: »Ich finde es ja sehr schön, dass du dieses Lokal führst, ich fühle mich auch sehr wohl hier – aber genügt dir das?«

»Was willst du damit sagen?«

»Ich meine … willst du nicht höher hinaus? Singender und Klavier spielender Wirt zu sein, mag ja eine Zeit lang sehr lustig sein, aber glaubst du nicht, dass in dir noch mehr steckt?«

Nach einer Weile antwortete ich zögernd: »Weißt du, ich habe Zeiten erlebt, da ich nicht wusste, wo ich meine nächste Mahlzeit hernehmen sollte. Zum ersten Mal in meinem Leben habe ich diese Sorgen nicht. Ich kann nicht nur mich, sondern auch meine Familie ernähren, ich kann mir ein eigenes Auto leisten, ich habe eine nette Wohnung, für die ich jeden Monat die Miete bezahlen kann – ich habe, genau betrachtet, mehr erreicht, als ich es mir je erträumt hatte, soll ich mich jetzt vielleicht auf Experimente einlassen, von denen ich nicht weiß, wie sie ausgehen?«

»Wie alt bist du?«, fragte Torberg.

»Dreißig, warum?«

»Schämst du dich nicht?«, fragte Torberg. »Mit dreißig Jahren hast du Angst vor Experimenten? Wann denn willst du die Talente, die in dir stecken, für Experimente verwenden, wenn nicht jetzt?«

»Ich werde darüber nachdenken.«

»Gut. Wenn nachdenken, dann jetzt. Wenn du einmal fünfzig bist, wird es zu spät sein. Glaube mir, ich weiß, wovon ich rede, denn ich bin bald so weit …«

Mit diesen Worten setzte Torberg bei mir eine Gedankenlawine in Bewegung. Mein Bruder hatte mir nebst vielen anderen praktischen Weisheiten eingeschärft: »Ein dreckiges Wasser schüttet man erst weg, wenn man weiß, wo man ein sauberes Wasser findet!«

Zunächst musste ich mir eingestehen, dass die gut gehende »Marietta-Bar« kein dreckiges Wasser war. Andererseits war sie kein Wasser, in dem ich mich bis an mein Lebensende bewegen wollte. Ich beschloss, auf die Suche nach sauberem Wasser zu gehen.

Einige Abende danach kam eine groß gewachsene Dame mit einer dicken Kurzsichtigenbrille in die Bar und fragte nach mir. »Ich heiße Evelyn Künneke und habe gehört, dass Sie gute Lieder schreiben können. Stimmt das?«

Natürlich war mir Evelyn Künneke ein Begriff. Sie war in diesen Jahren die erfolgreichste Jazzsängerin in Deutschland. Aber sie konnte auch Chansons und wenn es sein musste auch Schlager interpretieren. Fast jede ihrer Platten wurde ein Bestseller. Wir setzten uns an einen Tisch, und sie begann mit ihrem Anliegen. »Ich bin in Wien, weil ich hier bei einem Film mitwirke. Ich spiele eine Jazzsängerin, die einen Musiker von seiner Geliebten ausspannen soll, was an sich eine blöde Rolle ist, aber das ist egal, Hauptsache, die Kohle stimmt. Der Haken ist nur der, dass der Filmkomponist keine Ahnung hat, wie man eine Jazznummer schreibt. Könnten Sie mir aus der Patsche helfen?«

»Kein Problem, aber was wird der Komponist dazu sagen?«

»Dem ist alles recht, wenn er sich eine Arbeit ersparen kann, die er ohnehin nicht beherrscht.«

Tags darauf war ich im Studio der Wien-Film und verhandelte mit dem Produzenten. Er bot mir eine vernünftige Gage an, unter der Bedingung, dass mein Name nicht genannt würde, um den Komponisten nicht zu desavouieren. Mir war es recht. Ich schrieb drei Lieder für Evelyn Künneke, die sie glänzend sang, und so begann unsere Freundschaft.

Sie sang auch bei mir in der Bar, und zwar höchst erfolgreich. Ich schrieb etliche Lieder für sie, darunter auch einige
Duette, die wir miteinander vortrugen. Und dann kam
Johannes Fehring, hörte unsere Duette und bat uns an seinen Tisch: »Ich habe für mein Orchester ein sehr gutes
Angebot, in der Schweiz zu gastieren, und ich brauche zwei
gute Vokalisten. Würde euch das interessieren?«

Es interessierte uns sogar sehr, und wir sagten zu. Ich
glaubte, das saubere Wasser gefunden zu haben, und kündigte meinen Pachtvertrag für die Bar. Meine Frau war damit
überhaupt nicht einverstanden, doch das interessierte mich
nicht. Ich wollte aus der Tretmühle ausbrechen, um etwas
Neues zu versuchen. Einige Wochen danach war ich auf
dem Weg nach Zürich.

DIE SCHWEIZ WAR für mich ein völlig neues Erlebnis. In
jedem beliebigen Geschäft konnte man Dinge kaufen, von
denen man in Wien nicht einmal wusste, dass sie existierten.
In den Kinos wurden sämtliche Filme in der Originalsprache gezeigt. Es gab keine Ruinen. Die Leute fuhren in
neuen Autos durch die Straßen, und die Straßen waren sauber. Mein erster Eindruck war: »Diese Schweizer leben in
einem Paradies!« Mit der Zeit erst erinnerte ich mich daran,
dass die Menschheit aus dem Paradies vertrieben worden
war – also auch die Schweizer. Die armen Schweizer müssen nämlich in einem Land mit lauter Schweizern zusammenleben. Und das kann auf die Dauer kein paradiesischer
Zustand sein.

Ich weiß nicht mehr, wie das Lokal hieß, in dem wir täglich zu spielen hatten. Es war ziemlich groß, gut eingeführt
und gut besucht. Solange wir Konzertmusik spielten, war
alles in Ordnung. Aber wenn wir versuchten, unterhaltsame
Chansons vorzutragen, gab es Schwierigkeiten, denn Humor
scheint für den Schweizer Normalverbraucher ein Fremd-
wort zu sein.

Evelyn und ich versuchten daher kaum, unser in Wien erarbeitetes Repertoire vorzutragen. Wir sangen alte Schlager, hin und wieder etwas Jazziges, und das genügte dem Publikum. Dementsprechend war auch unsere Stimmung. Eines Abends, als unsere Show zu Ende war, setzte ich mich missmutig an die Bar. Kurz darauf gesellte sich ein biederer Schweizer zu mir und sagte: »Ihre Show hat mir sehr gut gefallen, Kompliment!«

Ich bedankte mich für das Kompliment. Er fuhr fort: »Darf ich Sie auf einen Drink einladen?«

Mir war zwar überhaupt nicht nach Alkohol zumute, aber ich war so böse auf das Schweizer Publikum, dass ich beschloss, den Mann zu schädigen. Ich bestellte ganz gegen meine Gewohnheit einen Whiskey. Der Mann machte Konversation: »Wie gefällt es Ihnen in Zürich?«

Ich wollte den Menschen, der mir einen Drink spendierte, nicht vor den Kopf stoßen, andererseits wollte ich nicht lügen, daher stotterte ich herum: »Na ja … Zürich ist eine sehr saubere Stadt, alles sehr gepflegt … es gibt schöne Geschäfte hier … und die Schokolade … und die Käseauswahl … und vor allem ist die Stadt sehr sauber … wie gesagt … «

Während meines Gestammels musterte mich der Mann, dann sagte er: »Irgendwie habe ich das Gefühl, dass Ihnen Zürich nicht wirklich gefällt.«

»Na, so weit würde ich mich nicht versteigen, aber …«

»Aber was?«

Ich zögerte. Wie sollte ich dem Mann sagen, was mir nicht gefiel? »Wissen Sie … ich habe das Gefühl, dass Zürich – bei aller Wertschätzung – eine unmusische Stadt ist.«

»Was verstehen Sie unter einer unmusischen Stadt?«, wollte er wissen.

»Das ist schwer zu erklären – ich kann Ihnen höchstens erklären, was eine musische Stadt ist.«

»Also was ist eine musische Stadt?«

»Wien zum Beispiel.«

»Wieso gerade Wien?«

»Ich werde versuchen, Ihnen das zu erklären«, sagte ich und holte Luft. »Vor einigen Wochen gab es in Wien ein Konzert der Philharmoniker. Und mitten im zweiten Satz der neunten Symphonie Beethovens ist Wilhelm Furtwängler ohnmächtig zusammengebrochen. Am nächsten Tag waren alle Zeitungen voll davon, und als ich an diesem Tag einen Freund besuchen wollte, sperrte mir die Hausmeisterin den Lift auf und begrüßte mich mit den Worten: ›Was sagen's zum Furtwängler?‹ Und weil ich glaube, dass mir so etwas nur in Wien passieren kann, halte ich Wien für eine musische Stadt und Zürich – verzeihen Sie vielmals – für eine amusische Stadt. Verstehen Sie?«

»Ja, ich glaube zu verstehen – nur eines möchte ich noch wissen: Wer ist dieser Furtwängler?«

EIN ANDERES ERLEBNIS, das die Schweizer beschreibt, hat mir Evelyn Künneke berichtet: Sie ging eines Abends spät von der Arbeit allein nach Hause und merkte, dass ihr ein Mann nachging. Sie blieb vor einem Schaufenster stehen, um den Mann vorbeigehen zu lassen, vergeblich – der Mann blieb auch stehen. Sie ging weiter, der Mann folgte ihr beharrlich. Nach einer Weile riss ihr die Geduld, und sie fauchte ihn an: »Wenn Sie nicht aufhören, mich zu verfolgen, rufe ich einen Polizisten!«

Der Mann sah sie mit einer Unschuldsmiene sondergleichen an und sagte: »Aber Fräulein, hören Sie doch erst meine Offerte an.«

Das Gastspiel in Zürich war so erfolgreich, dass wir für einen weiteren Monat engagiert wurden. Nach und nach stellte sich das Publikum auf uns ein. Wir konnten sogar manchmal humoristische Lieder singen, und zu unserem Erstaunen wurde sogar gelacht. Das sprach sich langsam herum. Und eines Tages erschien der in Zürich lebende Ralph Benatzky in unserem Lokal. Irgendwer hatte ihm erzählt, dass es da einen seltsamen Chansonnier gäbe, der Lieder singt, die von Benatzky sein könnten.

Ralph Benatzky, Komponist und Texter unzähliger Operetten und Singspiele, ging kurz vor dem Krieg in die USA. Nicht, weil er musste, sondern weil er wollte. Er konnte dort fürstlich von seinen internationalen Tantiemen leben, schließlich war er am »Weißen Rößl« hoch beteiligt, doch konnte er in Amerika nicht Fuß fassen, und so kam er nach dem Krieg zurück. Allerdings nicht nach Wien, wo er den größten Teil seines Lebens verbracht hatte, sondern nach Zürich.

Dort schrieb und produzierte er ein Musical, basierend auf Gogols »Die toten Seelen«, das sich leider als kostspieliger Durchfall erwies. Darauf warf er das Handtuch, beschloss, mit der Schreiberei aufzuhören und sein »Ausgedinge« zu genießen, so gut es ging. Es ging nicht gut. Die geistige Inaktivität bekam ihm nicht, er wurde sonderlich, überempfindlich und geistesabwesend. Trotzdem: als er von mir hörte, wollte er meine Vorstellung besuchen. Anschließend lud er mich in seine feudale Wohnung ein.

Der Abend ist mir unvergesslich geblieben. Irgendwie war er durch meine und Evelyns Darbietungen so aufgekratzt, dass er sich ans Klavier setzte, um mir seine unbekannten Chansons vorzutragen. Was aus dem alten Mann hervorquoll, war unglaublich. Grandiose Chansons und Couplets, von deren Existenz ich keine Ahnung hatte, die zum großen Teil auch nie veröffentlicht waren, kramte er reihenweise aus seinem überstrapazierten Gedächtnis hervor. Dann, nach einer guten Stunde, überließ er mir den Platz am Klavier und forderte mich auf, ihm einige meiner Lieder vorzutragen, eine Aufforderung, der ich nur zögernd nachkam. Doch als ich seine enthusiastische Reaktion sah, wurde ich verwegener und tat so, als ob es die selbstverständlichste Sache der Welt wäre, einen Klassiker der Unterhaltungsmusik zu unterhalten.

Seine Gattin blickte gegen Mitternacht besorgt auf die

Uhr. »Ralphi, glaubst du nicht, dass wir langsam Schluss machen sollten?«

»Aber lass mich in Ruh«, erwiderte der Meister unwirsch, »zum ersten Mal seit Jahren fühl ich mich heute wie ein junger Mensch. Geschlafen hab ich lang genug...« Dann wandte er sich an mich: »Weißt du, Bronner – du hast doch nichts dagegen, wenn ich dich duze –, wir sollten uns zusammentun. Irgendetwas Größeres miteinander schreiben. Ich bin sicher, dass wir miteinander berühmt werden könnten!«

Hier stutzte ich zum ersten Mal. »Berühmt werden?« Hat denn der Komponist des »Weißen Rößls« vergessen, dass er schon längst berühmt war? Dass er bereits Evergreens geschrieben hatte, bevor ich auf der Welt war?

Doch der Meister fuhr unbeirrt fort: »Ich hab da eine köstliche Idee in den Eingeweiden. Wir könnten miteinander eine Fortsetzung zum ›Weißen Rößl‹ schreiben. Die Geschichte, die ich mir vorstelle, spielt in den letzten Kriegstagen. Hitler ist ins Salzkammergut geflüchtet und versteckt sich bei der Rösslwirtin. Kurz danach wird das Hotel von den Amerikanern besetzt...«, er stockte.

»Und dann?«, fragte ich.

»Das weiß ich nicht. Wenn ich wüsste, wie das weitergeht, hätte ich es schon längst geschrieben. Aber ist das nicht eine großartige Ausgangssituation?!«

Ich blickte hilflos zu seiner Gattin. Sie verdrehte die Augen himmelwärts und bedeutete mir, mitzuspielen. Also versuchte ich es, so gut es ging. Wir entwarfen ein Auftrittslied für Hitler mit dem Text: »Ich habe nur das Beste gewollt, doch mein Volk war nicht das beste«, dann versuchten wir noch ein Lied für den amerikanischen GI, der am Ende die Tochter der Rösslwirtin heiraten sollte: »Europa ist zu alt für mich, doch die Mädchen sind so jung«, und dann war es sogar für mich zu spät.

Benatzky bestand darauf, dass ich am nächsten Tag wiederkommen müsste, um an »unserem Projekt« weiterzuarbeiten. Als ich zur vereinbarten Zeit erschien, empfing mich seine Frau und teilte mir mit, dass Benatzky in schlechter Verfassung wäre, und ich solle nicht bös sein, er werde sich bald bei mir melden. Wir trafen uns tatsächlich noch einige Male, plauderten über dies und jenes, doch von einer gemeinsamen Arbeit war nie wieder die Rede. Benatzky wurde nach spätestens einer Stunde so müde und mieselsüchtig, dass ich jedes Mal froh war, wieder gehen zu können.

WIR GASTIERTEN SPÄTER noch in Luzern, anschließend sollten wir in Sankt Gallen spielen, aber ich hatte genug von der Schweiz. Ich bat Johannes Fehring, mich aus dem Vertrag zu entlassen, und fuhr nach Wien. Allerdings ohne meine Frau von meiner verfrühten Ankunft zu verständigen. Das war ein Fehler, denn als ich meine Wohnung betrat, fand ich darin nicht nur meine Frau, sondern auch einen netten Herrn, den ich noch nie gesehen hatte. Er war gerade im Begriff, seine Schuhe auszuziehen, doch ich bat ihn, sie anzubehalten, und ersuchte ihn, ein anderes Mal wiederzukommen, denn ich war nach der langen Autofahrt müde.

Liesel versuchte, mir etwas zu erklären, aber ich hörte nicht hin. Für mich war diese Ehe längst schon ein abgeschlossenes Kapitel. Ich blieb nur unserem Sohn zuliebe verheiratet, ich wollte ihm, solange es irgend möglich war, das Elternhaus erhalten.

Nun war ich also wieder in Wien. Die »Marietta-Bar« hatte ich aufgegeben, Kurt Mackh suchte nach einem neuen Pächter und fand keinen. Ich überlegte mir allen Ernstes, dort wieder einzusteigen, war sogar schon auf dem Weg zu seiner Wohnung, nicht um einen neuen Pachtvertrag auszuhandeln, sondern mit ihm über Zukunftspläne zu plaudern, doch ich kam nicht sehr weit. Auf dem Weg traf ich zufällig den Schallplattenproduzenten, bei dem ich meine beiden Bestseller aufgenommen hatte. Er hieß Adolf

Kremel und war ein glatzköpfiger Gauner, der aus unverständlichen Gründen ständig mit irgendwelchen besonders hübschen jungen Damen liiert war. Mit einer solchen jungen Dame spazierte er eben durch die Stadt. Er hielt mich an: »Darf ich Ihnen Fräulein Anita vorstellen? Sie ist eine sehr begabte Sängerin.«

Ich murmelte etwas Freundliches vor mich hin. Er setzte fort: »Wir fahren übermorgen zur Funk- und Fernsehausstellung nach Düsseldorf. Hätten Sie nicht Lust mitzukommen?«

»Was soll ich dort machen?«

»Erstens die Ausstellung anschauen, und zweitens könnten Sie das Fräulein Anita begleiten, sie wird dort nämlich auftreten.«

»Auftreten? Bei einer Ausstellung?«

»Ja, dort wird laufend ein Fernsehprogramm ausgestrahlt, aber nur in den Ausstellungsräumen. Also was ist, kommen Sie mit?«

Ich dachte nicht einmal einen Moment nach, ehe ich zusagte. Fernsehen war etwas völlig Neues, das ich kennen lernen wollte. Außerdem war mir so ziemlich jeder Vorwand recht, einige Tage von meiner Frau loszukommen. Am nächsten Tag probte ich mit Fräulein Anita einige Lieder, wir studierten auch ein Duett ein, das ich mit Evelyn Künneke gesungen hatte. Und tags darauf fuhren wir in Kremels Luxuskarosse nach Düsseldorf. Wir wurden dort gebührend bestaunt, nicht weil wir so berühmt, sondern weil wir die einzigen Gäste aus Wien waren.

Es waren sehr viele Stars der deutschen Unterhaltungsbranche versammelt, die alle innerhalb der Ausstellung aufzutreten hatten. Wir wurden für drei Auftritte eingeteilt, was für das bescheidene Repertoire, das uns zur Verfügung stand, viel war, denn keiner der Darsteller sollte sich wiederholen. Ich war schon im Begriff, meine Anita zu einer neuen Probe zu bewegen, da klopfte mir jemand auf die Schulter. Ich drehte mich um, und Evelyn Künneke stand vor mir. Wir fielen uns in die Arme und beschlossen, etwas gemeinsam zu machen. Die Veranstalter waren einverstanden, und so geschah es, dass ich viel öfter auftrat als geplant.

Der Conférencier dieser Veranstaltung war Peter Frankenfeld. Wir hatten eine kurze Unterhaltung und fanden Gefallen aneinander. Er fragte mich: »Können Sie noch etwas außer Sängerinnen begleiten?«

»Was stellen Sie sich vor?«

»Evelyn hat mir gesagt, dass Sie auch Lieder schreiben, stimmt das?«

»Ja, das stimmt, warum?«

»Ich hätte eine Idee: trauen Sie sich zu, auf Zurufe aus dem Publikum ein Lied zu improvisieren?«

»Nicht direkt auf der Bühne. Aber wenn ich 15 Minuten Zeit habe, müsste ich es fertig bringen.«

»Großartig!«, sagte Peter Frankenfeld, »das probieren wir heute!«

Und wir probierten es wirklich. Frankenfeld forderte das im Saal anwesende Publikum auf, mir drei Noten zuzurufen, dann zehn Worte, die im Text vorkommen sollten. Dann musste das Publikum noch entscheiden, ob es ein Liebeslied, ein Volkslied oder ein klassisches Lied sein sollte. Und dann ging ich hinter die Bühne und schrieb mit diesen Bestandteilen ein Lied. Es wurde ein komisches Liebeslied. Ich kam nach zehn Minuten auf die Bühne, wiederholte zuerst die zugerufenen Ingredienzien des Liedes, und dann trug ich es vor.

Der Erfolg war überwältigend. Zwar glaubten manche »Fachleute«, dass die zugerufenen Noten und Worte vorher ausgemacht waren, doch sie wurden eines Besseren belehrt, als ich das an den darauf folgenden Tagen mit anderen Zurufen immer wieder machte. Frankenfeld sagte mir, dass wir das noch öfter tun werden, und wir taten es auch.

Nach einigen Tagen in Düsseldorf gewöhnte ich mich langsam daran, dass die deutsche Sprache hier ganz anders klang als in Wien. Umso erstaunter war ich, als mich plötzlich ein Mann in einer unverwechselbar wienerischen Sprachmelodie anredete: »Haben's das mit dem Frankenfeld ehrlich improvisiert?«

»Klar, warum fragen's denn?«, antwortete ich ebenso Wienerisch.

»Weil ich wissen möcht, wer Sie sind und was Sie sonst noch machen.«

Ich erzählte es ihm. Dann fragte ich ihn: »Und was machen Sie da?«

»Ich heiß John Olden, und ich bin der Unterhaltungschef vom Hamburger Fernsehen.«

»Sie sind doch der Sprache nach ein Wiener, wieso heißen Sie John Olden?«

»Weil ich beizeiten nach England emigriert bin, dort hab ich mir den Namen ändern lassen. In Wien hab ich Fritz Arzt g'heißen, das hab'n die Engländer net aussprechen können, drum bin ich jetzt der John Olden.«

»Freut mich, Sie kennen zu lernen.« Wir schüttelten die Hände, dann sagte er: »Es wird Sie vielleicht noch mehr freuen, wenn ich Sie einlade, zu mir nach Hamburg zu kommen.«

»Was soll ich dort machen?«

»Für mich arbeiten. Ich such solche Leut' wie Sie.«

»Ist das ein ernstes Angebot?«

»Klar. Da haben's meine Hamburger Büronummer, rufen's mich an, sobald Sie sich entschlossen haben.«

Ich hatte mich sehr bald entschlossen. Sobald ich wieder in Wien war, teilte ich meiner Frau mit, dass wir nach Hamburg übersiedeln würden. »Um Gottes willen! Was soll ich in Hamburg machen?«

»Das Gleiche, das du hier machst.«

»Aber hier hab ich meine Freunde, und …«

»Wie ich dich kenne, wirst du in Hamburg auch bald Freunde haben.«

Nach einer längeren Diskussion einigten wir uns darauf, dass ich zunächst allein nach Hamburg gehen würde, sie

würde mit dem Kind nachkommen, sobald ich eine anständige Wohnung fand und sicher war, in Hamburg bleiben zu
wollen. Also verbrachte ich meine ersten drei Monate in
Hamburg als Junggeselle.

HAMBURG war ganz anders, als ich es mir vorgestellt hatte.
Ich dachte an Waterkant, aber davon war keine Rede. Um
wirklich an die Nordsee zu gelangen, hat man sich ziemlich
weit von Hamburg zu entfernen. In der Stadt selbst muss
man sich, wenn man dringend am Wasser leben will, mit
der Elbe oder der Binnen- und Außenalster begnügen. Mir
war das Wasser überhaupt nicht wichtig, ich kam nach
Hamburg, um Fernsehen zu studieren. Im Jahr 1953 waren
die Kinderschuhe noch nicht einmal geschustert, in denen
das Fernsehen dereinst stecken würde. Es gab in der ganzen
Bundesrepublik knapp fünftausend Fernsehapparate, davon
standen etwa tausend in Westberlin und der Rest rund
um Hamburg. Mit anderen Worten, das Fernsehen war so
nebensächlich, dass die meisten Zeitungen es nicht einmal
der Mühe wert fanden, das Fernsehprogramm zu veröffent-
lichen, geschweige denn Kritiken zu schreiben.

Wir konnten damals nach Herzenslust experimentieren.
Denn die wenigen Zuschauer, die es gab, beurteilten nicht
die Qualität des Programms, sondern die Qualität des Emp-
fangs. Selbstverständlich wurde alles in Schwarzweiß ausgestrahlt und live, weil die Magnetaufzeichnung von Bil-
dern noch nicht erfunden war.

Zunächst sah ich nur zu. Wir hatten einen Oberspielleiter
namens Hans Fahrenburg, der als Einziger schon vor dem
Krieg Fernsehen gemacht hatte. Die Olympischen Spiele
1936 waren unter seiner Leitung mit vorsintflutlichen Gerä-
ten nach Leipzig übertragen worden. Daher war sein Wort
Gesetz, kein Mensch wagte ihm zu widersprechen.

Unvergesslich ist mir meine erste Fernsehregie. Es handelte sich um einen wenig bedeutenden Einakter von

Thornton Wilder, den ich inszenieren sollte. Die Proben gingen gut, ich wusste, wie die Kameras einzuteilen waren, ich verstand mich gut mit der Bildmixerin, also hatte ich keine Angst vor der Generalprobe. Diese lief gleich ab wie die Sendung, nur wurde sie nicht ausgestrahlt. Ich saß also am Regietisch, die Schauspieler sprachen den Text, und ich hatte mich nur um die Kameras zu kümmern. Ich gab die nötigen Anweisungen, wie ich es von anderen Regisseuren durch Zusehen gelernt hatte. Ich kommandierte: »Kamera eins Zufahrt auf Großaufnahme! Schnitt auf Kamera drei! Schwenk auf die Tür!« Und so weiter. Da plötzlich spürte ich, dass jemand hinter mir stand. Im Monitor sah ich das Spiegelbild von Fahrenburg. Natürlich wurde ich nervös und kommandierte weiter. Da neigte sich der große Fahrenburg an mein Ohr und sprach die unvergesslichen Worte: »Bronner, lass die Schauspieler langsamer sprechen, denk immer daran, du spielst für Idioten!« Sprach's, wandte sich um und verließ den Regieraum. Ich unterbrach die Generalprobe, teilte den Schauspielern mit, was mir der Oberspielleiter gesagt hatte, und wir begannen das Ganze noch einmal von vorn, allerdings wesentlich langsamer.

Leider habe ich mich in meiner späteren Fernsehzeit nicht immer an Fahrenburgs Maxime gehalten. Ich hätte mir wahrscheinlich viel Unverständnis des breiten Publikums ersparen können. Denn der Fernsehnormalverbraucher sagt nie: »Das habe ich nicht verstanden.« Leider sagt er: »Das ist ein Blödsinn!«

JOHN OLDEN, der mich nach Hamburg geholt hatte, fragte mich eines Tages: »Könnten Sie nicht irgendeine Sendung machen, in der Sie Lieder über aktuelle Ereignisse singen? Sie schreiben doch Ihre Lieder so schnell.«

Ich konnte. Und so begann meine erste Sendereihe mit dem Titel »Gesang zwischen den Zeilen«. Ich schrieb jede Woche drei Chansons, die auf Zeitungsmeldungen basierten. Dazwischen plauderte ich ein bisschen, ein Karikaturist steuerte Illustrationen bei, und ich hatte meinen ersten Erfolg im Fernsehen. Zur gleichen Zeit kam mein Freund Michael Kehlmann auch nach Hamburg. Er begann mit Fernsehbearbeitungen, die er auch selbst inszenierte. Ich schrieb die Musik dazu. Unsere erste gemeinsame Fernseharbeit war das Stück »Madame Sans-Gêne« von Sardou. Inge Meysel spielte die Titelrolle.

Diese Anfangsjahre des Fernsehens waren eine schöne Zeit. Alle, die daran beteiligt waren, gaben ihr Bestes. Wir lebten in der Illusion, durch unser Fernsehprogramm das Niveau der Zuschauer heben zu können. Es wurden regelmäßig Opern- und Theaterklassiker gesendet, und wenn wir Unterhaltung machten, dann sollte es Unterhaltung auf hohem Niveau sein – was zwar nicht immer gelang, aber es wurde zumindest versucht. Es gab keine Konkurrenzsender, die uns gezwungen hätten, um Prozentanteile von Zuschauern zu wetteifern, es war trotz aller Schwierigkeiten eine schöne Zeit. Die leider nicht sehr lange anhielt.

DAS JAHR 1954 brachte einen wesentlichen Einschnitt in meinem Leben. Erstens war ich in Hamburg so sehr in den Fernsehbetrieb integriert, dass ich meine Wohnung in Wien aufgab. Meine Frau und meinen Sohn holte ich nach. Wir spielten wieder Ehepaar mit Kind, aber unsere Beziehung blieb das, was sie war: verwahrlost. Ossi ging in eine Hamburger Schule, ich arbeitete beim Fernsehsender, und Liesel führte den Haushalt.

John Olden saß oft mit mir zusammen, um Pläne für das Programm zu schmieden, und so hatte ich einmal einen Einfall, von dem ich nicht ahnen konnte, wie sehr er mein Leben verändern würde: »Ich weiß, dass Operetten viel zu aufwendig für unsere Verhältnisse sind. Aber wir könnten doch einmal versuchen, irgendeines von diesen hübschen Wiener Singspielen aufzuführen, die sind überhaupt nicht aufwendig und können sehr unterhaltsam sein.«

»Was stellst du dir vor?«

»Ich denke da zum Beispiel an das Stück ›Hofloge‹.«

»Keine schlechte Idee! Das Stück habe ich seinerzeit in Wien gesehen, das war sehr süß. Aber glaubst du, dass wir das mit unseren Hamburger Schauspielern besetzen können?«

»Es müssen ja nicht alle aus Hamburg sein, wir können uns Gäste einladen.«

Und genau das geschah. Für die weibliche Hauptrolle wurde Bruni Löbel verpflichtet. Ich hatte die musikalische Leitung bei der Produktion und musste mit allen Darstellern die Musiknummern einstudieren, also auch mit Bruni. Auf die Proben mit ihr freute ich mich immer, denn es gab vom ersten Moment an eine Art des stillen Einverständnisses zwischen uns, auch wenn wir von ganz belanglosen Dingen sprachen. Eines Tages dauerte die Probe länger als geplant. Wir waren beide hungrig, also gingen wir in ein Restaurant, wo wir nicht nur aßen, sondern auch angeregt plauderten. Anschließend fuhren wir spazieren, hielten irgendwo an der Alster – und da passierte es. Wir waren ineinander verliebt.

Ich war zwar verheiratet, sie war seit Jahren liiert, doch das tat unserer jungen Liebe keinen Abbruch. Sie war berühmt, ich war es nicht, sie war schön, ich war nicht einmal so etwas Ähnliches, sie war älter als ich, doch sie sah jünger aus, und wenn man erst mit einem »Filmstar« eine Liaison hat, sieht man die Welt durch eine rosarote Brille, also war alles, was ich sah, wunderschön.

»Hofloge« wurde ein Riesenerfolg. Dann fuhr Bruni nach Berlin, wo sie in einem Film mitspielte. Wir schrieben uns fast täglich Briefe. Bruni lud mich zu sich nach Berlin ein, denn sie fühlte sich allein.

Ich sagte meiner Frau, dass ich vom RIAS eingeladen war, um eine Rundfunksendung zu schreiben. Bruni und ich verbrachten drei herrliche Tage, dann flog ich zurück nach Hamburg.

Daheim angelangt, begann meine Frau ein Verhör: »Wo warst du?«

»In Berlin.«

»Was hast du dort getan?«

»Ich habe mit dem RIAS verhandelt.«

»Du lügst!«

»Wie kommst du darauf?«

»Weil der Olden dich dort gesucht hat, und dort wusste man überhaupt nichts von dir.«

»Also gut, ich war nicht beim RIAS.«

»Wo warst du denn?«

»Das geht dich nichts an.«

»Ich bin deine Frau, ich habe ein Recht zu erfahren, wo du warst!«

»Und wenn du es nicht erfährst?«

»Dann lass ich mich scheiden.«

»Einverstanden«, sagte ich und bedauerte es keinen Augenblick.

Die Scheidung war eine verhältnismäßig kurze Prozedur. Ossi wurde seiner Mutter zugesprochen. Es wurden auch Unterhaltszahlungen bestimmt, doch nur, bis sie wieder heiraten würde – was übrigens noch im gleichen Jahr geschah.

Bruni und ich bezogen ein hübsches Haus im Alstertal und führten eine wunderschöne, wilde Ehe. Bis mir Bruni sagte: »Ich bin schwanger.«

»Da müssen wir sofort etwas unternehmen!«, war meine erste Reaktion.

»Warum?«

»Warum? Erstens weil du in zwei Wochen in Ägypten Drehbeginn zu deinem neuen Film hast …«

»Und zweitens?«

Ich stockte. Ich konnte ihr nicht sagen, dass ich die Vorstellung unerträglich fand, immer wieder allein zu sein, wenn sie irgendwo einen Film drehte oder in einem Theater gastierte. Und ich konnte ihr auch nicht sagen, dass ich wahrscheinlich nicht für ewig bei einer Frau bleiben würde, die älter war als ich. Ich stotterte daher etwas Belangloses über berufliche Verpflichtungen.

»Soll das heißen, dass du das Kind nicht willst?«, fragte sie.

»Nicht zum jetzigen Zeitpunkt, ich habe schon ein Kind, um das ich mich kümmern muss.«

»Aber ich habe noch kein Kind, und ich will eines haben. Wenn es nicht anders geht, dann wird es eben unehelich sein!«

»Aber Liebling, überleg dir doch…«

»Ich hab es mir schon überlegt. Das wird mein Kind sein, wenn nötig, werde ich es allein erziehen, und wenn du es nicht willst, brauch ich auch keine Alimente von dir. Ich bin erwachsen genug, um ein Kind auch allein großzuziehen!«

Dieses Gespräch hinterließ einen bitteren Nachgeschmack. Einerseits wollte ich ihr nicht wehtun, andererseits wollte ich nach meiner verunglückten Ehe nicht mehr heiraten. Aber wie kann man diesen Zwiespalt einer Frau erklären? Ich jedenfalls konnte es nicht. Daher fragte ich sie: »Wann wirst du aus Ägypten zurückkommen?«

»Die Dreharbeiten sind für einen Monat geplant. Also in sechs Wochen.«

»Gut. Ich schlage dir vor, dass wir dann weiterreden.«

WÄHREND BRUNI in Ägypten filmte, arbeitete ich an einem musikalischen Lustspiel namens »Der König mit dem Regenschirm« von Ralph Benatzky. Meine Aufgabe war, das Stück erstens zu »entstauben«, zweitens zu kürzen und drittens es so einzurichten, dass es innerhalb von hundert Minuten ohne Pause spielbar würde.

Der Regisseur kam aus Amerika und hatte keine Ahnung, wer Benatzky war. Ihm war das Stück, vor allem aber die Musik, viel zu unmodern, und er beauftragte mich, so viel wie möglich zu ändern, um das Endprodukt zeitgenössischen Ohren schmackhaft zu machen. Also setzte ich mich hin und begann zu ändern. Da ließ ich eine Strophe weg, dort erfand ich neue Harmonien, die Orchestration erschien dem Regisseur vorsintflutlich, also musste sie neu geschrieben werden. Und dann erhielt ich den Auftrag, für eine der Nebenfiguren ein neues Lied einzufügen, um erstens eine langweilige Prosastelle zu ersetzen und zweitens, um einem der Schauspieler einen komplizierten Umzug zu ermöglichen.

»Wo nehm ich ein neues Lied her?«, fragte ich den Regisseur.

»Das ist mir egal, wenn es nicht anders geht, erfind irgendetwas.«

Also erfand ich irgendetwas. Nach einigen Wochen intensiver Proben waren vom ursprünglichen Stück nur noch Rudimente erhalten. Dazu natürlich der Titel sowie Name des Autors und Komponisten Ralph Benatzky.

Damals war die Aufführung eines abendfüllenden Singspiels keine alltägliche Sache. Daher war die Publicity, die das »Fernsehereignis« erhielt, gewaltig. Als zusätzliche »Sensation« lud der Intendant den Komponisten nach Hamburg ein. Benatzky begrüßte mich überschwänglich, umarmte mich und bedankte sich im Voraus für meine Arbeit, über die er schon so viel Gutes gehört hatte. »Hab ich dir nicht gesagt, dass wir beide noch berühmt werden?«, rief er triumphierend aus. Der daneben stehende Intendant lächelte wohlwollend. Offensichtlich stieg ich in seiner Achtung um einige Stockwerke.

Nachdem die eingeladenen Journalisten abgefüttert und getränkt waren, wurde der Raum verdunkelt, und das »Ereignis« begann. Benatzky bestand darauf, dass ich neben ihm saß, damit er mir seine Eindrücke gleich mitteilen könnte, ehe er sie vergaß. Während der letzten Sekunden vor Spielbeginn kam mir plötzlich zu Bewusstsein, dass ich eigentlich mit dem geistigen Eigentum eines anderen »Schlitten gefahren« bin und »Schindluder« damit getrieben habe.

Wie, um Gottes willen, wird er darauf reagieren?

Das Spiel begann. Die Ouvertüre war zwar kürzer als im Original, sie war auch ganz anders instrumentiert, aber sie war immerhin von Benatzky. Dann kam das Auftrittslied des Königs, dessen Text nach einigen Zeilen anders weiterging, als vom Autor geplant. Kurz darauf folgte ein Terzett, das ursprünglich ein Solo gewesen war. Dann kam ein Duett, das eigentlich im dritten Akt sein sollte, aber dafür mit einem neuen Text. Im Halbdunkel sah ich, wie der Meister aufmerksam zusah und keine Miene verzog. Dann aber nach einer Weile kam jenes Lied, das ich auf Wunsch des Regisseurs neu schreiben musste, bei dem von Benatzky nicht ein Wort und nicht eine Note enthalten waren. Ich war auf alles gefasst. Ich stellte mir vor, dass Benatzky die Aufführung unterbrechen, sich vor laufender Kamera von dieser Entstellung seines Werkes distanzieren, dass er mich öffentlich vor den versammelten Journalisten ohrfeigen würde – doch nichts dergleichen geschah. Ralph Benatzky hörte sich mein Lied bis zum Ende an, dann neigte er sich im Halbdunkel zu mir und sagte: »Was sagst du, Bronner, wie modern ich damals schon war?«

Bis zum heutigen Tag weiß ich nicht, was damals in ihm vorging. Hat er vergessen, dass er dieses Lied nie geschrieben hatte, oder war es eine elegante Methode, mir ein Kompliment zu machen?

Ich weiß es nicht, und ich werde es nie erfahren.

Ich weiß nur, dass mein Leben um einiges ärmer wäre, hätte ich Ralph Benatzky nie kennen gelernt.

EINES TAGES rief Peter Wehle an.

»Von wo rufst du an, aus Wien?«

»Nein«, sagte Peter, »ich bin in Hamburg.«

»Was machst du in Hamburg?«

»Ich trete im Haus Vaterland auf.« Das Haus Vaterland war ein altehrwürdiges Hamburger Varieté, in dem Zauberer, Akrobaten, Tänzerinnen und Komiker aufzutreten pflegten.

Und einer dieser Komiker war mein Freund Peter Wehle. Ich sah mir die Vorstellung an, sie war vergessenswert, und anschließend setzten wir uns auf einen Kaffee zusammen. »Wie bist du auf das Varieté heruntergekommen?«, fragte ich ihn.

»Was heißt ›heruntergekommen‹? Die zahlen da sehr gute Gagen!«

»Schon, aber in diesem Rahmen zu arbeiten, kann doch kein Vergnügen sein.«

»Arbeit ist nie ein Vergnügen. Daher wird man ja auch bezahlt dafür. Für Vergnügen muss man selber zahlen«, sagte Wehle. Dann erkundigte er sich: »Und was machst du zur Zeit in Hamburg?«

»Ich arbeite beim Fernsehen.«

»Das weiß ich, aber ich will wissen, was du zur Zeit machst!«

»Ich arbeite gerade an einem musikalischen Lustspiel, das ich mit Musik von Offenbach unterlegen soll.«

»Das klingt interessant. Darf ich da mitspielen? Ich habe tagsüber nichts zu tun, wenn du willst, helfe ich dir dabei, damit mir nicht so fad ist.«

Und so begab sich's, dass zwei Wiener in Hamburg sitzend ein Singspiel mit Offenbachs Musik schrieben, das übrigens sehr gut ankam. Und weil wir schon beim Schreiben waren, schrieben wir gleich noch ein Singspiel, das in vielen Theatern gespielt wurde – nach Wehles Tod sogar in Wien.

Bruni kam zurück, lernte Peter Wehle kennen, und es war eine Freundschaft auf den ersten Blick. Die beiden hatten einander viel zu erzählen, am nächsten Tag wusste ich auch, was. Peter sagte mir, als wir allein waren: »Du, die Bruni erzählt mir, dass sie ein Kind erwartet …«

»Das weiß ich.«

»… und du willst sie nicht heiraten, stimmt das?«

»Sie hat gesagt, dass sie unbedingt ein Kind will, ich aber nicht.«

»Warum nicht?«

»Ich hab schon ein Kind.«

»Das ist ein blödes Argument! Ich kenn Leute, die sechs Kinder haben.«

»Das ist ein noch blöderes Argument. Außerdem hat sie gesagt, dass sie das Kind auch will, wenn wir nicht verheiratet sind.«

»Das ist kein Grund, sie nicht zu heiraten!«

»Ich bin froh, aus meiner ersten Ehe mit heiler Haut herausgekommen zu sein. Noch einmal möchte ich das nicht erleben müssen.«

»Du kannst doch die Liesel nicht mit der Bruni vergleichen.«

»Das tu ich auch nicht. Ich vergleiche nur Liebe mit Ehe. Von Letzterem hab ich genug!«

»Das ist unverantwortlich deinem Kind gegenüber! Willst du, dass es unehelich geboren wird?«

»Du bist leider ein Katholik, und mit Katholiken kann man über so was nicht diskutieren.«

Das war das vorläufige Ende der Diskussion. Und wir arbeiteten weiter an unserem Singspiel, was mir viel mehr Spaß machte. Mitten in der Arbeit läutete das Telefon: »Hier spricht Kurt Mackh aus Wien. Bist du der Gerhard?«

»Wenn man mich anruft, bin ich meistens der Gerhard. Was gibt's?«

»Eine kurze Frage, auf die ich eine kurze Antwort erwarte: Willst du die ›Marietta-Bar‹ kaufen?«

»Warum willst du sie loswerden? Geht sie nicht mehr?«

»Das auch, aber die Marietta hat genug davon. Sie will nur noch im Sommer am Wörthersee und im Winter in unserem Skihotel spielen.«

»Kann ich verstehen. Was verlangst du?«

Er nannte einen vernünftigen Preis.

»Lass mich das drei Tage lang überlegen.«

Ich erzählte Peter von dem Telefonat. »Was meinst du? Soll ich die Bar kaufen?«

»Hast du das Geld bereit?«

»Ja, ziemlich genau.«

»Dann kauf sie sofort. Dort werden wir miteinander auftreten, und das könnte eine kleine Sensation werden. Vor allem
müsste ich dann nicht mehr im Haus Vaterland gastieren!«

Ich dachte lang nach und kam zu keinem Entschluss. Die
Arbeit beim Fernsehen machte Spaß, ich verdiente sehr gut,
und es gab bereits über zweihunderttausend Fernsehapparate in der Bundesrepublik, ein Zeichen dafür, dass wir
irgendetwas richtig gemacht haben mussten. Oder vielleicht
doch nicht? – Jedenfalls kam der Entschluss, nach Wien zu
gehen, doch zustande: Seit es Fernsehstudios gibt, werden
Besucher durch dieselben geführt. Meist sind es Schulklas-
sen oder Insassen von Altersheimen. Die Leute, die beim
Fernsehen arbeiten, haben sich mit der Zeit daran gewöhnt,
dass der PR-Mensch mitten in der Arbeit die Tür aufmacht
und sagt: »Ich störe doch nicht?!« Dann folgt ein Ratten-
schwanz von Menschen beliebigen Alters. Die stehen im Weg
herum, begaffen, was zu begaffen ist, und nach einer Weile
gehen sie ebenso ahnungslos weg, wie sie gekommen sind.

Ich war gerade mitten in einer Probe, wie meistens unter
Zeitdruck, als die Tür des Studios aufging, der freundliche
PR-Mensch hereinkam und sagte: »Ich störe doch nicht?!«
In seinem Windschatten folgten fünfzig Pastoren in voller
Montur. Ich sah die Herren andächtig an, dann sagte ich zu
meinem Regieassistenten: »Jetzt ist es Zeit, vom Fernsehen
wegzugehen.«

ICH RIEF KURT MACKH AN und sagte ihm, dass ich die
»Marietta-Bar« kaufen würde. Wir verabredeten den Zeitpunkt der Übergabe sowie die Zahlungsmodalitäten. Die
Neueröffnung des Lokals sollte irgendwann im Oktober
stattfinden, und zwar genau an dem Tag, an dem die alliierten Besatzungstruppen abziehen würden. Peter Wehle arbeitete schon an einem Lied, mit dem wir dieses Ereignis besingen könnten.

Bevor ich nach Wien übersiedeln konnte, war noch viel zu erledigen. Ich musste vor allem Bruni erklären, dass sie so bald wie möglich nach Wien nachkommen müsste. Ich würde sie verständigen, wenn ich eine Wohnung organisiert hätte, und so weiter. Ihre Reaktion war ein unerwartete: »Ich werde nicht nach Wien kommen. Ich werde mit meinem Kind hier bleiben.«

»Bitte, warum?«

»Ich sehe keinen Grund, dir nachzureisen. Wir sind ja nicht verheiratet.«

»Also das ist es! Du hast doch gesagt, dass du das Kind auch allein …«

»Glaubst du, es ist ein Vergnügen, als unverheiratete Frau im achten Monat schwanger zu sein?«

»Aber du hättest es doch wissen müssen.«

»Wenn man im zweiten Monat schwanger ist, sieht das alles ganz anders aus. Wie das wirklich ist, das weiß ich erst jetzt.«

»Bitte sag mir nur eines: Wenn ich dich heirate, kommst du dann mit nach Wien?«

Sie sprang auf, fiel mir um den Hals und rief: »Also werden wir doch heiraten?«

»Wenn du darauf bestehst, ja.«

Kurz nach diesem Gespräch kam Peter Wehle bei der Tür herein. Bruni rief ihm freudestrahlend zu: »Peter, wir heiraten! Willst du Trauzeuge sein?«

»Aber mit Vergnügen«, sagte Peter, dann zu mir: »Bist du endlich zur Vernunft gekommen? Gratuliere!«

Tags darauf gingen wir zum Standesamt, bestellten das Aufgebot, und einige Tage danach wurden wir getraut. Zwar warf der Standesbeamte ständig irritierte Blicke auf den Bauch der Braut, aber das ging auch vorüber. Und dann waren wir verheiratet. Ich merkte keine sonderliche Veränderung an uns, außer dass Bruni wieder glücklich war und strahlte. Also versuchte ich auch zu strahlen.

IM OKTOBER 1955 war ich also wieder in Wien. Österreich hatte inzwischen den Staatsvertrag erhalten, die alliierten Besatzer waren weg, die Stimmung in der Wiener Bevölkerung war so, dass man sich vorstellen konnte, in dieser Stadt gerne zu leben. Zum ersten Mal seit der Wirtschaftskrise von 1929 gab es Hoffnung darauf, dass es besser werden konnte. Man konnte Pläne schmieden, und man konnte sich eine Zukunft vorstellen, die keine Utopie wäre.

Als Besitzer der »Marietta-Bar« hatte ich viele Pläne zu schmieden. Ich arbeitete mit Wehle an einem Duo-Programm, das etwas ganz Neues sein sollte. Zu unserer Freude wurde es das auch. Wir schrieben aktuelle satirische Nummern über die Lage in Wien. Wir blödelten über die »ewige Neutralität«, zu der sich Österreich verpflichten musste, »Wir sind von Natur aus neutral …«, wir polemisierten gegen das Proporzsystem der beiden Großparteien, »Auf jedem Posten sitzen mindestens drei Mann: erstens ein Schwarzer, zweitens ein Roter und ein Dritter, der was kann«, das Lokal war jeden Abend überfüllt.

Bald darauf fand ich eine hübsche Wohnung, die ich als Nest für meine neue Familie herrichten ließ. Es war eigentlich alles in Ordnung, aber mein Sohn Ossi fehlte mir. Liesel hatte kurz nach unserer Scheidung wieder geheiratet, das tat sie noch öfter, sie lebte nun in Bonn, also musste ich nach Bonn fahren, wenn ich meinen Sohn sehen wollte. Diese Besuche waren immer sehr unerfreulich: Mit meiner Ex-Frau konnte ich kaum mehr reden, und ich konnte es nicht ertragen, wie sehr Ossi unter unserer Trennung litt.

ICH SCHRIEB LIEDER auf alle möglichen und unmöglichen Begebenheiten, die sich damals in Wien zutrugen, und eines hatte Folgen. Hans Weigel, der für ein Wiener Boulevardblatt Theaterkritiken schrieb, verriss eine Aufführung im Burgtheater, in der auch die große Schauspielerin Käthe Dorsch mitwirkte. Käthe Dorsch fand das unerhört, sie ging Tags darauf in Weigels Stammcafé, und ehe Weigel wusste, wie ihm geschah, wurde er von der Dorsch wegen der schlechten Kritik geohrfeigt.

Das ergab natürlich einen Riesenskandal, über den in ganz Wien fleißig diskutiert wurde. Raoul Aslan, der Doyen des Burgtheaters, sagte zum Beispiel: »Für Menschen, die das Burgtheater beschimpfen, fordere ich die Todesstrafe!«

Meine Reaktion war eine andere: Ich schrieb ein Lied mit dem Titel »Hit me Kate!«, das ich jeden Abend zum Gaudium das Publikums sang, manchmal musste ich es sogar wiederholen. Bis eines Abends der Filmregisseur Franz Antel mit seiner ganzen Crew im Lokal saß. Ich trug wieder einmal meinen damals größten Hit vor, und mitten im Vortrag begann Antel dazwischenzurufen: »Gemeinheit so was! Über eine große Schauspielerin macht man sich nicht lustig.« Ich sang das Lied zu Ende, und am Schluss standen nicht nur Antel, sondern alle seiner Begleiter auf, um das Lokal zu verlassen. Während die Herrschaften auf ihre Garderobe warteten, ging ich ihnen nach und fragte Antel: »Entschuldigen Sie, Herr Antel – eine Frage: Sind Sie besoffen?«

»Natürlich nicht! Ich finde es nur geschmacklos, dass Sie auf eine große Künstlerin schimpfen und für diesen Saujuden Weigel Partei ergreifen!«

»Moment«, sagte ich, »Sie können über den Weigel sagen, was Sie wollen, aber das Wort ›Saujud‹ würde ich Sie bitten, in diesem Lokal nicht zu verwenden, weil Ihnen sagt ja auch kein Mensch, dass Sie ein alter Nazi sind.«

Darauf brüllte Antel vor etlichen Zeugen: »Passen's auf: ich bin ein alter Nazi, und ich bin stolz darauf!«

»Ich werde Sie zitieren, Herr Antel!«

»Aber machen's, was Sie wollen, mich können Sie…«
Damit ging er ab.

Während ich nachdachte, wie und wo ich Antels Ausspruch zitieren könnte, kam ein befreundeter Journalist ins Lokal und setzte sich an die Bar. Ich schilderte ihm den

Vorfall brühwarm, er war entsetzt und machte sich Notizen. Tags darauf kaufte ich mir seine Zeitung und fand kein Wort darüber. Am übernächsten Tag auch nicht. Ich rief den Journalisten an und fragte ihn, warum er nichts über den Fall geschrieben habe.

»Ich hab natürlich noch in der gleichen Nacht etwas geschrieben, aber der Chefredakteur hat es hinausgeworfen.«

»Warum?«

»Weil er mit dem Antel befreundet ist, und das will er ihm nicht antun, tut mir leid.«

»Mir auch«, sagte ich und dachte nach, wie ich den Fall doch noch an die Öffentlichkeit bringen könnte. Ich sprach einen befreundeten Chefredakteur an, erzählte ihm die Geschichte und fragte ihn, ob er bereit wäre, das zu drucken.

»Sofort«, sagte er – und tat es auch.

Die Wirkung war ungeheuer. Sämtliche Zeitungen im deutschen Sprachraum berichteten von dem Zwischenfall. Antel war praktisch verfemt. Alle seine Verträge mit Filmproduzenten und Verleihern wurden annulliert. Es wurde für ihn ein finanzieller Verlust, den ich ihm von ganzem Herzen gönnte. Um wieder einigermaßen im Geschäft Fuß zu fassen, musste er sich bei Hans Weigel öffentlich für das Wort »Saujud« entschuldigen, er habe das »nur« im Suff gesagt, und in Wahrheit wäre er ein großer Bewunderer von Weigel, und so weiter…

Nachdem der ganze Zirkus vorbei war, erschien Hans Weigel bei mir in der Bar, um sich mein Lied »Hit me Kate« auch anzuhören. Als ich damit zu Ende war, kam er zu mir, schüttelte mir die Hand und sagte: »Wenn das mit dir so weitergeht, wird das noch in Freundschaft ausarten!«

IN DER ZWEITEN OKTOBERHÄLFTE 1955 rief mich Bruni aus Hamburg an, um mir mitzuteilen, dass wir einen Sohn bekommen hatten. Wir einigten uns auf den Namen Felix. Zwei Wochen danach kam sie mit dem Baby nach Wien.

Die neue Wohnung war schon bezugsbereit, und wir konnten nun wirklich Ehepaar spielen. Als Felix so weit war, dass wir ihn einer Tagesmutter überlassen konnten, begann Bruni berufliche Pläne zu schmieden. Das war in Wien nicht leicht, denn sie hatte einen ausgeprägten deutschen Akzent, und den wollten die Wiener Theaterbesucher nicht so gern hören. Also begann sie ihre Fühler nach Deutschland auszustrecken, und es dauerte nicht lange, bis sie ein interessantes Angebot erhielt. Nach einigen Wochen in Wien fuhr sie mit Baby und Tagesmutter nach München, um dort in den Kammerspielen die Maria in »Was ihr wollt« zu spielen. Regisseur war Fritz Kortner, er benötigte eine Probenzeit von sage und schreibe viereinhalb Monaten, demzufolge sahen wir uns nur selten. Nach der Probenzeit sollte das Stück ein halbes Jahr lang gespielt werden, und ich begann mich ernsthaft zu fragen, wozu wir eigentlich geheiratet hatten, wenn wir einander so selten sehen konnten.

In der »Marietta-Bar« herrschte reges Treiben. Ich schrieb mit Peter Wehle ständig neue Chansons, einige sind inzwischen Kabarett-Klassiker geworden. Das Geschäft ging glänzend, wir konnten nicht nur gut leben, wir konnten sogar nachdenken, wie wir unseren Tätigkeitsbereich erweitern könnten. Mein Traum war ein eigenes Theater, aber Wehle schreckte davor zurück. »Jedes unsubventionierte Theater ist in Wien immer Pleite gegangen«, sagte er. Daher beendeten wir das Thema.

Dann aber kam Helmut Qualtinger zu uns in die Bar. Wir hatten einander längere Zeit nicht gesehen, hatten uns viel zu erzählen, und als alles berichtet war, stellte mir Quasi die unerwartete Frage: »Sag einmal, du musst doch jetzt im Geld schwimmen, warum machst du kein Theater auf?«

»Weil es mir der Wehle ausgeredet hat.«

»Ich hab immer geglaubt, der Wehle hört auf dich, seit wann hörst du auf den Wehle?«

»Er sagt, dass jedes unsubventionierte Theater in Wien Pleite gegangen ist – und da hat er leider Recht.«

»Wenn er das glaubt, muss er ja nicht mitmachen. Aber erinnere dich doch, wie unsere Kabarett-Vorstellungen immer ausverkauft waren!«

»Ich werde darüber nachdenken. Wenn du von einem Theater weißt, das zu vernünftigen Bedingungen zu haben ist, reden wir weiter.«

Am nächsten Abend spielten wir wieder unsere Show, der Applaus war stürmisch, wir spielten noch eine Draufgabe, dann gingen wir an die Bar. Dort saß ein bebrillter Mann mit einem traurigen Gesicht, der sagte: »Was Sie da gemacht haben, war nicht schlecht.«

»Danke«, sagte Wehle.

»So etwas Ähnliches werde ich demnächst auch machen.«

»Haben Sie so etwas Ähnliches schon einmal gemacht?«

»Ja, allerdings in Amerika, und zwar auf Englisch.«

»Interessant!«

Ich wandte mich ab und setzte mich zu Hans Weigel, der wie fast jeden Abend da war. Ich erzählte ihm von dem größenwahnsinnigen Kerl, der gesagt hat, dass er auch so was machen möchte wie Wehle und ich.

»Da wird er sich aber sehr anstrengen müssen«, sagte Weigel.

Einige Abende später war der Bebrillte mit dem traurigen Gesicht wieder da. »Herr Bronner«, sagte er, «ich habe mir einige Lieder zurecht gelegt, wenn Sie nichts dagegen haben, möchte ich die gerne vor Publikum ausprobieren.«

»Von mir aus«, sagte ich, »aber erst nach unserem Auftritt.«

»Selbstverständlich«, sagte er mit traurigem Gesicht.

Wir spielten unsere Show mit dem üblichen Erfolg, dann ging er ans Klavier und sagte: »Nichtsdestoumso werde ich jetzt auch etwas singen.« Dann spielte er auf dem Klavier eine unbeholfene Einleitung, und ich ging in die Küche, denn ich hasse es, wenn sich Amateure produzieren wollen und dabei blamieren. Nach einigen Minuten vernahm ich einen stürmischen Applaus. Ich ging wieder ins Lokal und hörte, wie dieser unbekannte Brillenträger einen Mann besang, der im Orchester das Triangel spielte und sich beklagte, dass das so ein unbefriedigendes Instrument sei. Das Publikum jubelte. Danach sang er noch etwas, das ebenfalls bejubelt wurde, und ging wieder zurück an die Bar.

»Wer sind Sie?«, fragte ich ihn.

»Ich heiße Georg Kreisler.«

»Wo waren Sie bis jetzt?«

»In New York, dort bin ich in so einem ähnlichen Lokal aufgetreten.«

»Und was machen Sie in Wien?«

»Eigentlich bin ich nach Wien gekommen, um hier eine Symphonie zu schreiben, aber zwischendurch möchte ich ganz gerne Chansons singen, damit ich nicht meine ganzen Ersparnisse aufbrauchen muss.«

»Betrachten Sie sich als engagiert.«

Ein Handschlag, zwei Drinks, und wir waren per Du. »Wo wohnst du eigentlich?«, fragte ich ihn.

»Du wirst es nicht für möglich halten, ich wohne hier in diesem Haus.«

»Das nenn ich einen Zufall!«

»Es gibt keine Zufälle«, sagte Kreisler und lächelte.

Tags darauf besuchte ich ihn. Ich lernte seine Frau kennen, eine sehr hübsche Kanadierin. Und dann war noch ein schwarzer Hund da, den er »Symphony« nannte.

»Warum heißt der Hund Symphony?«, fragte ich.

»Warum nicht?«

Dann begann er mir, einige seiner englischen Nummern vorzuspielen, die sehr komisch waren. Und plötzlich fragte er mich: »Kennst du Lieder von Tom Lehrer?«

»Nein, wer ist das?«

»Das ist eigentlich ein Mathematikprofessor an einer berühmten amerikanischen Universität. Der hat plötzlich begonnen hat, Lieder zu schreiben, und zwar köstliche!«

»Spiel mal eines vor.«

Er sang mir ein Lied vor, das ich noch nie gehört hatte, es hieß »Poisoning Pidgeons in the Park«.

Ich war begeistert. »Gibt es von dem Mann noch andere Lieder?«

»So viele du willst. Ich kann sie fast alle.«

Zwei Abende später kam er in die Bar und sang bei seinem Auftritt eine neues Lied mit dem Titel »Gehen wir Tauben vergiften im Park«. Das Publikum jubelte. Von Stund an spielten wir eine Dreimannshow. Wehle, Kreisler und ich.

Das Lokal wurde womöglich noch voller, als es bis dahin war. Wir schrieben uns sogar zwei Terzette, wo jeder zeigen konnte, was er draufhatte. Hans Weigel schrieb in seiner Zeitung einen Artikel über die »Marietta-Bar«, und das Lokal war allabendlich nicht voll, sondern überfüllt.

Nur eines stimmte uns ein bisschen traurig: Wir hatten uns als Zugabe eine besondere Attraktion ausgedacht, die nur aus Improvisation bestand: wir baten einen Gast, ein einfaches Lied zu nennen, etwa einen Schlager, ein Volkslied oder ein Kinderlied. Dann baten wir einen anderen Gast, einen klassischen Komponisten zu nennen, und ein dritter Gast bestimmte einen von uns dreien. Und der musste dann das einfache Lied im Stil des genannten Komponisten spielen.

Ich erinnere mich, wie ich einmal aufgefordert wurde, »Hänschen klein« im Stil von Hindemith zu spielen, wie Wehle den »G'schupften Ferdl« im Stil von Schubert spielte. Das war zwar sehr schön, für uns auch lustig – aber nach einigen Tagen mussten wir entdecken, dass das nicht wirklich ankam. Das Publikum fand es so selbstverständlich, dass wir das konnten, dass sich der Applaus in sehr engen Grenzen hielt.

Es dauert nicht lange, bis ein Schallplattenproduzent daherkam, der mit uns eine Serie unter dem Titel »Vienna Midnight Cabaret« produzieren wollte. Jeder von uns dreien besang je eine Langspielplatte, und auf der Rückseite der Plattenhülle erfand jeder über einen seiner Kollegen eine

Kurzbiographie. So schrieb ich über Georg Kreisler im Jahr 1956:

»Georg Kreisler, ein Musikpathologe ungewöhnlichen Formats, entstammt einem alten Scharfrichtergeschlecht, einer seiner weiblichen Vorfahren wurde A.D. 1369 auf dem Marktplatz von Künigswustergrausen als Hexe verbrannt. Er bedauert heute noch, damals nicht dabei gewesen zu sein. Seine musikalische Begabung entdeckte man, als er im Alter von fünf Jahren seinen Klavierlehrer erschlug. Nachdem er vier weitere Pädagogen umgebracht sowie einer Klavierlehrerin die Nase abgebissen hatte, konnte seine musikalische Ausbildung als beendet angesehen werden. Auf der Suche nach einem breiteren Betätigungsfeld begann er Lieder zu schreiben. Damit wandte er sich vom spontanen Affektmord ab und sattelte auf langsame, qualvolle Folter um.

Innerhalb dieser Sparte brachte er es in Kürze zu unübertroffener Meisterschaft. Sadisten aus aller Welt, darunter namhafte Zahnärzte, Steuerfahnder, Masseure und Verkehrspolizisten, stehen mit ihm in ständiger Korrespondenz, um von ihm Anregungen und neue Ideen zu beziehen.

Menschen mit schwachen Nerven werden ersucht, diese Platte nicht zu kaufen. Oder wenn, dann nur, um sie nicht Menschen mit noch schwächeren Nerven in die Hände fallen zu lassen.«

Kreisler schrieb über Wehle auch nichts Schmeichelhaftes:

»Es ist hoch an der Zeit, dass ein breites Publikum mit den Werken Peter Wehles bekannt gemacht wird. Dieser seit Jahren aufstrebende Künstler konnte nur mit größter Mühe in das Tonstudio gebracht werden. Ihn für längere Zeit am Klavier festzuhalten (der Künstler begleitet sich selbst, da sich nur selten jemand in seine Nähe wagt) erschien zunächst aussichtslos. Erst nach stundenlangem, geduldigem Zureden eines Raubtierdompteurs, eines Psychotherapeuten und eines berittenen Polizisten entschloss sich der quecksilbrige Genius, klein beizugeben. (Er ist 1,67 groß.)

Wehle, der seit seiner frühesten Jugend komponiert – unter seinen Epigonen befinden sich Namen wie Mozart, Beethoven und Schubert –, ist gezwungen, sich seine Texte selbst zu schreiben, da ihm kein namhafter Textdichter in die Nähe geht.

Sein Gesangsstudium vollendete der Künstler am meteorologischen Institut in Scheibbs an der Truhe, wo er seinen Lebensunterhalt mit der Züchtung und dem Verkauf von Wetterfröschen bestritt. In seiner Freizeit fängt er Fliegen für dieselben. Falls irgendjemand beim Anhören dieser Platte wesensverwandte Merkmale zwischen Wehles Stimme und dem Liebesbalzen der Wetterfrösche feststellen sollte, so ist dies nicht auf einen Zufall, sondern auf jahrelanges Studium zurückzuführen.

Wenn Ihnen diese Platte nicht zusagt, verlangen Sie bei Ihrem Plattenhändler eine kostenlose Gebrauchsanweisung für die Vernichtung derselben.«

Und Peter Wehle schrieb für die Rückseite meiner Platte:

»Gerhard Bronner, der an der Universität zu Plagiattnang-Puchheim Stoizismus und Phlegma studierte, begann seine Laufbahn als Tanzlehrer in der Tanzschule Wimmer in Neulerchenfeld. Später wurde er Straßensänger, musste aber diese Tätigkeit wegen auffallenden Stimmmangels wieder einstellen. Daraufhin wurde er für den Rundfunk entdeckt. Als diese Stimme zum ersten Mal im Rundfunk zu vernehmen war, konnte man tags darauf bei Altwarenhändlern ein erschreckendes Angebot von gebrauchten Rundfunkgeräten feststellen. Besonders tragisch ist es, dass er kaum imstande ist, sich fremde Melodien zu merken, was zur Folge hat, dass er es für nötig befindet, eigene Melodien zu erfinden. Und da andere Sänger nur in den seltensten Fällen dazu zu bewegen sind, diese Melodien zu interpretieren, sah sich der Künstler genötigt, sein eigener Interpret zu werden.

Der Künstler verbringt den größten Teil seiner Freizeit damit, aufgebrachten Radiohörern aus dem Weg zu gehen.

Als unter diesen Radiohörern ruchbar wurde, dass eine Schallplattenaufnahme mit dem Bronner geplant wird, musste zum persönlichen Schutz des Künstlers ein Polizeikordon um das Studio gezogen werden. Diesem Umstand ist es zuzuschreiben, dass diese Platte so teuer ist.«

Als die Platten aufgenommen waren, fragte uns der Produzent nach den Namen der Urheber der Nummern. Als Georg Kreisler gefragt wurde, sagte er: »Text und Musik aller Lieder sind von mir!«

Ich sagte leise zu ihm: »Aber Schurli, das stimmt doch nicht, das Lied mit dem Taubenvergiften ist doch von Tom Lehrer.«

»Den kennt kein Mensch in Europa, und der wird in Amerika sicher nichts von meiner Platte hören.«

»Und wenn doch?«

»Dann werde ich ihm schlimmstenfalls die Hälfte der Tantiemen geben, aber solange er nichts davon erfährt, kassiere ich allein.«

Ich sah ihn nachdenklich an und fragte mich, wie lange unsere Freundschaft bestehen würde.

QUALTINGER tauchte wieder in der Bar auf und wollte wissen, ob ich mir das mit dem eigenen Theater überlegt hätte.

»Ich danke kaum noch an etwas anderes«, sagte ich ihm.

»Das trifft sich gut«, sagte er, »weil ich glaube, dass bald ein Theater zu haben ist.« Karl Farkas leitete seit Jahren das klassische Wiener Kabarett »Simpl«. Doch das genügte ihm nicht. Er wollte nebenbei noch ein Haus leiten, in dem er seine alten Singspiele aufführen konnte. Er überredete den Besitzer des »Simpl«, das war ein Spenglermeister namens Picker, das zugrunde gegangene »Wiener Werkel« zu mieten, was dieser auch tat. Farkas nannte das Haus »Intimes Theater« und führte dort alte Singspiele aus den zwanziger und dreißiger Jahren auf, eine Zeit lang ging das ganz gut, aber dann verlor das Publikum an diesen aufgewärmten Lustspielen das Interesse. Das Unternehmen wurde defizitär.

»Wäre es nicht lustig«, meinte Qualtinger, »wenn wir in dem Haus, wo ich diesen blöden Werkelmann spielen musste, ein modernes, zeitkritisches Kabarett machen würden?«

»Und wer wird das finanzieren?«, fragte ich.

»Du natürlich, oder willst du einmal mit deinem vielen Geld begraben werden?«

»Allein mache ich das sicher nicht. Glaubst du, dass der Merz einsteigen wird?«

»Frag ihn doch selbst.«

Carl Merz war ein wohlhabender Mann. Er besaß einige Häuser, von deren Mietzins er luxuriös leben konnte. Außerdem schrieb er Filmdrehbücher, arbeitete für Zeitungen – mit anderen Worten, Nahrungssorgen hatte er keine. Also fragte ich ihn: »Carry, es ist die Rede davon, das ›Intime Theater‹ zu übernehmen. Wir möchten dort Kabarett machen, hättest du Lust, dich daran zu beteiligen?«

Merz lächelte: »Ich warne dich davor, mich als Partner zu nehmen. Jedes einzelne Theater, an dem ich je beteiligt war, ist Pleite gegangen. Willst du das auch?«

»Natürlich nicht, aber es wäre schön, wenn wir deine Erfahrungen auswerten könnten, und wir hätten dich gern als Mitautor und Conférencier.«

»Das ist kein Problem. Wenn du wirklich das Theater eröffnest, stehe ich dir als Autor und Darsteller zur Verfügung, aber Geld kriegst du von mir nicht zu sehen.«

Womit der Fall erledigt war. Ich schob den Theaterplan weit in den Hinterkopf und dachte nach, welche anderen Pläne realisierbar sein könnten. Da rief mich eines Tages Karl Farkas an: »Mein Flottwell (damit war der Spenglermeister Picker gemeint) will das Theater aufgeben. Ich habe gehört, dass Sie eines suchen, stimmt das?«

»Suchen ist zuviel gesagt, ich habe nur überlegt …«

»Überlegen Sie nicht länger, Sie können das Haus sofort haben!«

Am Abend besprach ich das mit Wehle und Kreisler. Wehle sagte, dass er kein Theaterdirektor sein wolle. Kreisler hingegen zeigte sich interessiert. Da kam Hans Weigel bei der Tür herein, setzte sich dazu und fragte: »Was ist das Problem? Ihr macht so ernste Gesichter.«

»Man hat mir das ›Intime Theater‹ angeboten«, sagte ich, »und wir beraten eben, ob wir es nehmen sollen.«

»Was gibt es da zu beraten?«, sagte Weigel, »ihr müsst es nehmen!«

»Aber keiner von uns hat eine Ahnung, wie man ein Theater führt ...«

»Das macht nichts, ich mache mich erbötig, der künstlerische Konsulent des Theaters zu sein.«

»Was verlangst du dafür?«

»Einen Schilling pro Monat!« Er hielt mir die Hand hin, und ich schlug ein.

Kreisler fragte: »Soll das heißen, dass du das Theater übernimmst?«

»Jetzt, wo ich einen Konsulenten engagiert habe, muss ich ja wohl.«

»Gut«, sagte Kreisler, »dann beteilige ich mich mit zwanzig Prozent daran.«

Am nächsten Tag trafen wir den Spenglermeister in einem Kaffeehaus und setzten einen Vertrag auf. Er blieb der Hauptmieter, und wir wurden die Pächter. Zwar hatten wir gehofft, dass wir den Hauptmietvertrag übernehmen dürften, aber Picker blieb hart. Wir waren viel zu dumm und zu unerfahren, um den Pferdefuß dieser Vereinbarung zu sehen. Aber dafür waren wir von Stund an Theaterdirektoren.

ALS WIR mit der Arbeit an unserem Eröffnungsprogramm begannen, waren wir uns über nichts einig außer über den Titel »Blattl vor dem Mund«. Sonst wussten wir nichts über unser neues Kabarettprogramm. Wir waren vier Autoren, von denen jeder eine andere Vorstellung hatte, wie das Programm aussehen sollte. Dazu kam noch, dass jeder der Autoren eine andere politische Richtung vertrat. Merz war ein überzeugter Antimarxist und sehr konservativ. Ich war Sozialdemokrat, wenn auch kein Parteimitglied. Kreisler stand den Ultralinken nahe, ohne sich zum Kommunismus zu bekennen. Und Qualtinger war ein überzeugter Nihilist, der alle Politiker für Trottel hielt.

Aus diesen vier divergierenden Standpunkten einen gemeinsamen Nenner zu finden, war unmöglich. Daher versuchten wir es auch gar nicht. Gerade die Vielfalt unserer Standpunkte wurde zum Erfolgsrezept.

Bei dieser Gelegenheit entdeckte ich, dass politisches Kabarett nicht an eine Ideologie gebunden sein darf. Ich erfand das Prinzip der »Kritik an der reinen Unvernunft«. Denn die Unvernunft ist etwas zutiefst Menschliches. Daher geht sie quer durch alle Parteien, Religionen, Weltanschauungen und Ideologien. Es hat noch nie eine Partei in irgendeinem Land der Welt gegeben, die von sich behaupten kann, in entscheidenden Momenten immer das Richtige getan zu haben. Auch die von mir immer wieder gewählten Sozialisten nicht.

Das Herzstück unseres neuen Programms sollte ein etwa fünfundzwanzig Minuten dauerndes Dramolett mit dem Titel »Die Fahrt ins Rote« sein. Der Anlass war höchst aktuell. Nachdem die Sowjets den Österreichern einen Staatsvertrag und damit die Unabhängigkeit gewährt hatten, glaubten viele, nicht nur in Österreich, an ein politisches Tauwetter. Man erwartete sich eine echte Liberalisierung, auch hinter dem Eisernen Vorhang, und die Folge war, dass Leute, die in den Kriegs- und Nachkriegswirren aus den diversen »Volksdemokratien« nach Österreich geflohen waren, plötzlich glaubten, sie könnten ihr Heimatland anstandslos besuchen.

Merz, dessen Heimatstadt Kronstadt ja in Rumänien lag, schrieb gemeinsam mit Qualtinger die Geschichte eines solchen Mannes, der nach vielen Jahren wieder seine Heimat besuchen wollte, aber an der Grenze angehalten, aus dem Zug geholt und einem stundenlangen, höchst dramatischen Verhör unterzogen wurde, in dem man ihm vorwarf, Spion zu sein. Erst am Schluss stellte sich die Personenverwechslung heraus, und er durfte ungehindert einreisen. Doch der Mann verzichtete darauf und kehrte nach Österreich zurück.

Als Kreisler das Manuskript las, protestierte er aus Leibeskräften. Er sagte, dass dieses Stück jede Völkerverständigung in den Dreck ziehe, dass die Sowjets keine Faschisten wären und Ähnliches. Doch er wurde von der Mehrheit der Autoren überstimmt. Die Premiere fand Mitte Oktober statt, entpuppte sich als Riesenerfolg, die Kritiken waren überschwänglich – nur eine linke Zeitung schrieb, dass »Die Fahrt ins Rote« eine überflüssige, weil peinliche Kriegshetze sei.

Eine Woche nach der Premiere, es war am 23. Oktober, gab es in Budapest eine Massendemonstration, bei der ein riesiges Stalindenkmal umgestürzt wurde und ein Volksaufstand ausbrach, wie es ihn hinter dem Eisernen Vorhang noch nicht gegeben hatte. Eine neue Regierung wurde eingesetzt, der neue Regierungschef Imre Nagy versprach dem Volk, die Tyrannei des Kommunismus zu beenden.

Eine Woche danach marschierten sowjetische Truppen ein, schlugen den Aufstand mit Waffengewalt nieder und hängten Imre Nagy auf. Von diesem Moment an erwies sich »Die Fahrt ins Rote« als prophetisches Manifest. Das »Intime Theater« war auf Wochen im Voraus ausverkauft. Mein Co-Direktor Kreisler nahm das alles eher verblüfft zur Kenntnis und sagte kein Wort mehr von »gestörter Völkerverständigung«.

UNSERE PERSÖNLICHEN REAKTIONEN auf unseren Erfolg sind es wert, beschrieben zu werden: Qualtinger, der natürlich der Star unseres Ensembles war, benahm sich von

Stund an als solcher. Er wurde so überheblich, dass er nur schwer zu ertragen war. Kreisler freute sich natürlich über unseren Erfolg, doch tief im Innern schien er ein schlechtes Gewissen zu haben. Er sagte mir einmal: »Dem McCarthy hätte dieses Programm sicher sehr gut gefallen.« Ich war derjenige, der das größte finanzielle Risiko zu tragen gehabt hätte, wenn das Programm kein Erfolg geworden wäre, und war daher froh und glücklich, alle Gagen, Tantiemen und sonstigen Spesen pünktlich bezahlen zu können. Die interessanteste Reaktion auf den Erfolg kam von Carl Merz. Doch um die zu beschreiben, muss ich ein bisschen ausholen:

Ich war einmal bei Merz in der Wohnung, um mit ihm gemeinsam an einem Filmdrehbuch zu arbeiten. Die Arbeit war so lästig und uninteressant, dass wir mehr Arbeitspausen machten, als dem Projekt dienlich war. In einer diesen Arbeitspausen sagte ich beiläufig: »Du hast eine wunderschöne Wohnung.«

»Ja«, sagte er, »die Wohnung ist nicht schlecht, sie hat nur einen großen Nachteil: Die Küche ist zu weit von meinem Schlafzimmer entfernt.«

»Was stört dich daran?«

»Der einzige Gasanschluss, den ich in der Wohnung habe, ist in der Küche, und ich wollte mir einmal einen weiteren Anschluss ins Schlafzimmer verlegen lassen, aber das ist so weit, dass der Installateur dafür ein Irrsinnsgeld verlangt hat.«

»Bitte erklär mir, wozu du im Schlafzimmer einen Gasanschluss brauchst. Du hast doch Zentralheizung in der Wohnung.«

»Zum Heizen würde ich das Gas auch nicht brauchen.«

»Wozu denn würdest du im Schlafzimmer Gas brauchen?«

»Wenn ich eines Tages beschließe, mich umzubringen, wäre es natürlich wunderschön, wenn ich einfach das Gas aufdrehte, mich ins Bett legte, in Ruhe einschliefe, und am nächsten Tag, statt aufzuwachen, kann mich die ganze Welt ...«

»Entschuldige, Carry aber das ist doch ein Blödsinn, wenn es dir eines Tages wirklich ernst sein sollte, kannst du das genauso gut in der Küche erledigen.«

»Ich habe keine Lust, mit dem Kopf im Backrohr umzukommen, das ist niveaulos.«

»Und was ist, wenn du dir ein Klappbett in die Küche stellst?«

»Ich habe kein Klappbett. Und ich bin nicht bereit, mir eines zu kaufen, um mich einmal hineinzulegen und dann nie wieder.« Das war der Punkt, wo mir der Dialog zu surreal wurde. Ich wechselte daher das Thema und schlug vor, weiterzuarbeiten.

VIERZEHN TAGE nach der Premiere von »Blattl vor dem Mund« erstellte meine Sekretärin die Tantiemenabrechnung für die vier Autoren, und wir waren alle freudig überrascht. Es war viel mehr Geld, als wir je erwartet hätten, am Kabarett verdienen zu können. An dem Abend fragte ich Carl Merz:

»Was sagst du zu dieser Tantiemenabrechnung, Carry?«

»Großartig! Ich bin überglücklich. Jetzt kann ich mir endlich die teure Gasleitung ins Schlafzimmer legen lassen.«

WÄHREND einer der vielen Vorstellungen von »Blattl vor dem Mund« begann, ohne dass ich es ahnte, meine Ehe mit Bruni zu zerbrechen. Der Vorhang ging auf, und vor mir in der ersten Reihe saß ein blondes Mädchen von so atemberaubender Schönheit, dass ich meinen Text vergaß. Wann immer ich auf der Bühne zu tun hatte, konnte ich meinen Blick nicht von ihr wenden. Gegen Schluss der Vorstellung zwinkerte ich ihr zu, und zu meinem größten Erstaunen zwinkerte sie zurück.

Natürlich hatte ich keine Ahnung, wer sie war und wo ich sie erreichen könnte, doch sie nahm mir das Nachforschen ab. Sie erschien einige Abende später mit Freunden in der »Marietta-Bar«. Ich suchte und fand einen Vorwand, mit ihr ins Gespräch zu kommen. Sie erwies sich als gebürtige Engländerin, sprach mit einem bezaubernden Akzent, hatte eine angenehme, warme Stimme, und ich war über beide Ohren verliebt. Ich lud sie ein, wann immer sie Lust hätte, als mein Gast ins Theater zu kommen – und am nächsten Abend war sie wieder da. Nach der Vorstellung führte ich sie zum Essen aus, dann nahm ich sie noch mit in die Bar, ein Wort ergab das andere, und als ich sie ziemlich spät nach Hause brachte, küssten wir uns zum ersten Mal.

Sie hieß Margaret, war die Tochter eines österreichischen Barons, der in den dreißiger Jahren nach England ausgewandert war und dort eine Angehörige des britischen Hochadels geheiratet hatte, übrigens eine Nichte Winston Churchills. Das Ergebnis dieser Verbindung war Margaret, ohne die ich nicht mehr leben wollte.

Bruni war wieder einmal für eine größere Fernsehproduktion nach Deutschland gefahren, ich war einsam, und da passierte es eben. Als Bruni zurückkam, erfuhr sie bald von meinem Liebesabenteuer. Es gab einen längeren Streit, der zu nichts führte. Die einzige Lösung hieß Scheidung. Sie nahm sich den berühmtesten Scheidungsanwalt Münchens (den ich natürlich bezahlen musste). Der stellte Forderungen an mich, dass mir Hören und Sehen verging. Zunächst musste ich Bruni eine feudale Wohnung in einem noblen Münchner Vorort kaufen, dann musste ich mich verpflichten, für unseren Sohn Felix Alimente bis zur Beendigung seines Studiums zu zahlen, und außerdem musste ich meiner geschiedenen Frau bis zu einer eventuellen Wiederverheiratung ein monatliches Einkommen garantieren. Auf Letzteres wollte ich mich nicht einlassen, daher schlug ich vor, dass ich meiner Geschiedenen sämtliche Tantiemen aus Deutschland überlasse. Wie sich Jahre später herausstellen sollte, war das auf die Dauer gar nicht so wenig.

Meine weitere Beziehung zu Bruni blieb kühl, aber korrekt. Schließlich hatten wir einen gemeinsamen Sohn, den ich sehr mochte. Wann immer es meine Zeit erlaubte, fuhr ich nach München, um einige Tage mit Felix zu verbringen, und wenn Bruni wieder einmal beruflich außerhalb Münchens zu tun hatte, deponierte sie ihn bei mir.

INZWISCHEN HATTE ICH in Wien ganz andere Sorgen: Margaret wusste nicht, wie sie ihren Eltern beibringen könnte, dass sie mit einem Nicht-Aristokraten zusammenleben möchte, der um vierzehn Jahre älter war als sie, schon zwei Scheidungen hinter sich hatte, der so einen nicht-standesgemäßen Beruf hatte wie ich – und der zu allem Überfluss auch noch Jude war. Als sie es endlich versuchte, mit ihren Eltern darüber zu reden, waren diese erwartungsgemäß entsetzt. Es wurde ein Familienrat einberufen, und man beschloss, das ungeratene Mädchen ins neutrale Ausland zu schicken.

So wurde die arme Margaret ein halbes Jahr lang nach Brüssel zu einer Jugendfreundin ihrer Mutter verbannt. Wir schrieben uns fast täglich Briefe, in denen wir uns Mut machten, diese schreckliche Trennung zu überstehen. Die Zeit ging vorbei, und dann war alles beim Alten. Ihre Eltern sahen zähneknirschend ein, dass sie gegen den Willen ihrer Tochter nicht ankamen – unter anderem deshalb, weil sie inzwischen volljährig geworden war. Sie akzeptierten mich zunächst widerwillig, doch mit der Zeit gewöhnten sie sich an mich. Vielleicht half es auch ein bisschen, dass ich den beiden zu ihrem silbernen Hochzeitstag ein Auto schenkte.

Anfang 1958 konnten wir endlich heiraten, und es wurde meine einzige glückliche Ehe. Margaret schenkte mir zwei Kinder, und wir lebten zweiundzwanzig Jahre zusammen, die zu den schönsten Jahren meines Lebens gehören. Leider starb sie knapp einundvierzig Jahre alt an Krebs.

»BLATTL VOR DEM MUND« lief etwa hundert Mal, dann mussten wir das Programm absetzen. Nicht etwa, weil uns das Publikum ausgegangen wäre. Wir mussten es absetzen, weil unser Star Qualtinger plötzlich das Angebot bekam, im Theater in der Josefstadt neben Peter Alexander in einem musikalischen Lustspiel mitzuwirken. Die Gage, die er dort erhielt, war nicht größer als die in meinem Theater, besonders wenn man seinen Tantiemenanteil dazurechnete, aber ihm ging es um das Image. Bis dahin hatte er, wenn er überhaupt ein Engagement hatte, nur in kleinen Kellertheatern gespielt, daher konnte er dem Nimbus, »Schauspieler der Josefstadt« zu sein, nicht widerstehen.

Wir stellten auf die Schnelle ein neues Programm zusammen unter dem Titel »Brettl vorm Klavier«. Das Ensemble bestand aus Kreisler, Wehle, Bronner, und dazu kam ein neuer Name: Herbert Prikopa. Dieser Prikopa war bis dahin Ballettkorrepetitor in der Wiener Volksoper gewesen. Er spielte besser Klavier als jeder von uns. Dazu war er ein geschulter Tenor und ein geborener Komiker. Nur hatte er bis dahin noch keinen Gebrauch von seiner *vis comica* gemacht. Das Programm bestand hauptsächlich aus musikalischem Geblödel, aber das auf sehr hohem Niveau. Jeder Musiker, der diese Show gesehen hat, war begeistert. Leider gab es nicht genug Musiker in Wien, so dass wir nach fünfzig Vorstellungen das Programm absetzen mussten.

Im Herbst darauf war Qualtinger wieder dabei. Nicht aber Kreisler. Er schied aus der Direktion aus, weil er sich mit dem Qualtinger nicht verstand. Er blieb aber mit mir in Kontakt, mehr noch: Er leitete für mich die »Marietta-Bar«.

Das neue Programm hieß »Glasl vor dem Aug« und war vom ersten Tag ein Bestseller. Wir spielten es wohl hundertfünfzig Mal. In diesem Programm wurde unter anderem die Figur des Travnicek geboren, die bis zum heutigen Tag in Wien ein Begriff ist.

Als Solo für Qualtinger schrieb ich eine Nummer, die ich für eine meiner besten halte: Sie hieß »Weil mir so fad ist«. Sie fiel mir ein, als ich eine kleine Notiz in einer Wiener Lokalzeitung las: Drei Jugendliche waren von der Polizei festgenommen worden, weil sie ein kleines Café im Prater völlig demoliert und den dagegen protestierenden Besitzer spitalsreif geprügelt hatten. Befragt, was sie gegen den Cafébesitzer hatten, sagte einer der Rowdys: »Gar nix!«

»Warum habt ihr dann sein Lokal zerstört?«

»Weil uns so fad war.«

Da klickte es bei mir, und ich schrieb ein Lied, das die geistige Verwahrlosung der Halbstarken anprangerte. Als ich die Nummer Qualtinger zum ersten Mal vorspielte, sagte er: »Nicht schlecht, aber bei der langsamen Musik werden uns die Leute einschlafen. Kannst du das nicht ändern?«

»Natürlich nicht. Ich kann doch einen Text, der von der Langeweile handelt, nicht mit einer lustigen Musik unterlegen.«

»Das sehe ich ein«, sagte er nachdenklich, »dann müssen wir uns eben irgendeinen optischen Effekt einfallen lassen, damit das Publikum bei der faden Musik wach bleibt.«

Nach längerer Beratung einigten wir uns darauf, diese Nummer zu choreographieren. Wir baten die ehrwürdige Dia Luca, damals das Beste, was Wien an Choreographie zu bieten hatte, uns die Nummer optisch aufzubereiten, und zu meinem Erstaunen erklärte sie sich auch bereit dazu. Die Luca ging mit einer ungeheuren Ambition an die Sache heran, sie ließ sich zu jeder Textzeile etwas Kluges einfallen, aber Qualtinger, nicht gerade der Leichtfüßigsten einer, war von ihren Anweisungen überfordert. Entweder vergaß er den Text, oder er vergaß die Choreographie. Nach einiger Zeit wurde Dia Lucas Konzept auf ein Minimum reduziert, denn der Premierentermin rückte näher, und Qualtinger wurde immer nervöser.

Bei der Generalprobe war es so weit: Qualtinger stand unbeweglich im Vordergrund, um den Text zu verkaufen, während zwei Kollegen hinter ihm wenigstens Spurenelemente der Choreographie andeuteten. Dafür war wenigstens der Vortrag Qualtingers makellos. Dann aber kam die Premiere. Durch die fehlerfreie Generalprobe ermutigt, begann Qualtinger plötzlich tänzerische Bewegungen aus den grauen Anfängen der Probenzeit zu rekonstruieren. Wir sahen Schritte und Bewegungen, die jemals wieder zu sehen, wir schon längst aufgegeben hatten. Das Publikum war hingerissen, und wir glaubten schon, einer Sternstunde des Kabaretts beizuwohnen – dann aber kam, was kommen musste: Qualtinger vergaß während einer komplizierten Schrittfolge den Text. Er begann zu schwimmen, versuchte einige Takte lang den fehlenden Text mit improvisierten Tanzschritten zu ersetzen (ein vergebliches Unterfangen, fürwahr!), und dann brach das komplette Chaos aus.

Die Luca hielt sich die Hände vor die Augen, ich überlegte allen Ernstes, ob ich dem Vorhangzieher ein Zeichen geben sollte, doch schließlich wurde die Nummer dadurch gerettet, dass einer der beiden Kollegen im Hintergrund geistesgegenwärtig den Part Qualtingers zu singen begann, dieser nahm den verlorenen Faden wieder auf, und die Nummer ging irgendwie zu Ende. Das Publikum wunderte sich zwar über diese höchst eigenwillige Darbietung, aber der Schlussapplaus war, wenn auch nicht überwältigend, doch zumindest hörbar.

Beim Verlassen der Bühne lief mir Qualtinger direkt in die Arme. Ich wollte ihn angesichts des eben mühsam überstandenen Fiaskos trösten – doch ich kam nicht dazu. Qualtinger fauchte mir folgende denkwürdigen Worte entgegen: »Eines versprech ich dir, Bronner: Das war heute das letzte Mal, dass ich diese Scheißnummer gesungen habe!«

Am nächsten Abend sang er die Scheißnummer, wenn auch ganz ohne Choreographie, wieder, und er sang sie an die hundertfünfzig Mal. Er sang sie später auch auf Schallplatten, und die Nummer wurde ein Kabarett-Klassiker. Mehr als das: sie wurde in vielen Schauspielschulen als Lehrmaterial verwendet.

An der Mentalität der gelangweilten Halbstarken hat sie leider nichts geändert.

KURZ BEVOR DIESE ungemein erfolgreiche Saison zu Ende ging, schlug ich eines Morgens die Zeitung auf und las: »Das Intime Theater‹ wechselt seinen Besitzer. Der Eigentümer des Hauses hat sich entschlossen, den Vertrag mit Bronners Kabarett-Ensemble nicht zu verlängern. In der kommenden Saison wird das Theater vom bekannten Filmproduzenten Alfred Dürer übernommen, der eine Spielstätte für seine Frau, die Schauspielerin Nina Sandt, betreiben wird. Es wird dort nicht mehr Kabarett gespielt werden, es besteht die Absicht, ernsthaftes Theater zu produzieren ...«

Ich rief sofort den Spenglermeister an, dessen Untermieter ich zwei Jahre lang war. Und fragte ihn: »Stimmt das, was ich da in der Zeitung gelesen habe?«

»Wie soll ich wissen, was Sie in der Zeitung lesen?«

»Sie wissen genau, was ich meine! Stimmt es, dass Sie mir das Theater wegnehmen?«

»Ich nehme Ihnen kein Theater weg, Sie haben ja keines. Ich will nur einen neuen Untermieter.«

Ich sagte dem Spenglermeister nicht, was ich von ihm hielt. Es hätte keinen Sinn gehabt. Stattdessen dachte ich nach, wie es ohne Theater weitergehen könnte.

In der kurzen Zeit, die uns bis zur nächsten Saison verblieben war, würden wir keine andere Spielstätte in der Innenstadt finden können. Andererseits hatten wir uns in den vergangenen zwei Jahren einen gewissen Ruf erworben, den wollte ich gern erhalten. Da erschien mir der Oberspielleiter des Österreichischen Fernsehens, Erich Neuberg, als *deus ex machina.* »Ich höre, dass ihr in der nächsten Saison kein Theater haben werdet, stimmt das?«

»Leider ja«.

»Wie wär's, wenn ihr einmal im Monat ein aktuelles Kabarett bei uns im Fernsehen machen würdet?«

»Einmal im Monat?! Ob wir das zusammenbringen, ohne an Qualität zu verlieren, ich kann mir das nicht vorstellen.«

»Ihr könnt ja noch ein paar Autoren dazunehmen.«

»Ich werd es mit den Kollegen besprechen.«

Ich rief die Kollegen zusammen und erzählte ihnen von Neubergs Vorschlag.

»Ausgeschlossen«, sagte Merz, unser Pessimist vom Dienst.

»Bevor wir gar nichts tun, ist es besser, wir nehmen den Vorschlag an«, sagte Qualtinger.

»Also wenn ihr einverstanden seid, bin ich dabei«, sagte Wehle.

»Jeden Monat?«, fragte ich.

»Jeden Monat!«, sagte Wehle.

»Also wenn ihr alle darauf besteht, mit offenen Augen in ein Fiasko zu rennen, dann mach ich auch mit. Aber sagt nicht, dass ich euch nicht gewarnt hätte«, sagte Merz.

»Ich hätte sogar einen Titel für die Sendung: Wie gefällt euch ›Spiegel vorm Gesicht‹?«

»Nicht schlecht«, sagte Qualtinger.

Und so spielten wie eine ganze Saison lang im Fernsehen zehn Mal ein fünfundsiebzig Minuten langes Kabarettprogramm unter diesem Titel. Zu dieser Zeit gab es in Österreich nur ganz wenige Fernsehteilnehmer. Aber dafür gab es in den Kaffeehäusern und Gaststätten so genannte Fernsehzimmer. Und es begab sich, dass jedes Mal, wenn »Spiegel vorm Gesicht« lief, sämtliche Fernsehzimmer in Wien überfüllt waren.

Für die erste Folge schrieb ich ein erfolgreiches Qualtinger-Solo. Das inzwischen klassisch gewordene Chanson »Der Papa wird's schon richten« basiert auf zwei wahren Begebenheiten. Gleichzeitig produzierte ich die für Qualtinger geschriebenen vier »Halbstarken-Lieder« als Schallplatte. Die Platte nannte ich »Rhapsodie in Halbstark«. Sie wurde ein Bestseller, der heute noch erhältlich ist. Diese Platte wurde übrigens der Beginn einer Serie unter dem Signum

»Kabarett aus Wien«. Im Laufe der Jahre sind da Dutzende Aufnahmen erschienen, und ich darf mit Stolz vermelden, dass ich mich für keine einzige dieser Platten schämen muss. Und das können nicht viele Schallplattenproduzenten von sich behaupten.

ES WAR MIR KLAR, dass wir nicht in der Lage sein würden, jeden Monat ein wirklich gutes Fernsehkabarett zu schreiben, zu komponieren, auswendig zu lernen und live zu spielen. Die Nervenbelastung dieser Monate vergesse ich nie, ich kam mir ständig vor wie ein Schüler vor einer schweren Schularbeit, auf die er sich nicht vorbereitet hatte. Daher suchte ich nach wie vor nach einem Theater. Und wieder hatte ich Glück: Ein Freund erzählte mir, dass es in der Innenstadt den großen Festsaal einer katholischen Studentenverbindung gäbe, der nicht genutzt würde. Nachdem alle meine bisherigen Versuche, ein Theater zu finden, ergebnislos verlaufen waren, sagte ich zu, und wenige Tage danach saß ich dem Präsident der Studentenverbindung gegenüber.

»Also was stellen Sie sich vor?«, fragte er, nachdem er mich längere Zeit misstrauisch beäugt hatte.

»Ich könnte mir vorstellen«, sagte ich vorsichtig, »dass man aus diesem Festsaal für eine nicht allzu große Summe ein Theater bauen könnte.«

»Und was hätten Sie vor, dort zu spielen?«

»Heutiges, zeitkritisches Kabarett, so wie wir es seit Jahren spielen.«

»Ich hab so was noch nie angeschaut, wissen Sie, ich hab eben andere Sorgen.«

»Kann ich verstehen, es wäre traurig, wenn ein Sektionschef im Bundeskanzleramt die Sorgen eines Kabarettisten hätte.«

»Und wie stellen Sie sich die Zahlungsmodalitäten vor?«

Ich machte ihm einen Vorschlag, der, seiner Miene nach zu urteilen, besser war, als er erwartet hatte.

»Das ist eine vernünftige Verhandlungsbasis«, sagte er, »ich werde das mit meinen Leuten besprechen, und Sie hören von mir.«

Der Umbau des leeren Festsaals in ein funktionierendes Theater kostete mich zwar meine ganzen Ersparnisse, aber das war es mir wert. Im Herbst 1958 eröffnete ich das »Neue Theater am Kärntnertor«. Den Namen wählte ich, weil das Theater in der unmittelbaren Nähe des Ortes war, wo sich seinerzeit das Kärntnertor der alten Stadtmauer befand. Es gab damals auch ein »Theater am Kärntnertor«, das stand dort, wo heute die Wiener Staatsoper steht. Aber das interessierte damals wie heute keinen Menschen.

Viel mehr interessierte der Titel unseres Eröffnungsprogramms, und der hieß »Dachl überm Kopf«. Der Titel schlug so ein, dass die Leute nicht ins »Neue Theater am Kärntnertor« gingen, sondern ins »Dachl«. Das Theater hatte 374 Sitzplätze, und die waren täglich ausverkauft. In der nächsten Spielzeit hieß das Programm »Hackl vor dem Kreuz« und wurde der größte Erfolg, den wir je hatten.

Am Beispiel meines Kollegen Helmut Qualtinger lernte ich ein interessantes Phänomen, nämlich: Erfolg ist genauso schwer zu ertragen wie Misserfolg. Der ungeheure Zuspruch, den er als Star unseres Ensembles hatte, war ihm zu Kopf gestiegen. Er stolzierte durch Wien, als ob die Stadt sein Eigentum wäre, nahm huldvoll Komplimente für seine Lieder entgegen, auch wenn sie gar nicht von ihm waren, und er begann zu trinken. Dass er wegen seiner Schilddrüse einen größeren Flüssigkeitsbedarf hatte als normale Menschen, sei ihm konzediert, aber die Flüssigkeit hätte kein Schnaps sein müssen. Einmal kam er so besoffen zur Vorstellung, dass ich sie absagen und dem Publikum das Geld zurückgeben musste.

Den Qualtinger näher zu beschreiben, ist ein nahezu aussichtsloses Unterfangen, denn es gab viele Varianten von ihm: Es gab den ungemein begabten Schriftsteller, den unübertroffenen Kabarettisten, den komplexbeladenen Spinner, den liebenswerten Kollegen und nicht zuletzt das Ekel. Wenn mich jemand einmal fragen sollte: »Wie war der Qualtinger wirklich?«, dann werde ich ihm folgende wahre Geschichte erzählen:

In jedem unserer Programme schrieb ich mindestens ein großes Solo für ihn. Eine dieser Nummern entstand, weil mich ein Mann maßlos geärgert hatte, und ich wollte ihn daher auch ärgern.

Dieser Mann hieß Ernst Häussermann. Zum Zeitpunkt, da diese Nummer entstand, war er noch nicht Burgtheaterdirektor, sondern Produktionsleiter einer Wiener Filmfirma, die mir einen Exklusivvertrag als Filmkomponist gegeben hatte. Die Filme waren durchweg uninteressante Konfektionsware, für die ich mich eigentlich schämen müsste, wenn sie nicht schon längst vergessen wären. Immer wenn ich mich bei Häussermann über den Schund beschwerte, wurde ich von ihm immer auf den jeweils nächsten Film vertröstet, der endlich jenes lang ersehnte filmische Kunstwerk werden sollte, das den Ruf des österreichischen Films rehabilitieren würde. Eines Tages bekam ich wieder ein Drehbuch. Der Film hieß »Das Liebesleben des schönen Franz«, und obwohl es nicht leicht war, ein Drehbuch zu finden, das noch schlechter war als die bisherigen – dieses Buch war von so erlesener Scheußlichkeit, dass die bisherigen im Vergleich dazu fast als cineastische Kunstwerke zu bezeichnen waren.

Nach Lektüre des Drehbuchs ging ich wutschnaubend zu Häussermenn, gab es ihm zurück und sagte, dass ich mich weigere, mit diesem Film irgendetwas zu tun zu haben. Er wog bedenklich den Kopf und warnte mich:

»Sie haben einen gültigen Vertrag, lieber Freund. Sie wollen doch nicht vielleicht vertragsbrüchig werden und eine Klage riskieren?«

Ich riskierte nicht und schrieb zähneknirschend die Filmmusik. Die Kritiken waren, wie zu erwarten, vernichtend, und der Film erwies sich als finanzielles Fiasko.

Dann kam der nächste Film, der auf einem erfolgreichen Theaterstück basierte, und ich freute mich schon darauf, endlich bei einem interessanten Projekt mitarbeiten zu können. Als ich Häussermann um das Drehbuch bat, damit ich schnell mit der Arbeit beginnen konnte, sagte er:

»Wir haben Schwierigkeiten mit dem Verleih. Die wollen ganz neue Leute im Produktionsstab haben.«

»Was hat das mit mir zu tun?«, wollte ich wissen.

»Der Verleih besteht darauf, dass keiner, der an unseren letzten Filmen mitgearbeitet hat, bei unserem nächsten Vorhaben beschäftigt wird – also auch nicht der Komponist.«

»Bei Ihrem letzten Film wolle ich doch gar nicht mitmachen. Sie haben mich dazu gezwungen!«

»Ja, das ist eben Künstlerpech«, sagte Häussermann lächelnd. »Ich werde dafür sorgen, dass Sie finanziell wenigstens teilweise entschädigt werden.«

So also sieht Künstlerpech aus. Ich hatte eine Riesenwut im Bauch, und all diese Wut entlud sich im neuen Solo, das ich für Qualtinger schrieb. Ich spielte es ihm vor, er fand es sehr gut, doch äußerte er Bedenken: »Ich weiß, dass man gegen den Häussermann vieles vorbringen kann, aber was du da geschrieben hast, das grenzt an eine öffentliche Notschlachtung!«

»Genau das verdient er auch«, erwiderte ich. »Du weißt ja nicht, was er mir angetan hat ...«

Und dann erzählte ich ihm ausführlich meine Erfahrungen mit Häussermann, dem Filmproduzenten. Qualtinger hörte mir aufmerksam zu, dann sagte er: »Wenn das so ist, dann bring ich die Nummer.«

Die Nummer schlug ein. Qualtinger, der dem Häussermann überhaupt nicht ähnlich sah, kopierte ihn so großartig, dass es stellenweise direkt unheimlich war. Etliche Freunde von Häussermann versuchten zuerst mich, dann Qualtinger dazu zu bewegen, das Solo abzusetzen oder wenigstens zu entschärfen, doch wir blieben hart.

Eines Abends kam Ernst Ginsberg, der große deutsche

Schauspieler, in unsere Vorstellung, und anschließend setzten wir uns zusammen. Ginsberg erging sich in Superlativen über unser Kabarett, dann aber brachte er eine Einschränkung vor: »Wissen Sie, Qualtinger, ich bin ja seit langem ein großer Bewunderer von Ihnen, und ich ging immer mit Ihren Angriffspunkten konform – nur was Sie da mit dem armen Häussermann gemacht haben ... also wissen Sie .... ich finde, dass das schon um einiges zu weit ging.«

»Das sagen Sie nur, weil Sie ihn nicht gut genug kennen!«, schrie Qualtinger.

»Ich kenne ihn seit Jahren, und ...«

»Aber Sie haben offensichtlich nie mit ihm beruflich zu tun gehabt.«

»Das nicht, aber ...«

»Ich schon«, sagte Qualtinger im Brustton der Überzeugung, »lassen Sie sich einmal erzählen, was er mit mir für eine Schweinerei gemacht hat!«

Und er begann zu erzählen. Er erzählte genau die gleiche Geschichte, die mir mit Häussermann widerfahren war. Nur erzählte er sie als persönlichen Erlebnisbericht seiner selbst. Es stimmte alles, sogar die Titel der Filme, es handelte sich allerdings in seiner Fassung nicht um Filmmusik, sondern um Drehbuchaufträge. Ich hörte mit offenem Mund zu und traute meinen Ohren nicht. Mitten in seiner virtuos vorgetragenen Anklagerede streifte mich sein Blick. Einen Moment lang stockte er. Ich werde nie erfahren, was in diesem Augenblick durch seine Ganglien geschossen ist, das Ergebnis jedoch war verblüffend. Er zeigt mit dem Finger auf mich und sagte lautstark: »Bronner, du warst dabei!«

Er hat nie gelogen, der Qualtinger. Was immer er sagte, war für ihn die lautere Wahrheit. Und irgendwie hatte er tatsächlich Recht: Ich war ja wirklich dabei.

IM JAHR 1958 besuchte ich wieder einmal das Land, dem ich mein Überleben zu verdanken hatte. Ich wollte wissen, wie das ehemalige Mandatsgebiet Palästina sich entwickelt hatte, nachdem es Israel geworden war.

Ich buchte Schiffskarten für Margaret, Oscar und mich und betrat, diesmal legal, das Land, das einmal das Land meiner Träume war. Nach einer ausgiebigen Rundfahrt durch grüne Landstriche, die ich zehn Jahre davor noch als Sandwüsten gekannt hatte, stiegen wir in einer netten kleinen Pension am Strand ab, um endlich auch wirklichen Urlaub zu machen. Der Eigentümer der Pension war ein gebürtiger Ungar, der uns beim Frühstück Gesellschaft leistete. An einem Morgen setzte er sich nicht an unseren Tisch, sondern nahm eine Zeitung, mit der er sich hinter die Theke begab, und las. Er kicherte dabei ständig, manchmal lachte er hemmungslos, was mir mit der Zeit auf die Nerven ging: »Was lachst du da so blöd?« Er erklärte entschuldigend, dass er eine Wochenzeitung abonniert hatte, die in ungarischer Sprache erschien, und dass dort ein gewisser Kishont Ferenc immer so komische Glossen schrieb.

Einige Tage danach besuchten wir Tel Aviv. Vor »Ringart's Bookshop« blieb ich stehen, um die neuen Bücher anzusehen. Ringart's hatte ein ganzes Schaufenster mit einem einzigen Buch dekoriert, die Exemplare waren zu einer Pyramide gestapelt. Das Buch hieß »Look Back, Mrs. Lot«, der Autor Ephraim Kishon. Mir fiel der ungarische Humorist namens Kishont Ferenc ein, der meinen Gastgeber zu solchen Lachstürmen hingerissen hatte. Offenbar war das Buch schon ins Englische übersetzt worden, also kaufte ich mir eines dieser Bücher. Vor dem Schlafengehen begann ich das Buch zu lesen, und kurz danach beschwerte sich meine Frau, dass sie nicht einschlafen könnte, weil sie von meinem lauten Lachen wach gehalten wurde.

»Das ist so komisch«, sagte ich ihr, »da kann man nicht anders, als ständig zu lachen.«

»Dann lass mich wenigstens mitlesen!«

Wir lasen das Buch noch in derselben Nacht aus, und der

Schlaf ist uns überhaupt nicht abgegangen. Als ich wieder in Wien war, fragte mich mein Freund Friedrich Torberg:

»Also erzähl, was gibt es Neues in Israel?«

»Das Übliche«, sagte ich, »was gut war, ist besser geworden, was schlecht war, ist schlechter geworden … aber das ist nicht wichtig. Wichtig ist, dass ich einen israelischen Humoristen entdeckt habe!«

»Das gibt es nicht. In dem Land verlieren alle Juden ihren Humor!«, sagte Torberg.

»Vielleicht ist der noch nicht lange genug dort – jedenfalls hat er seinen Humor noch nicht verloren.«

Zu dieser Zeit hatten wir beide gute Beziehungen zu einem Münchner Verleger namens Joachim Schondorf, daher sagte ich: »Wir sollten dieses Buch dem Schondorf schicken, damit er es auf Deutsch herausbringt.«

»Der hat sicher andere Sorgen, als den Deutschen einen israelischen Humoristen vorzustellen.«

»Du weißt nicht, wovon du redest«, wies ich Torberg zurecht, »lies erst einmal das Buch, bevor du dich einmischst.«

Er nahm das Buch widerwillig an sich. Am nächsten Abend war er wieder da: »Du, das ist großartig! Ich hab schon lange nicht mehr so gelacht … das müssen wir unbedingt dem Schondorf schicken!«

»Na also. Glaubst du mir jetzt?«

»Schon gut, werd nicht gleich rechthaberisch!«

Einige Tage später kam eine begeisterte Reaktion von Joachim Schondorf. Er wollte das Buch sofort herausbringen, doch er fragte sich, wer es übersetzen sollte.

»Ich hab für so was keine Zeit«, sagte Torberg. »Ich muss mich um meine Monatszeitschrift ›Forum‹ kümmern. Mach du das!«

»Ich hab schon gar keine Zeit«, erwiderte ich, »ich hab ein Theater zu leiten und muss jetzt ein neues Programm schreiben.«

So stritten wir eine Weile. Einig waren wir nur darin, dass

einer von uns beiden die Übersetzung machen müsste. Da hatte Torberg eine Idee: »Wir werden eine Münze werfen. Der Verlierer muss dann übersetzen.« Gesagt, getan. Die Münze wurde geworfen, und ich habe gewonnen. Torberg übersetzte zähneknirschend Kishon ins Deutsche und schuf damit einen Klassiker des Humors. Nach Torbergs Tod wurde ich für einige Jahre sein Nachfolger. Leider nur, was das Übersetzen von Kishon betrifft.

GEGEN ENDE dieser Spielzeit kam der Regisseur Oskar Fritz Schuh zu uns ins Theater. Im Anschluss an die Vorstellung sagte er zu Qualtinger: »Qualtinger, Sie sind einfach großartig! Ich werde in der nächsten Spielzeit Intendant eines wichtigen Theaters in der Bundesrepublik, und ich möchte, dass Sie bei mir ›Richard den Dritten‹ spielen. Was sagen Sie dazu?« Einen Moment lang sagte Qualtinger gar nichts. Dann aber fand er die Antwort: »Warum nicht?« Am übernächsten Tag war auf den Kulturseiten aller Wiener Zeitungen zu lesen: »Qualtinger gibt das Kabarett auf. Er wird in Köln ›Richard den Dritten‹ spielen!«

Ich las das und wusste, dass unsere jahrelange Zusammenarbeit beendet war. Ich wusste auch, dass ich ein neues Ensemble brauchen würde, denn das bestehende Team war ohne seinen Star nicht attraktiv genug. Ich streckte meine Fühler aus und fand ein Grazer Kabarett, das sich »Der Würfel« nannte. Ich lud sie ein, am Ende dieser Spielzeit einen Monat lang bei mir zu gastieren. Die Kritiken waren erstaunlich gut, und ich beschloss, die nächste Saison mit diesem Team zu arbeiten.

Als Qualtinger die guten Kritiken über die Grazer las, war er richtig böse: »Glaubst du wirklich, dass du mit diesen Dilettanten dein Theater am Leben erhalten kannst?«

»Ich würde es lieber weiterhin mit dir am Leben erhalten«, sagte ich, »aber ich bin nicht bereit, ›Richard den Dritten‹ zu spielen, nur damit du dableibst.«

»Wir werden ja sehen, wie lange dein Theater ohne mich existieren kann.«

Es existierte länger, als die Intendanz von Oskar Fritz Schuh dauerte. Er wurde nach einem Jahr abgesetzt und ›Richard der Dritte‹ nie gespielt. Weder mit Qualtinger noch mit sonst jemandem.

Nicht alle Mitglieder des Grazer »Würfels« wollten nach Wien übersiedeln, daher engagierte ich einige Leute aus Wien dazu. Ich stellte ein neues Programm zusammen, holte mir den Peter Wehle, um mit ihm die Texte der Grazer professioneller zu gestalten, wir nannten das Programm »Wedel sei der Mensch«, und es lief immerhin ein halbes Jahr lang.

Eines Tages kam der Oberspielleiter des ORF, Erich Neuberg, zu mir: »Der Qualtinger möchte gern wieder ein Fernsehkabarett machen, weil der ›Richard‹ in Köln verschoben worden ist. Und er lässt dich fragen, ob du mitmachen willst.«

»Sei mir nicht bös, Erich«, sagte ich, »ich habe mir gerade ein neues Ensemble für mein Theater zusammengestellt, dem kann ich doch jetzt nicht Konkurrenz machen. Wenn die Leute im Fernsehen anschauen können, wie Kabarett wirklich sein soll, dann kommt doch kein Mensch mehr zu mir ins Theater.«

»Das versteh ich«, sagte Neuberg und ging.

Von dem Tag an war Qualtinger böse auf mich. Wo immer er konnte, erzählte er die wildesten Geschichten über mich. Geschichten, die so falsch waren, dass nicht einmal das Gegenteil davon gestimmt hätte. Etliche dieser Geschichten wurden auch in einer Zeitung abgedruckt, zu der seine Frau einen guten Kontakt hatte. Ich war ebenfalls nicht faul und versorgte wieder andere Zeitungen mit üblen Geschichten über Qualtinger, die allerdings nicht erfunden waren. Friedrich Torberg sprach mich daraufhin an: »Du, es geht mir entsetzlich auf die Nerven, wie ihr einander in der Öffentlichkeit befetzt. Wenn es dir recht ist, spreche ich mit

dem Qualtinger darüber, dass ihr diese blöde Fehde ein-
stellt. Er kennt mich lange genug, und ich glaube, dass er auf
mich hört.«

»Das ist sicher gut gemeint vor dir«, sagte ich, »aber ich
kenne ihn viel länger und besser als du. Er hat bei mir
gewohnt, als ihn sein Vater hinausgeschmissen hat, ich hab
ihm einen Anzug geborgt, in dem er geheiratet hat, diesen
Anzug hat er mir nie zurückgegeben.«

»Oh weh«, sagte Torberg, »das verzeiht er dir nie im
Leben!«

Wir gingen einander aus dem Weg, Qualtinger und ich.
Und wenn wir uns bei irgendeiner offiziellen Veranstaltung
trafen, dann grüßten wir einander nicht mehr.

Er spielte nicht »Richard den Dritten«, er machte auch
kein Kabarett im Fernsehen, von irgendetwas musste er
leben, also nahm er ein Engagement im Kleinen Haus der
Josefstadt an und spielte in zwei unbedeutenden Einaktern
mit.

Wir hatten im Kabarett einen regelmäßigen illustren
Gast. Das war Jan Werich, ein berühmter Prager Schriftsteller, Kabarettist und Schauspieler, der einmal im Jahr nach
Wien reisen durfte, und jedes Mal sah er sich unser Programm an. Auch diesmal kam er, sah mein neues Ensemble
und fragte mich nachher: »Wo ist der Qualtinger, wieso
spielt er nicht mit?«

»Weil er beschlossen hat, Theater zu spielen.«

»Was? Theater spielt er? So ein Trottel, das kann doch ein
jeder!«

Jan Werich hatte Recht. Jede Rolle, die Qualtinger am
Theater gespielt hat, wäre von einem soliden Berufsschau-
spieler ebenso gut oder besser gespielt worden. Was er am
Kabarett gespielt hatte, war einmalig und unvergleichlich.

Jahrelang gingen wir uns aus dem Weg. Wann immer wir
bei irgendeiner offiziellen Veranstaltung eingeladen waren,
taten wir so, als sähen wir uns nicht. Dann irgendwann in
den frühen siebziger Jahren versöhnten wir uns wieder: Wir

waren beide zu einem Fest in einer vornehmen Wiener Bar eingeladen. Natürlich ignorierten wir einander, so wie wir es seit Jahren getan hatten. Qualtinger saß am Tresen, und ich setzte mich an das andere Ende und bestellte einen Kaffee. Zunächst geschah nichts, außer dass mich Qualtinger fixierte. Dann sagte er: »Ich kenne Ihren Sohn!«

Ich erwiderte: »Ich auch.«

»Er ist ein klasse Bursch«, sagte er.

»Ich weiß.«

»Und Sie sind ein Trottel.«

»Und Sie sind ein stures Rindviech!«

»Sind wir nicht einmal per Du gewesen?«

»Ja, aber das ist lang her.«

Qualtinger stieg von seinem Barhocker und ging auf mich zu. Übergangslos umarmte er mich. Dazu sagte er: »Weißt du überhaupt noch, warum wir uns zerstritten haben?«

»Ich hab es nie gewusst.«

»Also dann ist es höchste Zeit, dass wir diese Scheiße begraben. Trinken wir darauf!«

»Einverstanden«, sagte ich. Dann wandte ich mich an die Bardame: »Bitte um zwei Gläser Mineralwasser.«

»Machst du mir schon wieder Schwierigkeiten?«

»Im Gegenteil, ich möchte, dass du so bleibst, wie du gerade bist.«

»Also bitte, aus diesem hehren Anlass nehme ich dieses Opfer in Kauf.«

Wir stießen an, und plötzlich war alles so wie einst. Wir saßen einige Stunden beisammen, sprachen über alte Zeiten und freuten uns darüber, dass die Streitaxt begraben war. Um vier Uhr früh brachte ich ihn nach Hause, wir saßen noch lange im Wagen, denn wir hatten einander viel zu erzählen. Gegen fünf Uhr sagte er: »Tu mir den Gefallen, und komm mit mir hinauf. Ich möchte, dass meine Frau sieht, dass wir uns versöhnt haben.«

Natürlich ging ich mit. Quasi klopfte an der Schlafzimmertür seiner Frau an und sagte: »Mädi, komm heraus!«

Aus dem Schlafzimmer ertönte die unwirsche Stimme seiner Gattin:»Geh endlich schlafen, du b'soffener Trottel!«

Quasi ließ nicht locker:»Komm heraus, der Bronner ist da!«

»Denk dir einen gescheiteren Schmäh aus!«

»Das ist kein Schmäh, er ist wirklich da!«

Einige Sekunden danach wurde die Tür aufgerissen, Mädi erblickte mich und fragte:»Was machst denn du da?«

»Ich hab deinen Mann nach Haus gebracht, und er wollte, dass du von unserer Versöhnung erfährst.«

»Schön und gut, aber das ist noch lang kein Grund, einen Menschen aus dem Tiefschlaf zu reißen.«

Damit verschwand sie wieder in ihrem Zimmer. Quasi blickte ihr nach und sagte:»Sie wird sich daran gewöhnen müssen.«

Sie hat sich nicht daran gewöhnt. Trotzdem versuchten wir, Freunde zu bleiben. Wir schmiedeten alle möglichen (und unmöglichen) Pläne, aus denen leider nichts geworden ist. Einmal forderte ich ihn auf, in meinem Fernsehkabarett mitzuwirken, er nahm bereitwillig an – doch es war eine Katastrophe. Durch die vielen Entwöhnungskuren, die er hinter sich hatte, war er schwer geschädigt. Er konnte sich keinen Text mehr merken, und seine unvergleichliche *vis comica* war völlig korrodiert. Er war ein Schatten seiner selbst. Und das tat mir furchtbar Leid. Wir haben uns noch manchmal getroffen, aber es kam nie mehr die Rede auf eine Zusammenarbeit.

Wie eine Kerze, die an beiden Enden brannte, ist er viel zu früh erloschen. Eine Begabung wie ihn wird es nie wieder geben.

IM JAHR 1960 bezog ich mit Margaret ein Haus im Wienerwald. Es war ein ungewohntes Gefühl, in einem eigenen Haus zu leben. Wir hatten einen Garten von fast zehntausend Quadratmetern, ich kam mir vor, als wäre ich zu Gast bei einem Großkapitalisten. Im Jahr danach kam unsere

Tochter Vivi. Ich hatte zwar schon zwei Buben, aber noch keine Tochter. Sie war so klein, wirkte so zerbrechlich, sie weckte Gefühle in mir, die ich bis dahin nicht gekannt hatte. Sie machte einen anderen Menschen aus mir. Einen Menschen, in dessen Haut ich mich sehr wohl fühlte.

Anfang 1962 spielte ich wieder einmal in der »Marietta-Bar« den Gästen einige meiner Lieder vor. Anschließend bat mich ein Gast an seinen Tisch. Er stellte sich vor: »Ich heiße Karl Bittmann. Ich bin ein gebürtiger Wiener, der in Australien lebt.«

»Sie sind auf Besuch in Wien?«

»Ja. Es wird Sie vielleicht interessieren, dass ich in Sydney Wiener Kabarett mache. Es leben in Sydney fast zehntausend Menschen, die Deutsch können, und für die machen wir jedes Jahr ein Kabarettprogramm.«

»Wie kamen Sie auf die Idee?«

»Ich habe schon vor dem Krieg in Wien Kabarett gespielt, natürlich nur als Amateur, aber wenn man einmal damit begonnen hat, kann man nicht aufhören. Sie können es ja auch nicht!«

»Ich habe auch nichts anderes gelernt …«

»Jetzt habe ich eine Frage an Sie«, sagte er und machte ein ernstes Gesicht. »Hätten Sie Lust, bei uns in Sydney ein Gastspiel zu geben? Unsere Leute würden sich sehr freuen.«

»Was wissen Ihre Leute von mir?«

»Oh, die haben fast alle Ihre Schallplatten, die wissen, wer Sie sind.«

Dass meine Platten bis nach Australien gedrungen waren, war mir neu. Ich überlegte. Natürlich hätte es mich interessiert, Australien kennen zu lernen, andererseits hatte ich in Wien zwei Spielstätten zu leiten, daher sagte ich: »Wenn, dann wäre das nur im Sommer möglich, wenn meine Betriebe geschlossen sind. Also Juli oder August.«

»Das trifft sich großartig«, sagte Karl Bittmann, »da ist in Australien Winter, und für die Theater bedeutet das Hochsaison.«

»Muss ich allein kommen, oder könnte ich mir eine Partnerin oder einen Partner mitnehmen?«

»An wen denken Sie?«

»Zum Beispiel an den Peter Wehle.«

»Ja, den kenn ich auch von seinen Platten. Ich bin sehr dafür!«

Am nächsten Tag fragte ich Peter Wehle, ob er Lust hätte, mit mir in Australien zu gastieren, und er war Feuer und Flamme. Ich sagte Karl Bitttmann, dass wir zu zweit nach Sydney kommen würden, er war begeistert und versprach, uns sofort nach seiner Rückkehr das Geld für die Flugkarten zu schicken

»Nie im Leben schickt der uns das Geld«, unkte Wehle, »der hat sich nur interessant machen wollen!«

Es dauerte einige Wochen, wir hatten schon beide Karl Bittmann und sein Versprechen vergessen, da war auf einmal das Geld da. Ich erkundigte mich beim Reisebüro, ob man von Australien in derselben Richtung wieder zurückfliegen müsste, und erfuhr, dass man den Rückflug auch in die entgegengesetzte Richtung antreten könnte. Das hieß, wir hatten Flugkarten für eine Weltumrundung. So etwas bekommt man nicht alle Tage, also setzte ich mich zunächst mit dem österreichischen Kulturinstitut in Verbindung, um für den Reiseweg nach Australien noch einige Vorstellungen zu arrangieren. Dazu verständigte ich noch etliche Freunde und Bekannte in Nord- und Südamerika, und die Folge war, dass wir Auftritte hatten in Tel Aviv, Haifa, Teheran, Tokio, Sydney, Melbourne, Los Angeles, Washington, New York, Buenos Aires, Montevideo, Rio de Janeiro und São Paolo.

Einen Tag vor unserer Abreise gaben wir ein Zeitungsinterview über unsere Tournee um den Globus. Am Tag, da das Interview erschien, war Qualtinger gerade in irgendeiner Probe. Er rief die Kollegen zusammen und erklärte: »Freunde, Wien wird wieder Kulturstadt: Der Bronner hat Wien verlassen!«

Was wir auf dieser Reise gesehen und erlebt haben, wurde Stoff für ein neues Programm, das wir fast ein halbes Jahr lang spielten. Das Programm nannten wir »Die unruhige Kugel«, und im Sommer darauf wurden wir eingeladen, mit dieser »Unruhigen Kugel« noch einmal auf Tournee zu gehen. Allerdings nur in Süd- und Nordamerika.

Nach unserer Rückkehr brachte ich ein kabarettistisches Musical unter dem Titel »Die Arche Novak« heraus, das erfolgreich anlief, wir waren täglich ausverkauft – doch nicht lange. Am 22. November wurde John F. Kennedy erschossen. Am Tag darauf war unser Theater fast leer. Den wenigen Besuchern, die erschienen waren, gaben wir das Geld zurück und sagten die Vorstellung ab. Auch die nächste und die übernächste. Es dauerte Wochen, bis sich der Theaterbesuch wieder einigermaßen normalisierte. Die »Arche Novak«, wahrscheinlich eine unserer besten Arbeiten, hat sich nie wieder wirklich erholt, und das bedaure ich bis heute.

Ich erzähle das nur deshalb so im Detail, weil ich damals zum ersten Mal daran dachte, mein Theater aufzugeben. Zugegeben: Auch alle anderen Theater in Wien waren nach dem Kennedymord schlecht besucht, aber sie wurden subventioniert und konnten die Dürreperiode leicht überstehen. Mein Theater aber war das einzige in ganz Österreich, das nie einen Groschen Subvention bekam.

ZUNÄCHST ABER gab ich nicht das Theater auf, sondern die »Marietta-Bar«. Es war ein etwas zwielichtiger Mensch erschienen, der dringend ein Lokal aufmachen wollte. Ich fragte ihn, was er dort vorhätte, und er sagte: »Künstlerische Darbietungen auf höchstem Niveau«.

Das hörte sich gut an, wir vereinbarten einen Kaufpreis, von dem er ein Drittel in bar anzahlte, den Rest wollte er innerhalb von zwei Jahren abstottern. Ich stimme zu, allerdings unter der Bedingung, dass die Konzession zur Führung des Lokals bis zur letzten Rate in meinem Besitz blieb.

Der Käufer begann das Lokal umzugestalten. Er investierte ziemlich viel Geld, was mir egal war, solange er die offenen Raten bezahlen konnte. Einige Wochen nach dem Besitzerwechsel wurde feierlich eröffnet. Es hieß nicht mehr »Marietta-Bar«, sondern »La dolce vita«. Ich war natürlich auch eingeladen und war schon sehr neugierig, was für »künstlerische Darbietungen auf höchstem Niveau« gezeigt würden. Es stellte sich heraus, dass meine altehrwürdige »Marietta-Bar« zu einem Striptease-Lokal umgewandelt worden war. Zugegeben, die Stripperinnen waren erstklassig, aber ich war trotzdem entsetzt.

Etwa zu dieser Zeit kam vom Fernsehen die Anfrage, ob ich nicht wieder ein zeitkritisches Kabarett machen wollte. Da ich in meinem Theater nicht mehr das übliche Nummernkabarett spielte, sondern kabarettistische Musicals und mir daher nicht selbst Konkurrenz machte, sagte ich zu. Die neue Serie hieß »Das Zeitventil«: Im Studio stand ein großer Kessel, in dem die Volksseele kochte. Und wenn der Druck im Kessel zu stark wurde, öffnete ich ein Ventil, aus dem mit lautem Zischen »Dampf« entwich. Das System funktionierte glänzend, wir griffen alle heißen Eisen an, scheuten vor keinem Konflikt zurück und bekamen auch entsprechende Publikumsreaktionen – pro und kontra.

Die Hauptautoren waren Peter Wehle, Peter Orthofer und ich. Orthofer hatte ich mir Jahre davor mit dem Grazer »Würfel« einverleibt. Damals war er neunzehn Jahre alt, entwickelte sich prächtig und wurde mit der Zeit einer der besten und erfolgreichsten Satiriker Österreichs.

Es ist uns nur selten gelungen, mit einer Nummer etwas zu bewirken. Hin und wieder deckten wir einen Skandal auf, und die Verantwortlichen wurden vielleicht zur Rechenschaft gezogen. Aber einmal machten wir mit einer Kabarettnummer österreichische Geschichte: Ossi brachte eines Tages einen Studienkollegen mit, der berichtete: »Da gibt es auf der Hochschule für Welthandel einen Geschichtsprofessor, der den Studenten nazistische Lehren einzutrichtern versucht. Zum Beispiel erzählt er ihnen, dass Hitler der größte Europäer war, dass die ganze Welt heute besser dastünde, wenn man ihn nicht zu Fall gebracht hätte, und vor allem erklärt er, dass es keine österreichische Nation gibt. Die Abtrennung Österreichs von Deutschland sei eine Katastrophe, an der dieses Land noch zugrunde gehen werde, und in diesem Sinne geht das endlos weiter.«

»Wie heißt der Mensch?«, wollte ich wissen.

»Er hört auf den nicht sehr deutschen Namen Taras Borodajkiewicz.«

»Und das ist ein Deutschnationaler?«

»So sagt er.«

»Was soll ich mit dieser Information anfangen?«

»Man hat einige Male versucht, in der ›Arbeiter Zeitung‹ gegen diese Art des Geschichtsunterrichts zu polemisieren, aber die Zeitung wurde jedes Mal vom Gericht beschlagnahmt. Wenn du aber in deinem ›Zeitventil‹ etwas über den Fall bringen kannst, dann weiß es die Öffentlichkeit. Und wenn die Sendung gelaufen ist, kann sie nicht beschlagnahmt werden.«

»Das hat was für sich«, sagte ich, »sind diese Zitate authentisch?«

»Absolut. Einer von der sozialistischen Hochschülerschaft hat mitstenographiert, der Mann ist durch und durch verlässlich. – Also glaubst du, dass du etwas machen kannst?«, fragte der Freund meines Sohnes. Er hieß übrigens Heinz Fischer und wurde Jahre später Präsident des österreichischen Nationalrats.

»Ich glaube schon.«

Ich dachte lange darüber nach und schrieb ein fiktives Interview mit dem Herrn Professor. Auf sämtliche Interview-Fragen, die ihm gestellt wurden, war die Antwort ein Originalzitat aus der Mitschrift. Mein Kollege Kurt Sobotka spielte den Professor, die Wirkung war frappant. Jedes Mal, wenn er eines der inkriminierten Statements von sich gab, wurde »Originalzitat« eingeblendet. Am Tag nach der

Sendung gab Professor Borodajkiewicz eine Pressekonferenz, in der er behauptete, dass er falsch zitiert worden, dass seine Aussagen aus dem Zusammenhang gerissen worden wären und dass er den Urheber dieser schändlichen Fernsehsendung verklagen würde.

Diese Pressekonferenz wurde in den Fernsehnachrichten gezeigt und löste zwei Stürme der Entrüstung aus: einen bei seinen Anhängern und einen zweiten bei allen, die nicht bereit waren, einen Nazi-Professor zu tolerieren.

Am nächsten Tag gab es zwei Demonstrationen: eine Anti- und eine Pro-Borodajkiewicz. Sprechchöre, Transparente, ein Riesenkrawall, aber es kam zu keinen Ausschreitungen. Ich ging mit meinem Sohn an der Spitze des Protestmarsches, wir wurden zwar hin und wieder angestänkert, aber es passierte nichts Handgreifliches. Tags darauf erklärte der Herr Professor, dass er nicht im Entferntesten daran denke, zurückzutreten (was ihm von allen möglichen Seiten nahe gelegt worden war), er habe nichts anderes getan, als jungen Menschen Geschichtsunterricht zu geben, und das von einer vielleicht unkonventionellen, aber objektiven Warte aus.

Danach brach erst der richtige Sturm los. Eine Großdemonstration wurde angesagt, Autobusse brachten Demonstranten aus ganz Österreich nach Wien, es kam zu Ausschreitungen, und ein Demonstrant wurde von Nazi-Rabauken erschlagen. Der Mann hieß Ernst Kirchweger, war Widerstandskämpfer in der Nazizeit und erhielt einige Tage danach ein Staatsbegräbnis.

Taras Borodajkiewicz wurde daraufhin zwangspensioniert. Er verklagte mich wegen übler Nachrede und Verleumdung. Der Prozess erregte erneut gewaltiges Aufsehen, der Verhandlungssaal war überfüllt, der Anwalt des Herrn Professors, ein deutschnationaler Mann namens Dr. Strachwitz, hielt eine Brandrede gegen mich und die unverantwortlichen Leiter des Fernsehens, danach setzte der Richter eine Pause an.

In der Pause ging ich zu Dr. Strachwitz und zeigte ihm, was ich noch alles an Originalzitaten habe, die ich noch nicht verwendet hatte. Er fragte: »Können Sie beweisen, dass das authentische Aussprüche meines Mandanten sind?«

»Natürlich«, sagte ich. »Es sind vier Studenten im Verhandlungssaal, die ich aufrufen werde, um unter Eid zu bestätigen, dass dies Originalzitate sind.«

Nach Wiederaufnahme der Verhandlung beantragte Dr. Strachwitz eine Vertagung, weil er weiteres Beweismaterial beschaffen müsse. Der Richter gab dem Antrag nach, und wir gingen alle nach Hause. Einige Wochen später bekam ich ein Schreiben vom Gericht, in dem mir mitgeteilt wurde, dass das Verfahren gegen mich auf Antrag der klagenden Partei eingestellt wurde. Professor Borodajkiewicz genoss noch etliche Jahre seine Pension und wurde innerhalb seiner Kreise als Märtyrer gefeiert. Ich hingegen wurde in den Nazi-Zeitungen als »Nestbeschmutzer« gebrandmarkt.

Bei dieser Gelegenheit habe ich definiert, wie man in Österreich ein Nestbeschmutzer wird: Stellen Sie sich bitte vor, dass jemand in ein Zimmer scheißt und weggeht. Nach einer Weile kommt ein anderer in dieses Zimmer, rümpft die Nase und sagt: »Da stinkt es erbärmlich!« Das ist dann der Nestbeschmutzer.

ICH HABE MIR jahrelang über den Fall Borodajkiewicz Gedanken gemacht. Hätte ich die Nummer auch geschrieben, wenn ich gewusst hätte, dass sie einen Totschlag verursachen würde? Dass Ernst Kirchweger deshalb sterben musste? Ich habe bis heute keine Antwort auf die Frage gefunden.

Ich habe aber aus dieser Affäre gelernt, dass das politische Kabarett eine Waffe sein kann, mit der man sehr vorsichtig umgehen muss. Politisches Kabarett ist daher viel mehr als Unterhaltung. Wenn es polemisch wird, muss man in der Lage sein, auch die Verantwortung für die Folgen zu übernehmen. Als Konsequenz musste ich mir im Laufe der Jahre viele gute Pointen verkneifen.

Ich habe mir selbst bei der Erstellung eines neuen Programms drei Tabus auferlegt: Erstens das System der Demokratie: Wenn sich Politiker im Parlament noch so unbedarft äußern, und das geschieht leider häufiger, als man annehmen sollte, darf ich zwar die Politiker lächerlich machen, aber niemals das Parlament. Zweitens die Religionen: Ich bin zwar selbst ein orthodoxer Atheist, respektiere aber, dass Menschen ihre Religion brauchen, respektiere daher auch die Menschen, die die Religion vertreten. Drittens das Ergebnis einer Wahl: Wenn ich in einem Land lebe, in dem es das allgemeine Wahlrecht gibt, muss ich jedes Wahlergebnis nicht nur zur Kenntnis nehmen, sondern auch respektieren. Ich würde mich nie über den »Wählerwillen« lustig machen, und wenn mir dazu noch so viele Pointen einfallen.

Zu Punkt eins: Da gab es einmal einen Abgeordneten im österreichischen Nationalrat, der Folgendes von sich gab: »Meine Herren von der Opposition! Sie können uns nicht die ganze Zeit Schläge unter die Gürtellinie versetzen und dann erwarten, dass wir die zweite Backe auch hinhalten!« Ich habe dieses authentische Zitat nicht verwendet, weil ich, im Unterschied zu diesem Abgeordneten, die Würde des Hohen Hauses nicht herabsetzen wollte.

Zu Punkt zwei: Wir haben in Niederösterreich einen Bischof, der so ziemlich das Reaktionärste ist, was sich an katholischem Würdenträger finden lässt. Er scheut nicht davor zurück, mit Rechtsextremen öffentlich zu sympathisieren, er ist prinzipiell gegen jede Erneuerung oder gar Modernisierung der Kirche, und dazu sieht er noch so komisch aus, dass sich Witze über ihn fast von selbst ergeben. Aber ich habe nie Witze über ihn gemacht, weil ich die armen Teufel, die an ihn glauben, nicht vor den Kopf stoßen will.

Zu Punkt drei: Österreich wurde jahrzehntelang von einer Koalition der beiden Großparteien regiert. Das hatte natürlich auch üble Begleiterscheinungen, etwa den Proporz, aber ich bin davon überzeugt, dass die Vorteile der großen Koalition überwogen haben. Österreich war das einzige Land der Welt, in dem der Klassenkampf innerhalb der Regierung hinter gepolsterten Türen ausgefochten wurde. Als die Konservativen in den sechziger Jahren beschlossen, eine Alleinregierung zu bilden, war ich dagegen, aber ich hätte niemals dagegen polemisiert. Denn der Wille der Wähler hat dies ermöglicht, und wer in einer Demokratie leben will (besser gesagt: darf), der hat sich diesem Willen zu fügen. Als aber in den achtziger Jahren Kurt Waldheim zum Bundespräsidenten gewählt wurde, habe ich das Land verlassen und bin in die USA übersiedelt. Nicht, weil es dort umso viel schöner ist als in Österreich, sondern weil Waldheim in den USA auf die »Watchlist« gesetzt wurde und keine Einreiseerlaubnis bekommen konnte. Amerika war demzufolge das einzige Land der Welt, in dem ich meinem Bundespräsidenten nie begegnen musste. So habe ich eben auf meine Art den Wählerwillen respektiert.

IM »ZEITVENTIL« war Peter Wehle mein ständiger Partner. Das hatte zur Folge, dass wir häufig miteinander auf dem Bildschirm zu sehen waren, und die Leute wussten nicht genau, wer der Bronner und wer der Wehle war. Das sah in der Praxis so aus: Wehle ging einmal in den Supermarkt. Vor der Kassa wartete er in der Schlange, da sagte ein Mann hinter ihm: »Interessant! Der Herr Bronner kommt auch zu uns einkaufen!«

Wehle, Kummer gewohnt, sagte: »Ich bin nicht der Herr Bronner.«

»Nein?«, sagte der Mann. »Sie sehen ihm aber sehr ähnlich!«

In unseren ständigen Doppelkonferenzen spielte er immer den liebenswerten Trottel, während ich den gescheiten Kotzbrocken zu spielen hatte – ein undankbares Geschäft, fürwahr! Kurz nachdem Wehle im Alter von sechzig Jahren sein zweites Doktorat machte, was natürlich in allen Zeitung stand, saß er einmal Zeitung lesend in einem Kaffeehaus. Da trat ein gut gekleideter, kultivierter Herr an seinen Tisch und sagte:

»Verzeihen Sie bitte, Sie sind doch der Herr Doktor Wehle, oder?«

Wehle bejahte.

»Dann erklären Sie mir bitte eines: Wie können Sie es, noch dazu als zweifacher Doktor, ertragen, dass dieser arrogante Bronner Sie in Ihrer Fernsehsendung immer wie einen Trottel behandelt? Das haben Sie doch wirklich nicht nötig!«

Der Mann konnte nicht ahnen, dass wir unsere Doppelkonferenzen immer gemeinsam schrieben und dass einige der perfidesten Beleidigungen, die ich dem Wehle zu sagen hatte, eigentlich von ihm stammten. Wehle war es, der zum Beispiel den Schüttelreim erfand: »Es tut mir in der Seele weh, / Wenn ich den Peter Wehle seh«. Dass ich mich weigerte, diesen Schüttelreim je in unserer Sendung zu zitieren, das konnte der kultivierte Herr natürlich nicht wissen. Er konnte auch nicht wissen, dass wir viele Jahre hindurch nicht nur Kollegen waren, sondern gute Freunde. Aber das ging ihn eigentlich überhaupt nichts an.

IM GLEICHEN JAHR übersetzte ich zum ersten Mal ein amerikanisches Musical. Das ehrwürdige Theater an der Wien, in dem der »Fidelio«, die »Fledermaus« und »Die lustige Witwe« uraufgeführt worden waren, war wieder einmal, wie so oft in seiner Geschichte, pleite. Daher wurde von der Gemeinde Wien, die gewohnt war, das Defizit des Theaters zu bezahlen, ein neuer Direktor eingesetzt. Und zwar ein Schauspieler, der sich eines Tages entschlossen hatte, Regisseur zu werden.

Er beriet sich mit allen möglichen Fachleuten und kam zum Schluss, dass im Theater an der Wien künftig das amerikanische Musical gepflegt werden sollte. Zu diesem Zeitpunkt war das erfolgreichste Broadway-Musical »How to succeed in business without trying« («Wie man was wird im Leben, ohne sich anzustrengen«). Also musste es nach Wien gebracht werden, obwohl das Thema so typisch für New York war, dass die meisten Wiener Theaterbesucher keine Ahnung hatten, was man ihnen da vorspielt.

Ich hatte schon vor Jahren Lieder aus dem Englischen übersetzt. Dazu kam noch, dass ich einen Großmeister dieses Gewerbes als Partner zugeordnet bekam, Robert Gilbert, der Mann, der für Berlin »My Fair Lady« übersetzt und Jahrzehnte davor die Texte für das »Weiße Rößl« geschrieben hatte. Als wir auf die Technik des Übersetzens zu sprechen kamen, sagte mir Robert Gilbert einen Satz, den ich mir gemerkt habe: »Eine Übersetzung muss besser sein als das Original. Denn der Übersetzer muss nichts erfinden. Er hat nur auf die Form und die Schönheit der Sprache zu achten. Seine Arbeit ist demgemäß teils leichter, teils schwerer als die Arbeit des Autors.«

Bei meinen Übersetzungen von Schlagertexten hatte ich mir angewöhnt, dem Text einen neuen Inhalt zu geben, wenn das Original nicht in die deutsche Sprache hineinzuquetschen war. Als Vorbild nahm ich mir die Nachdichtungen von Fritz Löhner, der unter dem Pseudonym »Beda« der erfolgreichste Schlagertexter der zwanziger und dreißiger Jahre war. Er hatte keine Skrupel, »Yes, we have no bananas« mit »Ausgerechnet Bananen« zu übersetzen, oder er machte aus »Red sails in the sunset« etwas ganz anderes, nämlich »Ein Schiff fährt nach Shanghai«.

Das geht, wie gesagt, bei einem Schlager. Bei einem Musical geht das nicht. Denn ein Lied in einem Musical hat eine dramaturgische Funktion, die der Übersetzer nicht verändern darf. Eine weitere Schwierigkeit ist, dass die deutsche Sprache etwa um ein Viertel mehr an Silben benötigt, als man auf Englisch für die gleiche Aussage braucht.

Ich musste also ungeheure Mengen von Hirnschmalz investieren, ehe ein Musical so übersetzt war, dass es das Gleiche aussagte wie das Original – und nicht um ein Viertel länger wurde. Jedenfalls war ich nach dem Erfolg von

»Wie man was wird im Leben« der Hausübersetzer des Theaters an der Wien.

Im Jahr 1965 fuhr ich mit meiner Frau nach Amerika. Wir blieben einige Tage in New York, um ins Theater zu gehen. Am letzten Tag vor unserem Rückflug sahen wir das damals neue Musical »Fiddler on the roof«. Wir waren hingerissen, ich kaufte mir sofort die Langspielplatte des Musicals und freute mich schon darauf, sie in Wien meinen Freunden vorspielen zu können.

Der Direktor fragte mich, was es am Broadway Neues gäbe, und ich sagte ihm: »Es gibt alles Mögliche an Neuem, aber das ist alles uninteressant. Das einzig Wichtige ist ›Fiddler on the roof‹.«

»Was ist das? Davon habe ich noch nichts gehört.«

»Natürlich nicht, es ist ja ganz neu. Ich habe aber mit einem der Autoren gesprochen, wir können das Stück für siebeneinhalb Prozent Tantiemen haben und selbst im deutschen Sprachraum vertreiben. Von dem Erlös wirst du dein Theater auf Jahre hinaus finanzieren können.«

»Spiel mir ein Stück daraus vor«, sagte der Direktor.

Ich legte die Platte auf und spielte »If I were a rich man«.

Er hörte aufmerksam zu, dann sagte er: »Das klingt sehr jüdisch, was ich da höre.«

»Klar«, sagte ich, »das Stück spielt ja auch unter lauter Juden.«

»Lauter Juden? Wie schauen die aus?«

»So wie eben Juden damals ausgesehen haben: mit Bart, Schläfenlocken und Kaftan.«

»Und das soll ich in Wien spielen?«

»Warum nicht?«

»Bist du verrückt geworden? Wenn ich das in Wien spiele, lachen mich die Leute aus dem Theater heraus!«

»Warum?«

»Weil man in einem Theater, in dem einmal ›Fidelio‹ aufgeführt wurde, keine Kaftanjuden auf die Bühne stellen kann!«

Das war das vorläufige Ende der Sache.

Einige Wochen später erfuhren wir, dass ein Manager namens Werner Schmidt die deutschen Rechte von »Fiddler on the roof« erworben hatte und plante, das Musical unter den Titel »Anatewka« in Hamburg zu starten. Mein Direktor flog zur Premiere, kam zurück und sagte:»Na ja, es war ein ganz braver Erfolg, aber in Wien kann man das Stück trotzdem nicht spielen.«

»Wieso in Hamburg ja und in Wien nicht?«

»Die Deutschen sind eben Masochisten. In Hamburg war sogar ›Das Tagebuch der Anne Frank‹ ein Riesenerfolg. Das ist für uns kein Maßstab.«

Inzwischen wurde »Anatewka« in Hamburg ein so großer Erfolg, dass täglich Charterflugzeuge aus der ganzen Bundesrepublik nach Hamburg flogen, voll mit Menschen, die »Anatewka« sehen wollten.

»Das sind alles Juden«, sagte Kutschera, »das ist für uns kein Maßstab.«

Als Nächstes hörten wir, dass Werner Schmidt das Wiener Raimundtheater mieten wollte, um dort eine eigene Produktion von »Anatewka« herauszubringen. Jetzt wurde es meinem Direktor zu viel, schließlich führte er das einzige Musicaltheater Wiens. Er flog zu Werner Schmidt, um die Rechte zu erwerben.

»Die können Sie gerne haben«, sagt Werner Schmidt, »Sie müssen nur achtzehn Prozent der Einnahmen an mich bezahlen.«

»Achtzehn Prozent? Das ist ja Wahnsinn!«, schrie mein Direktor, »ich habe sogar für ›My Fair Lady‹ nur vierzehn Prozent bezahlt!«

»Dann spielen Sie eben ›My Fair Lady‹«, war die lakonische Antwort von Schmidt, und damit waren die Verhandlungen beendet.

Um die Sache kurz machen: Der Direktor schickte den geschäftlichen Leiter seines Theaters zu Werner Schmidt mit dem Auftrag, die Rechte von »Anatewka« − egal was es koste − zu erwerben.

Und so wurde das Stück für achtzehn Prozent Tantiemen erworben. Die deutsche Übersetzung war so unbrauchbar, dass ich sie für ein Honorar von zehntausend Mark neu bearbeiten musste, dann lief das Musical hunderte Male – und wegen der überhöhten Tantiemen war jede ausverkaufte Vorstellung ein Verlustgeschäft.

Als das Stück einige Jahre später abgesetzt wurde, gab es eine große Feier im Wiener Rathaus, zu der alle Beteiligten der Produktion eingeladen wurden, also auch ich. Der Wiener Bürgermeister hielt eine salbungsvolle Rede und überreichte dem Herrn Direktor einen Orden dafür, dass er dieses grandiose Stück nach Wien gebracht hatte. Der Orden war übrigens für Humanismus und Völkerverständigung.

IM JAHR 1965 bekamen wir einen Sohn. Wir nannten ihn nach meinem Großvater, den ich nie gekannt hatte, David. Er war das liebste Kind, das man sich wünschen konnte.

Und noch etwas Berichtenswertes geschah im Jahr 1965. Ein Fernsehredakteur rief an und sagte:»Hör zu, wir haben da einen Film aus England bekommen, der irgendwie verdeutscht werden muss, damit ihn die Leute wenigstens ungefähr verstehen. Hättest du Lust, den Film mit einem deutschen Kommentar zu versehen?«

»Was ist das für ein Film?«

»Er heißt ›Around the Beatles‹ und ist ein Mitschnitt von einem seltsamen Konzert.«

»Was soll ich dazu sagen?«

»Du kannst sagen, was dir einfällt, Hauptsache, die Leute verstehen ungefähr, um was es sich handelt.«

»Gut«, sagte ich, «ich schau mir das Kunstwerk an, und dann reden wir weiter.«

Ich sah mir das Kunstwerk an und war entsetzt.Vier langhaarige Burschen versuchten, einer Horde von brüllenden Teenagern einige nicht sehr bedeutende Lieder vorzusingen, die man kaum hören konnte, weil das Publikum noch lauter war als die Vortragenden. Dazwischen tauchte ein Mann mit einem Hut auf, und ich kommentierte: »Wenn in einer Show dieser Art ein Mann einen Hut aufhat, dann gibt es nur zwei Möglichkeiten: Er ist entweder ein Komiker, oder er hat eine Glatze. Dieser hier dürfte eine Glatze haben.«

Obwohl ich sehr gut Englisch konnte, verstand ich von seinen Kommentaren nichts, weil er einen scheußlichen Cockney-Slang sprach. Also sagte ich: »Was der Mann da redet, verstehe ich nicht, aber ich bin ziemlich sicher, dass es nicht sehr bedeutungsvoll sein kann.«

Über die Beatles sagte ich auch einiges, das nicht sehr schmeichelhaft war. »Das Erste, was sich diese Leute zulegen sollten, wäre ein anderes Publikum. Vor dieser brüllenden Horde kann man vielleicht ein Star sein, aber Musik machen kann man in diesem Rahmen nicht. Schon gar keine gute Musik.«

Zu der Zeit, da ich diesen Film kommentierte, waren die Beatles schon Weltstars. Der Film aber stammte aus ihren Anfangsjahren, als George Martin noch nicht als musikalischer Leiter des Quartetts verpflichtet war und die guten Schlager wie »Yesterday«, »Michelle« und »Eleanor Rigby« noch nicht geschrieben waren. Ich wusste nur wenig über diese Gruppe, mochte aber keinen Personenkult. Egal, ob es sich um Stalin, Hitler – oder um die Beatles dreht. Schlagermusik kann ganz schön sein, aber es gibt keinen Grund, aus Schlagerliedern eine Weltanschauung zu machen. Außerdem waren mir die vier Burschen höchst suspekt, weil sie in ihrer Generation das Rauschgift salonfähig gemacht haben. Ein Lied wie »Lucy in the Sky with Diamonds« war eine unverschämte Hymne auf das LSD, tausende junge Menschen sangen dieses Lied wie die Lemminge nach und schluckten LSD-Tabletten.

Nachdem der Film »Around the Beatles« mit meinem Kommentar ausgestrahlt worden war, gab es einen echten Skandal. Tausende Protestanrufe von erzürnten Fans blockierten stundenlang die Telefone. Ich wurde in Zeitungen als borniert, arrogant, ja sogar als unmusikalisch beschimpft, nur weil ich gewagt hatte, meine kritische Meinung zu diesem Thema auszusprechen. Bis zum heutigen Tag passiert es öfter, als man glauben sollte, dass irgendwer meinen Namen erwähnt. Und ein anderer sagt prompt: »Bronner? Das ist doch der, der die Beatles so verrissen hat. Ein Trottel!«

IM JAHR 1967 machte der Käufer der »Marietta-Bar« Pleite. Er war schon seit einiger Zeit nicht mehr in der Lage gewesen, die Raten zu bezahlen. Nun stellte sich heraus, dass er von allen möglichen Seiten gepfändet wurde – und ich als der Immer-noch-Konzessionär des Lokals musste für einen wesentlichen Teil seiner Schulden aufkommen. Zudem hatte ich wieder das Lokal am Hals.

Einen neuen Käufer zu finden, war unmöglich, weil kein Mensch ein Objekt mit einem solchen Schuldenberg zu kaufen bereit war, also musste ich das Lokal wieder übernehmen. Zunächst erfand ich einen neuen Namen für das Lokal: »Fledermaus«. Der Name schlug sofort ein, vom Tag der Eröffnung an war die »Fledermaus« die legitime Nachfolgerin der »Marietta-Bar«. Ich engagierte einige erstklassige Musiker, alle möglichen Kollegen kamen, um mit diesen zu musizieren, darunter Friedrich Gulda, Georg Danzer trat bei mir auf, Ernst Waldbrunn, Fritz Muliar, Elfriede Ott – und dann kam eines Tages Marianne Mendt und startete von meiner »Fledermaus« die Wiener Dialektwelle. Die »Fledermaus« wurde in kurzer Zeit der Tummelplatz für begabte Entertainer aller Schattierungen.

Unvergesslich ist mir der Abend, an dem der Geigenvirtuose Pinchas Zuckermann nach einem philharmonischen Konzert in die Bar kam. Er war von den Darbietungen so angeregt, dass er auch etwas spielen wollte. Er fragte mich, ob ich ihn ohne Noten begleiten könnte. Wir einigten uns auf die drei Wiener Miniaturen von Fritz Kreisler »Liebesfreud«, »Liebesleid« und »Schön Rosmarin«, drei Stücke, bei denen ich schon mehrere Geiger begleitet hatte.

Zuckermann wurde nicht angekündigt, er begann einfach zu spielen, und obwohl die meisten Gäste keine Ahnung hatten, wer er war, wurde es mucksmäuschenstill im Lokal, und am Ende gab es einen stürmischen Applaus. Als ich vom Klavier wieder an die Bar ging, hielt mich ein Gast auf und sagte:»Hörn's, der Geiger is' eine Wucht! Den müssen's unbedingt engagieren!«

Neben der »Fledermaus« produzierte ich regelmäßig fürs Fernsehen. Und noch häufiger für den Rundfunk. Ich begann 1965 die Serie »Schlager für Fortgeschrittene«, die von einigen deutschen Rundfunkstationen übernommen wurde. Diese wöchentliche Serie lief dreiundzwanzig Jahre lang. 1967 endete mein »Zeitventil« im Fernsehen, und ich begann eine neue Reihe unter dem Titel »Die große Glocke«. Daneben übersetzte ich Musicals, bearbeitete Operetten für alle möglichen Opernhäuser, ich reiste viel herum.

UND DANN erkrankte meine Frau an Krebs. Zwei Jahre lang starb sie, und ich musste dabei zusehen. Es waren zwei Jahre, die ich gern vergessen würde, wenn ich könnte. Ich wusste, dass ich meine Auslandsverpflichtungen einstellen musste. Denn es waren zwei Kinder da.

Ich nahm einen Auftrag des ORF an, jeden Sonntag eine aktuelle Kabarettsendung zu produzieren. Die Aktualität der Sendung nagelte mich an Wien fest. Ich habe mit meinen Kollegen Peter Wehle, Lore Krainer, Kurt Sobotka und Peter Frick jahrelang jeden Sonntag das aktuelle Geschehen Österreichs glossiert. Peter Frick starb nach zwei Jahren ganz jung an einem Herzinfarkt. Er wurde durch Erwin Steinhauer ersetzt.

Die Umstände, unter denen wir produzierten, waren zuweilen abenteuerlich: Als zum Beispiel Peter Wehle zwei Wochen im Spital verbringen musste, nahmen wir die Sen-

263

dung in seinem Krankenzimmer auf. Als Erwin Steinhauer mit einem gebrochenen Bein darniederlag, wurde seine Wohnung unser Aufnahmestudio. Aber was immer auch passierte, wir haben jeden Sonntag einen »Guglhupf« (so hieß die Sendung) serviert.

Am 14. Oktober 1978 um zehn Uhr morgens wurde der erste »Guglhupf« aufgenommen. Um acht Uhr dieses Morgens rief mich eine Krankenschwester des Lainzer Krankenhauses an, um mir mitzuteilen, dass meine Frau in der vergangenen Nacht verstorben sei. Als ich um zehn Uhr ins Studio kam, sagte ich den Kollegen nichts davon, sonst wäre die gute Laune, die man für diese Arbeit braucht, unwiderruflich verloren gegangen. Ich teilte es den Kollegen mit, nachdem die Aufnahme fertig war. Dann erst begann ich zu trauern. Die Kinder wussten noch nichts vom Tod ihrer Mutter. Ich musste nach Hause gehen und es ihnen mitteilen.

EINIGE WOCHEN DANACH weckte mich meine Haushälterin mit den Worten: »Ein paar Herren von der Steuerfahndung sind da, die Sie sprechen wollen.«

Die Herren durchsuchten mein ganzes Haus und nahmen 17 Aktenordner mit. Sie entdeckten, dass meine Tantiemen aus Deutschland seit Jahren nicht versteuert waren, weil ich sie meiner geschiedenen Frau überlassen hatte. Und diese hatte sie ebenfalls nie versteuert. Also ergab sich daraus für mich eine Steuerschuld von einigen Millionen Schilling. Und deshalb wurde ich wegen Steuerhinterziehung angeklagt. Als ich den obersten Steuerfahnder fragte, ob er mich ruinieren wolle, sagte er in einer unbegabten Imitation des jiddischen Jargons: »Se wern sach scho zu helfen wissen!«

Ich sollte also für eine riesige Summe Geldes, das ich nie gesehen hatte, die Steuer nachzahlen. Ich versuchte, den Sachverhalt zu erklären, natürlich vergebens. Ich wurde vor Gericht gestellt und verurteilt. Ich blieb trotzdem in Wien und arbeitete weiter. Was immer ich verdiente, wurde bis auf das Lebensminimum gepfändet. Irgendwann flog ich wieder nach Amerika, um Freunde zu besuchen. Bei der Gelegenheit kaufte ich, mehr zufällig als absichtlich, ein Haus in Florida.

IM MAI 1986 starb mein langjähriger Partner und Freund Peter Wehle. Vorher waren schon Friedrich Torberg, Robert Gilbert, Carl Merz und Helmut Qualtinger gestorben. Ich fühlte mich furchtbar allein. Im Juni 1986 wurde Kurt Waldheim österreichischer Bundespräsident. Von diesem Moment an wurde der offene Antisemitismus in Österreich wieder salonfähig. Ich hatte stets antisemitische Zuschriften bekommen – aber sie waren immer anonym. Nach der Wahl Waldheims waren sie es nicht mehr. Sie kamen mit vollem Namen und Adresse. Da wusste ich, dass ich nicht mehr lange in diesem Land leben würde.

Ich übersiedelte in mein Haus in Florida. Vorher aber meldete ich dies meinem zuständigen Referenten im Finanzministerium. Ich gab ihm meine neue Adresse und ersuchte ihn, mich vom weiteren Gang der Dinge auf dem Laufenden zu halten. Kurz danach war in den Wiener Zeitungen zu lesen, dass ich ein Steuerflüchtling wäre. Ich hatte also bei einer eventuellen Rückkehr nach Wien mit einer Gefängnisstrafe zu rechnen. Also blieb ich in Florida. Ich rechnete nicht mehr damit, meine Heimatstadt je wiederzusehen. Für einen gelernten Emigranten wie mich war das kein großes Opfer.

Doch da ergriff mein Freund Robert Jungbluth, der ehemalige Chef der Bundestheaterverwaltung, die Initiative, die schließlich meine Rückkehr ermöglichte. Alle »Steuerschulden« waren inzwischen durch die rigorosen Pfändungen meiner Tantiemen beglichen. Was zu begleichen übrig blieb, war die hohe Strafe, die ich mich zu bezahlen weigerte. Da hatte Jungbluth eine Idee: Er veranstaltete eine Geldsammlung. Alle möglichen Institutionen wurden von ihm aufgefordert, Geld für meine Rückkehr zu spenden, und sie taten es auch. Darunter etliche staatliche Banken, der Österreichische Rundfunk, die staatliche Casino AG, der Österreichische Theaterdirektorenverband sowie einige Großfirmen. Der Präsident der Österreichischen Rechtsanwaltskammer erlegte beim zuständigen Richter die Geldstrafe, und damit war der Fall erledigt. Nach fünf Jahren im floridianischen Exil konnte ich wieder heimkehren. Seither pendle ich zwischen den Kontinenten. In Florida schreibe und komponiere ich, in Wien führe ich das Ergebnis meiner Schreiberei dem Publikum vor.

ICH HABE VIELES AUSGELASSEN. Teils, weil ich es nicht mehr genau weiß, teils, weil ich nicht voraussetzen darf, dass alles, was ich erlebt habe, für einen Unbeteiligten interessant sein kann. Und kein Memoirenschreiber hat je sein Leben minutiös genau in allen Einzelheiten einem breiten Publikum bekannt gemacht.

Nun bin ich also am Schluss dieser Aufzeichnungen bei der bohrenden Frage angelangt, die ich mir schon am Anfang gestellt hatte - und nicht beantworten konnte. Wieso bin gerade ich der Einzige meiner Familie, der dem braunen Inferno heil entrinnen konnte? Wieso hat mich der Gendarm damals nicht an die deutsche Grenze gebracht? Wieso bin ich nicht beim Überqueren der Donau ertrunken? Wieso habe ich den Jeep versäumt, der zerbombt wurde?

Wäre ich nicht strenggläubiger Atheist, dann müsste ich an einen Schutzengel, zumindest an eine höhere Vorsehung glauben. Ich weigere mich aber, weil ich zuviel unverschuldetes Elend gesehen und miterlebt habe. Elend, das der Allmächtige, wenn es ihn gäbe, verhüten oder zumindest bestrafen hätte können. Wie wir wissen, tat er weder das eine noch das andere. Also muss ich mich immer wieder fragen, was ich in meinem Leben richtig gemacht habe, dass mir als Lohn so viel Glück beschieden war. Oder war es vielleicht doch nicht Glück, sondern Gnade?

Ich würde so gerne »Danke« sagen, wenn ich nur wüsste, wem. Vielleicht den längst dahingegangenen Menschen, die mir auf den diversen Leidensstationen meiner Emigranten-Odyssee geholfen haben? Oder den Freunden, die mir halfen, meine mangelnde Schulbildung mit Hausverstand zu ersetzen? Oder den vielen Musikern, die mir geholfen haben, einen Beruf zu erlernen? Oder den vielen Kollegen, die mich trotz meiner anfänglichen Ahnungslosigkeit als Chef anerkannten?

Vor allem aber habe ich meinem Publikum zu danken. Jeder Mensch hat nur ein Leben zu leben. Und wenn ein Mensch das Schreiben zu seinem Beruf gemacht hat, dann ist es nahezu selbstverständlich, dass er immer wieder etliche seiner Erlebnisse zu Papier gebracht hat.

So sind einige meiner Erfahrungen, Gedanken, Anekdoten und Schnurren im Laufe der Jahre in irgendwelchen längst vergriffenen Büchern oder Zeitschriften in dieser oder jener Form veröffentlicht worden. Natürlich könnte ich auch ersatzweise Dinge erfinden, um Dubletten zu vermeiden – aber dann wäre es keine Autobiographie, sondern Fiktion.

Und die wäre ganz und gar unglaubwürdig, fast so unglaubwürdig wie so manches, das in diesem Buch zu finden ist.

Bibliografische Information der Deutschen Bibliothek
Die Deutsche Bibliothek verzeichnet diese Publikation
in der Deutschen Nationalbibliografie; detaillierte
bibliografische Angaben sind im Internet über
http://dnb.ddb.de abrufbar.

2. Auflage 2004
© 2004 Deutsche Verlags-Anstalt, München
Alle Rechte vorbehalten
Typografie und Satz: DVA / Brigitte Müller
Gesetzt aus der Bembo
Druck und Bindung: Clausen & Bosse, Leck
Printed in Germany

ISBN 3-421-05812-1

Martin Doerry

»Mein verwundetes Herz«
Das Leben der Lilli Jahn
1900–1944

384 Seiten mit 32 Abbilddungen
Leinen mit Schutzumschlag
ISBN 3-421-05634-X

»Vergleichbar mit dem Tagebuch der Anne Frank.«

Eva Menasse, F.A.Z.

»Ich bin gewiss, dass die Briefe der Lilli Jahn gerade auch
jüngeren Lesern zeigen, dass und wie die Geschichte einzel-
ner Menschen mit der allgemeinen ›großen‹ Geschichte ver-
woben ist. Ein solches Buch kann dazu beitragen, dass wir
uns gemeinsam für eine ›verbesserliche Welt‹ einsetzen.«

Johannes Rau, Bundespräsident

www.dva.de

Tivadar Soros

Maskerade
Die Memoiren
eines Überlebenskünstlers

320 Seiten mit 15 Abbildungen
Gebunden mit Schutzumschlag
ISBN 3-421-05496-7

Die fesselnden Erinnerungen eines Überlebenskünstlers
an die Zeit der deutschen Besetzung Ungarns 1944/1945.
Mit Phantasie, Mut, Humor und voller Lebenslust gelingt
es Soros, seine Familie und viele andere vor Deportation
und Tod zu retten. Eine bewegende Geschichte über die
Kraft unbeugsamen Lebensmuts und intakter Menschlichkeit in dunklen Zeiten.

www.dva.de